JEANETTE
ERAZO HEUFELDER

Der argentinische Krösus

Kleine Wirtschaftsgeschichte der Frankfurter Schule

BERENBERG

1930–1950

1950–1975

… aus London, Rotterdam oder Antwerpen kommen
Telegramme mit den Notierungen für die Gebietsvertreter
von, etwa, Weil Brothers, deren Gewinne über Jahre
die Forschungen der Frankfurter Schule finanzierten,
die das orthodoxe ökonomische und mechanistische
Trugbild von Basis und Überbau zu überwinden trachtete.
SERGIO RAIMONDI, Weil Brothers

»Seit gestern ist der 16jährige Frank Weil, einziger Sohn von Felix, aus seiner ersten Ehe hier. (…) Er erinnert in vielem an seinen Vater in dessen Jünglingszeit, als ich ihn sehr gern leiden mochte. Leider fehlt das beste, die Leidenschaft für die Enterbten und die Revolution. Aber die Zeit ist heute allerdings eine andere. Wie sollte heute ein Jüngling, auch wenn er Imagination hätte, sich für die Arbeiter, Sozialismus, Kommunismus und Revolution begeistern?«
KARL KORSCH, 13. 2. 1941, Brief an Paul Mattick

Vorwort

Es gibt kaum Fotos von Felix Weil (1898–1975). Eines der wenigen, auf denen der Gründer des Frankfurter Instituts für Sozialforschung abgebildet ist, datiert vom Mai 1923. Auf der als Gruppenbild inszenierten Aufnahme ist er der Zweite von rechts in der letzten Reihe. Ein schlaksiger, hochgewachsener, noch etwas knabenhaft wirkender Mann mit schmalem Gesicht und vom Wind zerzausten, in die Stirn fallenden Haaren, der von den anderen auf dem Foto freundschaftlich ›Lix‹ genannt wurde und gerade dabei war, der linken Intelligenz seiner Generation in Frankfurt ein Institut zu bauen. Das Foto entstand während eines in der thüringischen Provinz veranstalteten Diskussionsseminars und liefert eine Momentaufnahme aus der Entstehungsphase dieses Instituts, das ein Jahr später in dem von Felix Weil gestifteten Neubau in der Frankfurter Viktoria-Allee seinen regulären wissenschaftlichen Betrieb aufnehmen sollte. Auf völlig unterschiedliche Weise hat fast jeder der zwanzig Seminarteilnehmer, die sich am Rande eines Feldackers für das Erinnerungsfoto aufgereiht hatten, zur Legendenbildung des Frankfurter Instituts für Sozialforschung beigetragen: Friedrich Pollock, der es mit Max Horkheimer später leitete. Bertolt Brechts marxistischer Lehrer Karl Korsch. Richard Sorge, der die eingeschlagene wissenschaftliche Laufbahn verließ, um als sowjetischer Meisterspion in die Geschichte einzugehen. Julian Gumperz und Karl August Wittfogel, deren ideologische Entwicklung in entgegengesetzter Richtung verlief und sie zu überzeugten Antikommunisten machte. Und schließlich Felix Weil, der sich höchst kreativ in dem Spannungsfeld von Geld und Geist zu bewegen wusste, wodurch 1924 überhaupt erst die Existenz eines marxistischen Instituts in einer erzkonservativen Univer-

Fukumoto Kazuo drückte auf den Auslöser: Seminarteilnehmer stehend (von links): Hede Gumperz, Friedrich Pollock, Eduard Ludwig Alexander, Kostja Zetkin, Georg Lukács, Julian Gumperz, Richard Sorge, Karl Alexander (Sohn), Felix Weil, unbekannt; vorne sitzend (von links): Karl August und Rose Wittfogel, unbekannt, Christiane Sorge, Karl Korsch, Hedda Korsch, Käte Weil, Margarete Lissauer, Béla Fogarasi, Gertrud Alexander sitätslandschaft möglich geworden war. Legenden entwickeln eine Eigendynamik, sind aber im Kern nicht weniger wahr als die historisch verbriefte Lesart der Wirklichkeit. Nur verdrängt im Fall Felix Weils die Legendenbildung – jüdischer Erbe eines Weizenimperiums kann seinen Vater dafür gewinnen, ein marxistisches Institut zu finanzieren –, dass sich Felix Weils Rolle nicht auf die Stiftung einer akademischen Einrichtung an der Frankfurter Universität beschränkte. Der Argentinier Felix Weil unterstützte in Deutschland kommunistische Freunde, sozialistische Gelehrte, linke Theatermacher, Buchverleger und Künstler, beteiligte sich an avantgardistischen Kinoproduktionen und politischen Wissenschaftspublikationen, ließ zur Geschichte der Arbeiter- und Sozialbewegungen forschen und sammeln und baute eine wertvolle marxistische Spezialbibliothek auf – ein geborener Mäzen wie sein Freund, der Maler George Grosz, einmal bemerkte.[1] Er pendelte zwischen Ländern und Kontinenten, Gelehrten- und Kaufmannswelt, Großbürgertum und Arbeiterbewegung, war in der Kommunistischen Internationale und in der US-Air Force aktiv. Wie ein eleganter Maßanzug schmiegen sich die Widersprüche einem Leben an, dem die politisch explosive Grundstimmung der Zeit den roten Faden verlieh. Wo immer sich die Möglichkeit bot, griff Felix Weil diesen Faden auf, um mit ihm Verbindungen zum Marxismus zu knüpfen. Er war Mittelsmann und Netzwerker, und er sah sich als Macher, nicht so sehr als Denker.[2] So erklärt es sich auch, dass ein Buch über den Gründer eines Instituts, das die Zeit des Nationalsozialismus im Exil überlebte und in der BRD unter dem Namen *Frankfurter Schule* berühmt werden sollte, ohne Exkurs auf die Theoriegeschichte dieses Instituts auskommt. Nach dem Tod Max Horkheimers im Jahr 1973 schrieb Felix Weil einen Brief an den *Spiegel*, in dem er um eine Richtigstellung bat: Im Nachruf auf Horkheimer hatte das Nachrichtenmagazin erwähnt, dass er – Weil – und andere im Institut im New Yorker Exil eine Heimstatt gefunden hätten. Weil wies den Spiegel darauf hin, dass er als gebürtiger Argentinier nie Deutscher und in New York somit auch nie ›Refugee‹ gewesen sei. »Wenn also von einer ›Heimstatt‹ geredet werden kann«, schrieb er, »so fand nicht ich eine beim Institut, sondern es bei mir, denn ohne meine neue Gabe von 100.000 Dollars hätte es nicht weiterbestehen können.«[3] Felix Weil war ›the man with the money‹,[4] der – radikalisiert durch die revolutionäre Stimmung nach dem Zusammenbruch der wilhelminischen Ära – die Weimarer Kultur dort förderte, wo sie links und politisch war, und auf diese Weise mitprägte, was zum Bleibenden und Gültigen dieser Epoche gehört. Immer am Puls der Zeit und überall die produktivsten Geister an sich ziehend.

In den letzten Lebensjahren hatte Weil damit begonnen, seine Lebenserinnerungen niederzuschreiben. Sein Hauptaugenmerk richtete er auf die Gründungsgeschichte des Instituts. Zur Fertigstellung sollte es freilich nicht mehr kommen. Ein Teil der unredigierten Aufzeichnungen fand nach seinem Tod den Weg ins Frankfurter Stadtarchiv und wird von Biografen der Frankfurter Schule als Quelle zur Gründungsgeschichte des Instituts genutzt. Als Quelle dient sie auch vorliegender Biografie über den Gründer selbst, dessen sonstiger Nachlass die Zeit nicht überdauerte. Felix Weils spät niedergeschriebene Erinnerungen gleichen jedoch dort, wo sie nicht die historische Rekonstruktion der Gründungsgeschichte des Instituts betreffen, einem Bild, das stellenweise übermalt wurde und erst einmal freigelegt werden muss. In Nachlässen und Biografien von Freunden und Weggefährten, wie auch in ausgewählten Archiven und Sammlungen, finden sich Korrespondenzen mit ihm und Dokumente, durch die sich Zeitbezüge und Zusammenhänge in die richtige Chronologie bringen lassen, sodass das Licht nun breiter gestreut auf den Finanzier des Frankfurter Instituts fällt und auch jene Aspekte seines Mäzenatentums beleuchtet, bei denen die Quelle im Frankfurter Stadtarchiv versiegt.

1898–1930

Ein Reich aus Weizen

Die Welt – sie zeigte sich dem Kind in den ersten neun Jahren seines Lebens in Form riesiger Weizenfelder. »Diese Ähren hier, das ist unsere Armee! Damit kämpfen wir!« Das waren die Worte des Vaters, die dieser bei seiner Ankunft in Argentinien selbst schon von einem argentinischen Bekannten zu hören bekommen hatte.[5] Hermann Weil hatte es beim Anblick eines endlosen Ährenfeldes, das hundert Mal größer als die durch Erbfolge geschrumpften Felder seiner Heimat war, die Sprache verschlagen. Kaum, dass er ihrer wieder mächtig war, verglich er die aufrecht stehenden Ähren in seiner Begeisterung mit der Armee des preußischen Soldatenkönigs Friedrich Wilhelm. Aber wäre in dieser Heerschar hoch gewachsener Getreidehalme jedes Einzelne tatsächlich ein Wesen aus Fleisch und Blut gewesen, hätte es der junge Getreidekaufmann weit nüchterner registriert. Ihn reizte gerade die menschenleere Weite Argentiniens, die Raum für endlose Weizenfelder ließ. Es gab Land im Überfluss, ein mildes Klima, das fruchtbare Böden zeugte. Die Schienenwege wurden gerade verlegt und die Flächen, die bereits kultiviert wurden, gaben einen Vorgeschmack auf das, was möglich wäre.

Dabei hatte der gewaltige Getreidestrom, der sich von hier aus in einigen Jahren in alle Länder ergießen sollte, 1890, als das Schiff mit Hermann Weil an Bord im Hafen von Buenos Aires anlegte, gerade mal die Ausmaße eines Rinnsals erreicht. Was den aus dem kleinen badischen Ort Steinsfurt bei Sinsheim stammenden Auswanderer bewog, Argentinien trotz der noch fehlenden Infrastruktur als Zielland zu wählen, war eine Wette auf Argentiniens Zukunft als Getreideexport-Nation: In wenigen Jahren würde das Land an der Südspitze Südamerikas in einem Atemzug mit Russland, Nordamerika und den Donauländern genannt. Davon war der junge Getreidekaufmann überzeugt. Er hatte sich nach Beendigung seiner Mannheimer Lehrzeit bei seinen bereits ausgewanderten älteren Brüdern in der Weizenkammer Nordamerikas umgesehen und festgestellt, dass in den USA die Weizenproduktion im Wachstum nicht mit der Einwanderung Schritt halten konnte.[6] Der Weizen, den Nordamerika anbaute, wurde an erster Stelle für die Versorgung der eigenen Bevölkerung gebraucht. Dann erst kam der Export. In Argentinien war es umgekehrt.

Als die Pioniere unter den internationalen Getreidehändlern in die künftigen Getreideregionen der Pampaebene an der Südostküste Südamerikas vorstießen, war die Landschaft in den Provinzen von Buenos Aires, Santa Fe, Córdoba, Entre Rios und der Pampa Central zum größten Teil noch Grassteppe. Argentiniens künftige Weizenregion erstreckte sich über eine Fläche, die mehr als zweimal so groß wie Deutschland war.[7] Doch so unendlich weit sich die baumlose, monotone Ebene in alle Himmelsrichtungen ausdehnte, so sehr konzentrierte sich ihr Besitz auf die Namen jener spanisch-argentinischen Familien, unter denen der Staat das einstige Indianerland aufgeteilt hatte, nachdem sie ihm die Feldzüge gegen die angestammten Bewohner finanzieren geholfen hatten. Ein kleiner, exquisiter Personenkreis konnte auf diese Weise bis zu zweihunderttausend Hektar sein Eigen nennen. In Erwartung künftiger Wertsteigerungen kaufte diese neue Kaste der *Latifundistas* in einer Zeit, in der eine Legua, fünfundzwanzig Quadratkilometer, für wenige Tausend Papierpesos zu haben war, viele weitere Leguas hinzu.[8] Zwar lagen die im Westen durch die Anden und im Osten durch den Atlantik begrenzten Ländereien, die der Viehzucht dienten, zum Teil viele Tagesritte von der Hauptstadt entfernt, aber der Eisenbahnbau ließ die Distanzen schrumpfen. Und so verwandelten sich im Zuge des Ausbaus von Weideflächen selbst entlegenste Grassteppen nach und nach in grüne Alfalfa-Oasen.

Es stellte sich heraus, dass die kaum Steine aufweisenden und mit einer hellbeigen Decke aus schwerem, festem Löß überzogenen Böden, auf denen nun Rinderherden weideten, zugleich bestes Ackerland boten.[9] Aber die spanisch-argentinischen *estancieros* der ersten Stunde verstanden sich kulturell ganz und gar als *ganaderos*. Sie hätten die Viehzucht nie mit Getreideanbau kombiniert, auch wenn dadurch große Teile ihrer Ländereien völlig ungenutzt blieben.[10] Gegen Zusatzeinnahmen durch Verpachtung nicht genutzter Flächen hatten sie allerdings nichts einzuwenden. Und während sie selbst – im Zuge der infrastrukturellen Erschließung ihrer riesigen Besitztümer durch den Eisenbahnbau und im Zuge des wirtschaftlichen Fortschritts in der Fleischproduktion durch den Einsatz von Kältemaschinen – zu Fleischexporteuren wurden, experimentierten auf ihren verpachteten Landflächen Getreideproduzenten mit Saatweizen aus aller Welt, bis sich mit dem Barletta-Weizen eine widerstandsfähige und zugleich weiche Sorte durchsetzte, mit der argentinischer Weizen für den Getreidemarkt attraktiv zu werden begann.

Der Antwerpener Getreideunternehmer Mosco Z. Danon bewies bei der Eröffnung seiner Filiale in Buenos Aires sowohl ein Gefühl für das richtige Timing als auch für die richtige Wahl des Filialleiters. Denn er bot Hermann Weil den Posten an, kaum dass dieser von dem USA-Ausflug wieder in der Heimat zurück war. Wenngleich der junge Getreidehändler damals erst am Anfang seiner Karriere stand, war er in der Branche kein Unbekannter mehr. Denn der Mannheimer Kaufmann Isidor Weismann hatte seinen ehemaligen Lehrling mit knapp 18 Jahren zum Prokuristen seines Unternehmens ernannt.[11] Dass dieser blutjunge Angestellte auch mit einem außergewöhnlichen kaufmännischen Talent gesegnet war, sprach sich unter den europäischen Getreidehändlern herum. Deshalb wusste Mosco Z. Danon ganz genau, dass er seine neue Filiale keinem Greenhorn anvertraute. Mindestens so groß wie die kaufmännischen Fähigkeiten waren Ehrgeiz und Aufstiegswille des 22-jährigen. Bevor Hermann Weil nach Argentinien aufbrach, verlobte er sich mit Rosa Weismann, der Tochter seines einstigen Lehrmeisters. Dass es zur Heirat nur käme, sofern sie der begüterten Kaufmannstochter keinen gesellschaftlichen Abstieg abverlangte, spornte ihn geschäftlich zu Höchstleistungen an.

Der argentinische Getreidemarkt war von Anfang an geprägt durch die speziellen Bodenbesitzverhältnisse im Land. Die Eigentümer der Felder glänzten durch Abwesenheit. Sie lebten in den eleganten Vierteln der argentinischen Hauptstadt oder im Ausland und überließen den Betrieb auf ihren entlegenen Estancias den Gutsverwaltern oder *Mayordomos*. Von den nie anwesenden Herren über die Ländereien war nicht zu erwarten, dass sie in die Getreideproduktion investierten, die ihnen stets fremd blieb. Weder fühlten sie sich für den Bau von Getreidesilos verantwortlich, noch vergaben sie Verträge mit so attraktiven Laufzeiten an die Pächter, dass diese den Anreiz verspürt hätten, den Bau dieser Silos selbst zu übernehmen. Da von den Latifundien-Besitzern nur eine verschwindend kleine Minderheit zum Landverkauf bereit war, wurden selbst große und wohlhabende Pächter nur in seltenen Fällen zu Landbesitzern.

Während in den USA und Kanada Getreide in Kornspeichern nach Qualitäten sortiert und gelagert wurde, blieb Getreide in Argentinien an den Eisenbahnstationen unter offenem Himmel in Jutesäcke verfüllt liegen. Begünstigt wurde der dadurch gegebene Zwang zum schnellen Abverkauf der leicht verderblichen Ware durch die antizyklische Erntezeit. Wenn in Russland, den Donauländern und Nordamerika Winter herrschte, begann in Argentinien die Erntesaison. Verschifft wurde das Getreide ab Januar, solange die nordamerikanischen Getreideproduzenten infolge des Winters in ihren Ausfuhrmöglichkeiten noch stark eingeschränkt waren. Nachdem Hermann Weil binnen weniger Jahre aus der argentinischen Danon-Filiale die profitabelste Dependance des international tätigen Antwerpener Unternehmens gemacht hatte, reiste er zu seiner Verlobten nach Mannheim und bestellte das Aufgebot.

*

Hermann Weil hatte sich seinem Sohn gegenüber stets als Atheist oder Agnostiker bezeichnet und zugleich eingestanden, dass er zwei Mal in seinem Leben zu religiösen Konzessionen bereit gewesen sei. Das eine Mal, als er bei seiner Trauung dem Wunsch seines Schwiegervaters nachgab und dem standesamtlichen Akt eine jüdisch-orthodoxe Zeremonie folgen ließ. Das andere Mal bei der Geburt des Sohns. Ihn hatte er katholisch taufen lassen und die Taufe damit begründet, dass sie in einem katholischen Land wie Argentinien gängige Praxis gewesen sei, sofern keine andere Religionszugehörigkeit angegeben wurde, woran er als Atheist keinen Gedanken verschwendet hätte. »Da ich damals weder als Protestant noch als Jude, noch als irgendein anderer Nicht-Katholik eingetragen wurde, war ich also für Argentinien katholisch« – so notierte es der Sohn 75 Jahre später.[12] Was in einem argentinischen Standesamt entschieden wurde, spiegelte sich nicht automatisch in einem deutschen Melderegister wider – wie der Blick auf die Auszüge des alten Melderegisters der Stadt Frankfurt zeigt, dem zufolge Felix José Lucio Weil argentinische Staats- und israelitische Religionszugehörigkeit besaß.[13] Nur Lucio, der Name des Tagesheiligen vom 8. Februar, dem Tag seiner Geburt, den er ebenfalls jenem argentinischen Standesbeamten verdankte, blieb ihm als dritter Vorname auch in Deutschland erhalten.

Kurz vor der Geburt des Sohnes vollzog Hermann Weil den Schritt in die Selbstständigkeit, da sich sein Antwerpener Arbeitgeber beim *Cornern*[14] verspekuliert und Danon in den Bankrott geführt hatte. Er gründete mit zwei Brüdern, die ihm nach Buenos Aires gefolgt waren, sowie einem Freund aus Mannheimer Lehrtagen die Firma *Gebrüder Weil und Partner*. Der ›Partner‹ – das war der Mannheimer Jugendfreund, dessen Name nicht überliefert ist, der aber mit zehn Prozent an der neuen Getreideexportfirma beteiligt war. Hermann Weil gehörten fünfzig Prozent. Die übrigen vierzig Prozent teilten sich seine Brüder Samuel und Ferdinand. Das Unternehmen wurde unter dem spanischen Namen *Hermanos Weil y Cía* als argentinische Firma in Buenos Aires eingetragen. Wie schon die Heirat mit der Tochter seines Mannheimer Lehrmeisters schien Hermann Weil nun auch die Geburt des Sohnes geschäftlich anzuspornen. Konnte im Verkauf bisher aufgrund der fehlenden Lager- und Sortiermöglichkeiten nur über individuelle Weizenpartien verhandelt werden, ging er nun in Argentinien als Erster dazu über, den Weizen nach seinem spezifischen Getreidegewicht anzubieten.[15] Laut Felix Weil war sein Vater sogar der Erfinder dieser Art von Getreideverkauf.[16] Bei Barletta-Weizen, dessen Naturalgewicht zwischen 75 und 85 Kilogramm pro Hektoliter schwankte, orientierte sich Hermann Weil hinsichtlich der Preisgestaltung an einem Gewicht von 78 Kilogramm pro Hektoliter.[17] Wog der Weizen mehr, stieg der Preis. Umgekehrt sank er. In Kombination mit Musterproben, bei denen Glutenanalysen vorgenommen wurden und die Menge der vorhandenen Schmutzpartikel in Prozentanteil hochgerechnet wurde, ließ sich nunmehr auch argentinischer Weizen nach Sortenqualität anbieten. Da das auf Seiten der Importeure Vertrauen voraussetzte, war es von Vorteil, dass das gesamte Geschäft mit Europa von einer recht überschaubaren Zahl Exporteure abgewickelt wurde, deren Geschäftsgebaren insgesamt als ›reell‹ galt.[18] Im Grunde wurden achtzig Prozent des argentinischen Getreideexports von nur drei Unternehmen organisiert: *Bunge & Born*, *Louis Dreyfus* und *Hermanos Weil*. Auf der Welle des einsetzenden Getreidebooms war Hermann Weils Firma in kürzester Zeit bis ganz nach vorne in eine der drei Spitzenpositionen getragen worden. Dort zwar nur an dritter Stelle, besaß *Hermanos Weil* insofern jedoch die exklusive Position, das einzige argentinische Unternehmen unter den drei großen Exporteuren zu sein.

Hermann Weil ließ seinen Blick über das Weizenfeld streifen, das in ganzer Pracht und Herrlichkeit vor ihm lag. Beim Anblick des goldleuchtenden Ährenmeeres durchflutete ihn das gleiche andächtige Gefühl wie damals, als er zum ersten Mal eines dieser schier endlosen argentinischen Weizenfelder mit eigenen Augen sah. Am Feldrand ritt sein erstgeborener Sohn Felix auf seinem Pferd Matilda den schmalen Weg entlang. Ihm folgte, vorsichtig zum Pferd des großen Bruders Abstand haltend, die drei Jahre jüngere Tochter Anita Alicia auf ihrem kleinen Pony. Hermann Weils Blick wanderte von den Kindern zu der Mutter dieser Kinder, die neben ihm auf der Veranda ihrer Estancia im Liegestuhl lag. Dass er die früh begehrte Tochter des Mannheimer Getreideunternehmers Isidor Weismann heute seine Frau nennen konnte, erfüllte ihn mit ehrlichem Aufsteigerstolz. In wenigen Jahren war ihm ein geradezu schwindelerregender Aufstieg geglückt. Dass ein Selfmade-Millionär wie er in den Augen alter argentinischer Familien als neureich galt, störte ihn nicht. Neureich waren fast alle aus der deutschen Kolonie, die mit nichts als einem Paar verschlissener Hosen in Buenos Aires von Bord der Auswandererschiffe gegangen waren und heute im deutschen Klub verkehrten. »Kannst du es glauben?«, fragte er an seine Frau gewandt, während sein Blick wieder über das Land schweifte. »Das alles ist dir!«[19]

Auf dem Höhepunkt des Getreidebooms arbeiteten weltweit bis zu dreitausend Menschen für die Firma. Ihre inländischen Filialen lagen an Binnenhäfen und Eisenbahnstationen in sämtlichen Provinzen der Pampa. *Hermanos Weil* hatte Niederlassungen in Deutschland, Belgien, Holland, England, Frankreich, Italien, Spanien und Portugal. Zeitweise kreuzten sechzig Charter-Schiffe mit Fracht ihrer Firma auf den transatlantischen Getreiderouten. Hermann Weil hatte die Wette auf die internationale Konkurrenzfähigkeit Argentiniens gewonnen: An der Schwelle zum neuen Jahrhundert beförderte das knapp 5 Millionen Einwohner beherbergende riesige Land mehr Tonnen Getreide in die Welt, als auf seinem Staatsgebiet Menschen lebten. Hermann Weils Augen ruhten auf seinem Sohn, der vom Pferd gestiegen war und mit Antonio sprach, dem gleichaltrigen Sohn ihrer indianischen Köchin. Nichts war in so einem Moment befriedigender als ein Getreideexportunternehmen, in dem die Nachfolge geregelt war.

Vom Kronprinzen zum Vertrauten des Vaters

Noch bevor er richtig laufen und sprechen konnte, war Felix schon ›Sohn des Chefs‹. Was zunächst nichts anderes hieß, als Sohn eines Mannes zu sein, der mit Geldverdienen beschäftigt und deshalb nie da war. Dass er als Sohn des Chefs auch etwas Besonderes war, spürte er, sobald ihn sein Vater mit in die Firma nahm. Als Sohn des Chefs durfte er in der Firma Sachen, die ihm zuhause nicht erlaubt waren. Keiner der Angestellten wagte etwas zu sagen, wenn er im Kontor mit teuren und empfindlichen Geräten spielte, während sein Vater in seinem Privatbüro saß und nicht gestört werden wollte. Mit vier Jahren bekam er sein erstes Pferd geschenkt. Seitdem durfte er seinen Vater, wenn sie in der Provinz Santa Fe auf ihrer Estancia waren, hin und wieder zu einer ihrer Aufkaufstellen begleiten.

Die Landschaft, die ihm sein Vater bei diesen Ausritten zeigte, war eine vom Getreidemarkt geschaffene Welt, in der sich Weizenfelder in Tonnen Exportgetreide verwandelten, Eisenbahnen in einen endlosen Getreidestrom und die romantisch anmutenden Windräder, die längs der Bachläufe standen, in Kraftwerke, die unaufhörlich Wasser zu den Getreidefeldern pumpten. Sein Vater wollte, dass er Fragen stellte, und gab ihm auf alles Antwort. Wie der Boden unter den Weizenfeldern durch Alfalfa auch im Sommer feucht und nährstoffreich gehalten wurde, wie der hohe Humusgehalt die stark tonhaltigen Böden auflockerte, sie mürbe und durchlässig machte. Wie aus den fünfzig bis sechzig Sack Getreide, mit denen die Pferdekarren, an denen sie vorbeiritten, beladen waren, auf dem Schienenweg Züge mit bis zu tausend Tonnen Getreidefracht wurden. Und wie schließlich in den Häfen diese tausend Tonnen Getreidefracht auf Schiffe mit zehntausenden Tonnen Cargo verladen wurde.

»Die Estancia habe ich mir ganz alleine erarbeitet.«[20] Sie ritten schon den Weg zu ihrem eigenen Landgut zurück, als Felix seinen Vater diesen Satz sagen hörte. Die Estancia sei sehr groß, entgegnete er in anerkennendem Ton. Und nachdem er sie sich einen Moment lang genauer betrachtet hatte, fügte er noch hinzu, dass sie so eine große Estancia im Grunde doch gar nicht bräuchten. Sie waren nur zu viert und die meiste Zeit des Jahres in Buenos Aires, wo sie im modischen Recoleto-Viertel noch ein Haus besaßen, ähnlich groß wie die Estancia. Hermann Weil blickte seinen Sohn erstaunt an. Er selbst hatte mit einem Dutzend Geschwister in einem winzigen Haus in Steinsfurt gelebt, das zugleich als Futtermittellager diente. Alles war so beengt, dass es jeden seiner Brüder in die Ferne zog, sobald er nur alt genug war. Er hatte dies seinem Sohn oft erzählt. Und nun beschwerte der sich, dass er seine Kindheit in zu großen Häusern verbringen müsste. Begriff er denn gar nichts? Verärgert erklärte Hermann Weil seinem Sohn, dass ihre Häuser und Grundstücke nur deshalb so groß seien, weil er sie sich erarbeitet hätte. Doch zum ersten Mal ließ Felix eine Antwort seines Vaters mit offenen Fragen zurück.

Auf ihren Ausritten hatte der voller Anerkennung von den *golondrinas* gesprochen, den italienischen Erntehelfern, die ›Schwalben‹ genannt wurden, weil sie wie Zugvögel im Rhythmus der Erntezeiten zwischen ihrer Heimat Italien und den argentinischen Getreideregionen hin und her zogen. Sein Vater sagte, diese Piemontesen seien fleißige und arbeitsame Männer, denen Italien einen großen Teil seines Aufschwungs zu verdanken hätte. Denn sie brächten ihr gesamtes Geld, das sie in Argentinien bei der Erntearbeit verdienten, in die Heimat zurück. Obwohl diese Männer ebenso fleißig und hart wie sein Vater arbeiteten, lebten sie – Felix hatte es mit eigenen Augen gesehen – in einfachen Lehmhütten auf abgelegenen Feldern; nicht in so einer großen Estancia wie sie. Zwar wohnten seine Freunde Antonio und Fernando und ihre Eltern Juana und Jacinto mit bei ihnen im Haus. Aber selbst das Spielzimmer seiner Schwester war größer als der Raum, in dem Antonio und Fernando mit ihren Eltern schliefen. Juana, einst seine indianische Amme, arbeitete bei ihnen als Köchin. Jacinto, ihr Mann, war Chauffeur und persönlicher Diener seines Vaters. Sein Vater war zwar immer freundlich zu ihnen. Aber selbst wenn die Eltern seiner Freunde nicht besonders unglücklich wirkten, fragte er sich, wie Freundschaften funktionieren sollten, wenn einer allein in einem riesigen Haus wohnen durfte und der andere sich ein kleines Zimmer mit seiner ganzen Familie teilen musste.

Während er sich diese Art von Fragen zu stellen begann, wurde er zufällig Zeuge, wie sein Vater einen Lehrling aus der Firma warf. Die Szene war ihm noch Jahrzehnte später genau vor Augen. »Sein Gesicht war gerötet, seine Augen tränenerfüllt, und er biss sich auf die Lippen. Er rannte zu dem Kleiderständer, riss seine Mütze herunter und war weg durch die Tür, alles in Sekunden.« Sein Vater hätte ihn entlassen, weil er zum zweiten Mal gegen eine Anordnung verstoßen hätte, erklärte ihm damals einer ihrer Buchhalter. »Was tut er denn jetzt?«, wollte er wissen. Der Buchhalter zuckte mit den Achseln: »Who cares …?«[21] Es schien Felix, als sollte ein Exempel statuiert werden. Freundschaften, die nicht den gleichen Interessen dienten, konnten nicht funktionieren. Die Komplikationen, die sich für seinen Vater aufgrund seiner Stellung im Umgang mit Menschen ergaben, begannen sich auf seine eigenen Freundschaften zu übertragen. Sein Verhältnis zu Antonio und Fernando änderte sich. Von klein auf hatte er zu ihrer Familie gehört. Er hatte sich nie Gedanken darüber gemacht, dass es umgekehrt nicht so sein könnte. Denn er und seine Schwester hatten ihre leibliche Mutter selbst nie länger als eine Stunde am Tag gesehen. Felix Weils Erinnerung nach war dies die Stunde des Nachmittagstees. »Dann wurden wir hereingeführt, betrachtet und baldigst mit freundlichem Lächeln entlassen. ›Das muss so sein‹, sagte unsere Engländerin. ›Kinder sind für Eltern da, aber Eltern nicht für Kinder.‹«[22] Aus Rücksicht auf die Mutter, die kein Spanisch sprach, wurde in ihrem Beisein nur deutsch gesprochen. Mit den Kindermädchen und Hauslehrerinnen redeten seine Schwester und er französisch und englisch. Waren sie alleine, wechselten sie sofort ins Spanisch über. Seit die französischen Kindermädchen und englischen Gouvernanten in der Erziehung an Juanas Stelle getreten waren, begann sich Felix immer weiter von Antonio und dessen älterem Bruder Fernando zu entfernen. »Aber«, stellte er im Rückblick fest, »zu meinem Erstaunen sagte ich nichts mehr über unseren Lebensstil und den meines indianischen Milchbruders Antonio.«[23]

*

Das große Haus in der Avenida Alvear in Buenos Aires füllte sich mit Leben, wenn die Brüder Hermann Weils mit ihren Familien zu Besuch kamen. Ferdinand Weil hatte inzwischen eine Tochter namens Carlota. Und Samuel Weil war Vater eines Sohns. Mit je einem beziehungsweise mit zwei Kindern war bei den drei Brüdern Weil, die selbst in einem Haushalt mit dreizehn Kindern aufgewachsen waren, die Familienplanung abgeschlossen. Nach dem Wunsch Hermann Weils sollte sein Sohn die Schulausbildung erhalten, die bei ihm selbst zu kurz gekommen war, da er mit 15 Jahren als Untertertianer von der Höheren Bürgerschule in Sinsheim abgehen musste. Obwohl es in Buenos Aires schon weiterführende Schulen gab, die Unterricht in deutscher Sprache anboten, entschied sich Hermann Weil für ein Gymnasium im Herkunftsland und schickte seinen Sohn im Alter von 9 Jahren alleine nach Frankfurt, wo Rosa Weils verwitwete Mutter lebte, bei der Felix die Wochenenden verbringen konnte. Wochentags sollte er mit anderen Jungen aus Übersee-Familien in der Pension eines Lehrers wohnen. Doch überkam ihn dort so viel Heimweh, dass er bald ganz zu seiner Großmutter zog.

Hermann Weil hatte das Frankfurter Goethe-Gymnasium ausgewählt; das Vorbild für die Modernisierung des Schulwesens im damaligen Preußen. Dass die ehemals freie Stadt Frankfurt zu Preußen gehörte, war dem Deutschen Krieg von 1866 geschuldet, dem zweiten der deutschen Einigungskriege, die 1871 zur Entstehung des Deutschen Kaiserreiches unter preußischer Hegemonie führten. Am Goethe-Gymnasium fand das ›Frankfurter Modell‹ Anwendung – eine Kombination aus modernen Sprachen als erster und Latein als zweiter Fremdsprache, ähnlich dem heutigen Regelgymnasium.[24] Felix war offensichtlich ein guter Schüler. Denn ein von ihm verfasster Aufsatz auf Latein wurde ausgewählt, um an seinem Beispiel den Erfolg des ›Frankfurter Modells‹ auf der Brüsseler Weltausstellung 1910 im deutschen Pavillon zu präsentieren.[25] Äußerst modern mutete auch der Kerngedanke des reformorientierten Lehrplans an. Er lautete ›Selbstunterrichtung‹. Felix nahm den didaktischen Ansatz beim Wort. Er ließ sich von der Köchin seiner Großmutter Entschuldigungsbriefe für die Schule schreiben und verbrachte die gewonnenen Vormittage in der Stadtbibliothek, wo er sich durch das vorhandene Bücherangebot las. Er war bei Zolas *J'accuse* angekommen, als ein Brief seines Vaters eintraf, in dem die Rückwanderung der ganzen Familie angekündigt wurde. Rosa Weil war an Krebs erkrankt, bei ihrem Mann hatten die Ärzte eine Lues im fortgeschrittenen Stadium festgestellt. Das Ehepaar wollte sich in Frankfurt von Paul Ehrlich behandeln lassen, der für seine Forschungsbeiträge im Bereich der Immunologie soeben mit dem Nobelpreis ausgezeichnet worden war.

Gleich nach ihrer Ankunft gab Hermann Weil bei dem Architekten Alfred Engelhard Pläne für eine Villa in Auftrag. Fürs Erste bezog die ganze Familie eine Suite im Hotel Imperial am Opernplatz. Auf einem langen Tisch lagen ausgebreitet Engelhards Baupläne. Eines Tages wurde für ein maßstabgerechtes Modell ihrer künftigen Villa Platz gemacht. Felix sah seine Eltern Seite an Seite an dem langen Tisch sitzen und das puppenstubengroße Modell mit winzigen Miniaturmöbeln einrichten. Selten hatte er seine Eltern so vertraulich und einträchtig erlebt. In Buenos Aires hatte die großbürgerliche Etikette Nähe verhindert. In Frankfurt war die Distanz den Krankheiten geschuldet, über die mit den Kindern nicht gesprochen wurde. Umso mehr wusste Felix die Ausflüge mit seinem Vater zu schätzen. Der nahm ihn mit auf die Internationale Luftfahrtausstellung, auf der in Frankfurt 1909 drei Monate lang die Wunder der Luftfahrttechnik präsentiert wurden. In der ›Fliegerwoche‹, dem ersten internationalen Flugwettbewerb, ging Louis Blériot an den Start, der nur wenige Wochen zuvor als erster Mensch den Ärmelkanal überflogen hatte. Da Blériot persönlicher Gast Hermann Weils war, der zu den Frankfurter Geschäftsleuten gehörte, die die Preisgelder des Wettbewerbs gestiftet hatten, durfte sich Felix als Knirps von 11 Jahren in Blériots Flieger setzen. »Er gab Gas, und der Wind, den sein Propeller machte, legte die Grashalme auf dem Flugfeld um«, schwelgte er noch als alter Mann in der Erinnerung an diesen besonderen Moment. »Seitdem war Fliegen immer meine stille Liebe.« Höhepunkt der Messe war jedoch die Landung des Zeppelins, dem zu den Klängen des Deutschlandliedes sein Erbauer, Graf Zeppelin, entstieg. Dem Grafen zu Ehren kündigte Oberbürgermeister Franz Adickes noch am selben Tag an, dass die Stadt einer Straße seinen Namen geben werde. Ob Zufall oder Hermann Weils Begeisterung für die Luftfahrt geschuldet: Die vom Frankfurter Bürgermeister auserkorene Zeppelin-Allee war die Straße, in der Hermann Weil seine Villa bauen ließ.

Als der Bau schon weit fortgeschritten war, fuhr eines Tages die ganze Familie zu ihrem künftigen Wohnsitz. Wieder ein zu großes Haus, dachte sich Felix, als er die Zimmerfluchten sah. In der Eingangshalle der Villa war ein Lift eingebaut. Denn seit seine Beine immer stärker schlackerten, konnte Hermann Weil kaum noch gehen. Auch Rosa Weils Gesundheitszustand hatte sich sichtbar verschlechtert. Sie musste sich von ihrer Zofe stützen lassen, während sie langsam durch den parkartigen Garten gingen. An einer windgeschützten Stelle blieb sie stehen. Felix begriff erst später, dass seine Mutter an diesem Tag einen Platz im Garten für die Urne mit ihrer Asche ausgewählt hatte.[26] Das von Paul Ehrlich entwickelte Arsenpräparat Salvarsan, das 1910 auf den Markt gekommen war, brachte in der medikamentösen Behandlung der Krankheiten nicht den erhofften Durchbruch. Rosa Weil starb 1912, noch bevor die Villa bezugsfertig war. Nach ihrem Tod wurde Felix für seinen Vater zum engsten Vertrauten.

Als sich Hermann Weil 1908 aus dem aktiven Geschäft zurückzog und nach Frankfurt zurückkehrte, wurde *Gebrüder Weil und Partner* eine Aktiengesellschaft. Der namentlich nicht bekannte Mannheimer Jugendfreund, der zusammen mit ihm und seinen Brüdern Ferdinand und Samuel die Firma 1898 gegründet hatte, schied damals aus. Seine zehn Prozent wurden zu gleichen Teilen an Julius Flegenheimer und Sigismundo Edelstein verkauft, zwei langjährige Prokuristen der Firma und nun die neuen Partner der Gebrüder Weil. Während Edelstein seitdem für die Kontakte zu den europäischen Importeuren zuständig war, leitete Flegenheimer die wichtigste Filialdirektion in Rotterdam, wohin sich der erkrankte Hermann Weil regelmäßig von Frankfurt aus im Mercedes chauffieren ließ, solange das sein Gesundheitszustand erlaubte. In der Firma ging jeder davon aus, dass anschließend Felix in die Fußstapfen seines Vaters treten würde.

*

Großbritannien hatte schon vor dem Krieg misstrauisch beäugt, dass deutsches Kapital im argentinischen Außenhandel eine immer größere Rolle spielte. Bei Kriegsausbruch 1914 verlangte es, das neutrale Argentinien müsse alle Handelsbeziehungen mit Deutschland abbrechen, und tatsächlich verzeichnete die argentinische Außenhandelsstatistik danach keine Handelsbeziehungen mit Deutschland mehr. Stattdessen kam es nun zu einem verstärkten Frachtschiffverkehr zwischen Argentinien und Inseln wie St. Vincent in der Karibik oder dem Hafen Las Palmas auf den Kanarischen Inseln. Auch wenn sich anhand der Dokumentationen an Bord nicht mit Bestimmtheit sagen ließ, dass die endgültige Destination der Getreidefracht weiterhin Deutschland war, lag diese Vermutung nah. 1916 verschärfte Großbritannien den wirtschaftlichen Druck und gab eine Liste mit den Namen feindlicher deutscher Unternehmen heraus, die in Lateinamerika präsent waren. Auf dieser Liste tauchte auch *Hermanos Weil y Cía* auf.[27]

Während sich in Argentinien die Lage zuspitzte, beschäftigte Felix Weil in Frankfurt gedanklich mehr als alles andere, dass nach dem Abitur seine ganze Klasse für Deutschland in den Krieg ziehen würde und er als gebürtiger Argentinier als Einziger zuhause bleiben sollte. Auch er wollte einen Beitrag für die in der offiziellen Kriegspropaganda als gerecht dargestellte deutsche Sache leisten. Sein Vater hatte die sechs Schlafzimmer im Obergeschoss ihrer Villa der Militär-Sanitätsverwaltung als Offizierslazarett zur Verfügung gestellt. Jede Woche erhielt er seitdem Besuch von einem Major der Frankfurter Kriegsamtsstelle und später sogar von einem Vertreter der Admiralität. Nach dem Abitur erfuhr Felix Weil zu seiner Überraschung, dass die Besuche nicht mit dem Lazarett in Verbindung standen, sondern mit einem ganz anderen Engagement seines Vaters. Dieser nämlich erstattete den militärischen Stellen wöchentlich Bericht über Argentiniens Fleisch- und Getreidehandel mit England. Seit er sich auf Anfrage hin in seinen Berichten auch zu persönlichen Einschätzungen über Wirkung und Dauer einer U-Boot-Blockade hinreißen ließ, hatte sich die Admiralität für sie zu interessieren begonnen. Und über die Admiralität gelangten die Berichte schließlich zum Kaiser. Wilhelm II. las sie aufmerksam durch, versah sie mit persönlichen Randbemerkungen und ließ sie anschließend über seinen Hofmarschall wieder an den Getreidehändler zurückgehen.

Felix Weil erinnerte sich, dass ihm sein Vater ein Dutzend solcher Berichte zeigte und ihn gleichzeitig bat, ihm künftig bei ihrer Ausarbeitung zu helfen.[28] So durfte er als frischgebackener Assistent seinen Vater am 24. Juli 1917 ins Große Hauptquartier nach Bad Kreuznach begleiten. Dort empfing sie der Kaiser zu einem Mittagessen, dem sich ein frühes Abendessen mit Hindenburg und Ludendorff anschloss, die sich – wie schon der Kaiser – auch für ein persönliches Gespräch Zeit nahmen.[29] Was der Grund für die viele Aufmerksamkeit war, die ihm in Bad Kreuznach zuteilwurde, schwante Hermann Weil allerdings erst hinterher, als er erfuhr, dass in der *Deutschen Politik*, dem Organ des Deutschen Flottenverbands, zwischen Februar und Juli 1917 vier Beiträge erschienen waren, als deren Verfasser er genannt wurde.[30] Der letzte Aufsatz vom 27. Juli trug die Überschrift *Die Wirkung von fünf Monaten U-Boot-Krieg* und entpuppte sich als Kriegs- und Durchhaltepropaganda, mit der genau eine Woche nach Annahme der Friedensresolution im Reichstag immer noch von einem baldigen Siegfrieden durch einen unbeschränkten U-Boot-Krieg schwadroniert wird, während die Mehrheit im Reichstag ein Ende des Krieges und einen Verständigungsfrieden gefordert hatte. Noch fünfzig Jahre später versuchte Felix Weil in seinen Memoiren den Eindruck zu korrigieren, sein Vater hätte zum Lager der ultrarechten Nationalisten um Ludendorff und den im Reichsmarineamt beschäftigten Kolonialpropagandisten Paul Rohrbach gehört.[31] Vielmehr sei es so gewesen, dass sein Vater von Rohrbach um die üblichen Berichte ersucht worden sei. Dieser habe sie dann ohne sein Wissen mit alldeutschem Gedankengut durchsetzt und an entscheidenden Stellen so überarbeitet, dass sie im Inhalt der eigenen Expansionsideologie glichen. Sein Vater sei ein deutscher Patriot gewesen, aber kein Alldeutscher.[32] »Nach dem Krieg litt er sehr unter dem Gedanken, dass er von einem Haufen größenwahnsinniger Marineoffiziere benutzt worden war, ohne es zu merken, und schämte sich. (...) Er war im Grunde trotz seiner Millionen ein sehr einfacher Mensch geblieben: Getreide, das tägliche Brot für so viele Menschen, war seine Welt, und er vergab sich bis zu seinem Ende nicht, dass er in bester Absicht an so viel Unheil indirekt mitschuldig war.«[33]

Plötzlich Revolutionär!

In seiner Schlussphase drängte der Krieg ins Frankfurter Straßenbild. Im Sommer 1918 tauchten feindliche Flieger am Himmel auf. Es kam zu vereinzelten Bombenabwürfen. Die Straßen füllten sich mit verletzten Kriegsheimkehrern und Invaliden. Aber im Alltag herrschte scheinbar weiter wilhelminische Normalität. Felix Weil studierte Volkswirtschaft an der Frankfurter Stiftungsuniversität. Anschluss zu seinen Kommilitonen fand er in der *Cimbria*, einer Burschenschaft, die zum *Allgemeinen Deutschen Burschenbund* gehörte, der liberalen Gegengründung zur *Deutschen Burschenschaft*. Im Unterschied zur Deutschen Burschenschaft, die ein Bekenntnis ihrer Mitglieder zu Deutschtum und Christentum verlangte und Schwarz-Weiß-Rot, die Farben der preußischen Monarchie, angenommen hatte, behielten die ADB-Burschenschaften wie die Cimbria die Farben Schwarz-Rot-Gold und folgten den Idealen der Corpsstudenten der Frankfurter Nationalversammlung, zu denen geheimes und freies Wahlrecht sowie Demokratie gehörten. Der entscheidende Unterschied zur Deutschen Burschenschaft aber war, dass im Allgemeinen Deutschen Burschenbund – zumindest vor 1918 – antisemitische Strömungen fehlten. Der Cimbria konnten auch Juden beitreten.[34] Dank der Verbindungen, die sein Vater durch die Beratertätigkeit zu den militärischen Stellen unterhielt, konnte Felix Weil trotz seines Ausländerstatus ab 1917 freiwillig Kriegsersatzdienst in der Schützengräben-Abteilung der Frankfurter

Kriegsamtsstelle leisten. Als ehrenamtlicher Hilfsreferent hatte er dafür zu sorgen, dass ein bestimmter Frontabschnitt des XVIII. Armeekorps ausreichend Stützholzbalken für die Schützengräben erhielt.

Die nachmittägliche Praxis im Heeresamt machte die These von der Überlegenheit der freien Marktwirtschaft obsolet, die vormittags an der Universität im Fach Volkswirtschaft gelehrt wurde. Denn im Rüstungsbereich war die Planerfüllung an die Stelle des wirtschaftlichen Profits getreten. Die Lieferung von Stützholzbalken war von oben verordnete patriotische Pflicht. Doch als am 10. November 1918 die Proklamation der Hessischen Republik erfolgte, war noch am gleichen Tag die gesamte Kriegsamtsstelle wie leergefegt. Felix Weil allerdings musste sich erst von einem älteren Soldaten darüber aufklären lassen, dass die Stunde der Republik geschlagen hatte und die Macht vom Monarchen an die Arbeiter- und Soldatenräte übergegangen war. Um sich den Schwellencharakter des Moments zu vergegenwärtigen, griff er auf die Vorstellung zurück, die sich seine Burschenschaft davon machte, und stellte sich, in den Farben seiner Verbindung mit Band, Mütze und Bierzipfel bekleidet, dem revolutionären Arbeiter- und Soldatenrat zu Verfügung, der im Hotel Frankfurter Hof Quartier bezogen hatte. Kurze Zeit später half er schon mit, ein Munitionsdepot zu stürmen. Was ihm an Kampferfahrung fehlte, glich er durch Organisationstalent aus. Der von den Räten zum Frankfurter Polizeichef ernannte sozialdemokratische Rechtsanwalt Hugo Sinzheimer übertrug ihm am nächsten Tag die Leitung einer Arbeiterwehr, die für Ruhe und Ordnung auf der Straße sorgen sollte, solange nicht sicher war, dass die reguläre Polizei auf Seiten der Republik stand. Ohne zu zögern übernahm er das Kommando.

Felix Weil spürte eine Art von grundsätzlicher Übereinstimmung mit allem, was um ihn herum passierte. Als er nachts schlaflos auf seiner Pritsche in der Hotellobby lag, begann er, im Erfurter Programm der Sozialdemokratie zu lesen, das ihm der Arbeiterwehrmann auf der Nebenpritsche geliehen hatte. Er fand dort Ansichten formuliert, die er – wie er zu seinem eigenen Erstaunen feststellte – selbst schon lange mit sich trug.

Nur hatte er sie bisher noch nie zu Worten und Sätzen geformt, wie er sie jetzt lesen konnte: Die Produktionsmittel mussten in gesellschaftliches Eigentum übergehen, damit die Anstrengungen dem Wohle der Menschen dienten, die unter den gegenwärtigen Zuständen litten. Versunken in die Lektüre des schmalen Bändchens dämmerte ihm erstmals die Tragweite der Bedeutung des Wortes Sozialismus, auch bezogen auf die eigene Person. Bisher war es ihm nicht in den Sinn gekommen, dass er, Sohn eines Mannes, der mit Getreidehandel Millionen verdiente, der Corpsstudent, der sich im eigenen Wagen zur Universität chauffieren ließ, weltanschaulich Berührungspunkte mit der Arbeiterbewegung haben könnte. »Keine Frage: meine Gefühle waren auf Seiten des Sozialismus, und schon seit langem. Ich war mir nur dessen nicht bewusst gewesen!«[35] Die Metamorphose geschah in einer einzigen Nacht. Einer kurzen, schlaflosen und aufgewühlten Nacht, der eine jahrelange, sich intensivierende Beschäftigung mit marxistischer Theorie folgen sollte.

*

Felix Weil schrieb sich für das Sommersemester 1919 an der Universität Tübingen ein, denn dort hielt der Wirtschaftswissenschaftler Robert Wilbrandt Vorlesungen über Marxismus. Wilbrandt hatte der *Sozialisierungskommission* angehört, einer Expertengruppe, die im November 1918 von der Regierung eingesetzt worden war, um die Möglichkeiten einer Sozialisierung von Teilen der deutschen Wirtschaft zu überprüfen und diese gegebenenfalls vorzubereiten. Die Arbeit der Kommission wurde allerdings von Teilen der Regierung behindert. Nachdem nicht einmal die von ihr erarbeiteten Vorschläge für ein Gesetz zur Sozialisierung des Kohlebergbaus umgesetzt wurden, legten die Mitglieder Anfang April 1919 geschlossen ihre Arbeit nieder. Im Sommersemester 1919 hielt Wilbrandt wieder Vorlesungen an der Universität Tübingen. Noch vor Semesterbeginn hatte Felix Weil die Gründungsversammlung der ersten sozialistischen Studentengruppe Tübingens bei sich im Zimmer abgehalten und war im Anschluss als Delegierter zum ersten deutschlandweiten Treffen aller sozialistischen Studentengruppen nach Jena gereist. Dort lernte er Karl Korsch kennen, der Robert Wilbrandt in der Sozialisierungskommission assistiert hatte und sich in Jena gerade mit einem rechtswissenschaftlichen Thema habilitierte. Neben der Sozialistin Clara Zetkin, die auf Einladung der Tübinger Studentengruppe im Juni 1919 einen Vortrag im Schillersaal des Tübinger Museums hielt, wurde der marxistische Theoretiker Karl Korsch Felix Weils wichtigster politischer Mentor. Offiziell vertrat Weil im Vorstand der Studentengruppe weiterhin die gemäßigten Sozialisten. Privat verkehrte er im Umfeld Clara Zetkins und Karl Korschs vor allem mit Spartakisten und Kommunisten.

Auf Wilbrandts Anregung hin begann er im Sommersemester 1919 eine Seminararbeit über den Sozialisierungs-Begriff, die im *Arbeiter-Rat* veröffentlicht worden war, zur Doktorarbeit auszuarbeiten. Er hatte sich bereits zur Promotion angemeldet, als er von der Universität einen Exmatrikulationsbescheid erhielt. Angeblich verhinderten strengere Wohnbestimmungen für ausländische Studenten in seinem Fall eine Fortsetzung des Studiums. Aufgrund der katastrophalen Versorgungs- und Wohnraumsituation in der unmittelbaren Nachkriegszeit durften ausländische Studenten nur mit einer Sondergenehmigung an deutschen Universitäten studieren. Erst nachdem er nachweisen konnte, dass er zum einen während des Krieges als Ausländer in Deutschland freiwillig Militärdienst geleistet hatte und zum anderen in Tübingen im Haushalt einer Cousine lebte, wodurch er keinem deutschen Studenten Wohnraum wegnahm, war ihm diese Studien-Sondergenehmigung für das Sommersemester 1919 in Tübingen erteilt worden. Warum sie für das Wintersemester plötzlich nicht mehr gültig sein sollte, obwohl sich an seiner Wohnsituation nichts geändert hatte, ließ sich formaljuristisch nicht begründen. Deshalb besuchte Felix Weil die Vorlesungen seines Doktorvaters zunächst einfach weiter. Doch es nahte der erste Jahrestag der Novemberrevolution, und die Polizei hatte bereits Pamphlete abgefangen, in denen der Württembergische KP-Bezirksvorsitzende und Jugendsekretär Willi Münzenberg die Jugend-Internationale zum Kampf aufrief.[36] Das Landesministerium für Erziehung forderte von der Tübinger

Universität im Oktober die Namen aller politisch aktiven Studenten an. Und der Rektor der Universität lieferte eine Liste ab, auf der sich auch die Namen zweier Ausländer befanden – nämlich der von Heinrich Süßkind sowie der Felix Weils. Er beließ es nicht bei der bloßen Nennung ihrer Namen, sondern forderte von der Polizei, diese gefährlichen Agitatoren, die in keinem Verhältnis zur Universität mehr stünden, so rasch wie möglich zu entfernen, um sie unschädlich zu machen.[37] Beide wurden daraufhin tatsächlich verhaftet. Vom linken Rand der sozialistischen Studentenvereinigung hatte sich im Sommer eine neue Gruppierung abgespaltet, die mit dem Spartakusbund sympathisierte. Auf ihrer Mitgliederliste war Felix Weils Name zwar nicht zu finden. Er agitierte nicht parteipolitisch. Trotzdem hieß es fälschlicherweise im Bericht des Württembergischen Landespolizeiamtes, er sei eingeschriebenes Mitglied der KPD.[38] Zwischen dem Recht auf freie Meinungsäußerung, das ihm auch als Ausländer zustand, und der Mitgliedschaft in einer linksradikalen politischen Partei wurde nicht unterschieden. Denn man benötigte einen Vorwand für die Abschiebung aus Württemberg, die am 24. Oktober erfolgte.

*

Hermann Weil war bisher nur von seiner Tochter Überraschungen gewohnt. Anita hatte nach dem Tod ihrer Mutter in Wien das Privatlyzeum der österreichischen Schulpädagogin Eugenie Schwarzwald besucht. Sie war dort zu einer impulsiven jungen Frau herangereift, die sich nun selbst darin überbot, ihrem Vater Kostproben der freien Erziehung zu liefern, für die das Schwarzwald-Lyzeum bekannt war.[39] So hatte sie eine Liaison mit einem der Leutnants aus dem Offizierslazarett angefangen. Ihre Eroberung trug den prosaischen Namen Dr. Adolf Krümmer und war im zivilen Leben Bergwerksassessor. Nach seiner verletzungsbedingten Rückkehr von der Front hatte Krümmer in der Kriegsamtsstelle in der gleichen Abteilung wie Felix gearbeitet, der den Kollegen eines Tages zum Offizierstee mit nach Hause brachte. Bei dieser Gelegenheit lernte er Anita kennen, wies sich selbst ins Offizierslazarett ein und eroberte Anitas modisch linkes Herz, indem er vor ihr damit angab, Kommunist zu sein. Anita, die es sich in den Kopf gesetzt hatte, diesen zwanzig Jahre älteren Kommunisten zu heiraten, brannte mit ihm durch und wurde, um ihren Willen durchzusetzen, mit 18 Jahren schwanger.[40] Der Skandal, den sie 1919 inszenierte, blieb dank ihrer Tochter, die 1999 einen kleinen Lebensbericht schrieb, der Nachwelt erhalten: »Der Großvater war bestürzt. ›Meine Tochter ist mit einem Kommunisten durchgebrannt, was soll ich tun?‹ fragte er einen Vertrauten. ›Schenk ihm 100.000 Mark, dann ist er kein Kommunist mehr‹, antwortete der kluge Mann.«[41] Es war die Mischung aus Rebellion und Irrationalität, die Hermann Weil an seiner Tochter beunruhigte. Dass ihm nun auch sein Sohn Grund zur Beunruhigung gab, ließ sich nach dessen Abschiebung aus Württemberg nicht mehr leugnen. Zwar brachte Felix im Frühjahr 1920 seine Promotion bei dem Nationalökonomen Alfred Weber in Frankfurt zu einem ordentlichen Abschluss. Dass er sich aber politisch weiterhin in den gleichen Kreisen wie in Tübingen bewegte, war schon dadurch nicht zu übersehen, dass er mit Katharina Bachert im Oktober 1920 die Tochter von Freunden Clara Zetkins heiratete. Gleich nach dem Abitur wäre Hermann Weils Sohn noch bereit gewesen, in die Firma einzusteigen. Damals war der Vater es gewesen, der dem Sohn zu einem Studium geraten hatte. Dem mittlerweile Volljährigen konnte er allerdings nicht mehr vorschreiben, was er zu tun hätte, denn aufgrund des frühen mütterlichen Erbes war er finanziell längst unabhängig von ihm. Für vernünftige Argumente freilich blieb er empfänglich, und so nutzte Hermann Weil die Hochzeitsreise, die nach Argentinien führte, um seinem Sohn das Versprechen abzunehmen, dass dieser im Anschluss ein Jahr den Stammsitz ihrer Firma in Buenos Aires leiten würde, bevor er über seine weitere Zukunft entschied. Felix war der Einzige, der ihn als Generaldirektor beerben könnte. Felix Weil leuchtete das Argument seines Vaters ein: »Mit meiner Schwester zusammen würde ich ja nach meines Vaters Tod das größte Aktienpaket in der Firma zu vertreten haben.«[42] Solange die Revolution nicht siegte, war die freie Wirtschaft die gegebene Realität.

Doppelleben in Buenos Aires

Felix Weils einstige indianische Amme betrieb mit ihrem Mann inzwischen eine Bäckerei in dem Häuschen, das sie sich, nachdem der Haushalt ihrer alten Arbeitgeber aufgelöst worden war, von ihren Ersparnissen gebaut hatten.[43] Fernando und Antonio führten längst ein eigenständiges Leben. Antonio arbeitete in einer Werkstatt, Fernando in einer Landarbeitergewerkschaft. Er ritt von Estancia zu Estancia und klärte die Peones über ihre miserable Lage auf. Nach Buenos Aires kam er nur, um die Liste mit den Namen der neu angeworbenen Mitglieder bei seiner Gewerkschaft abzuliefern. Juana hatte Angst um ihn, denn die Polizei auf dem Land, die auf der Lohnliste der Großgrundbesitzer stand, machte in deren Auftrag Jagd auf Gewerkschaftsaktivisten. »Es steht nicht in der Bibel, dass der Mensch sich in Gewerkschaften vereinigen soll.« Felix Weil erinnerte sich noch 50 Jahre später, wie er Juana auf Spanisch entgegnete: »Aber es steht in der Bibel, dass der Mensch seinen Nächsten wie sich selbst lieben soll.«[44] Er staunte selbst. Als hätte er nach 13 Jahren eine Schublade aufgezogen, in der sein Spanisch lag. Er brauchte es nur herauszunehmen. Alles war wieder da.

Mit Käte, seiner Frau, reiste er kreuz und quer durch Argentinien und zeigte ihr das Land seiner Kindheit. Seine Eindrücke verarbeitete er in einem Aufsatz über die *Arbeiterbewegung in Argentinien*, der 1923, ein Jahr nach seiner Rückkehr aus Argentinien, im Leipziger Hirschfeld Verlag erschien: »Die Eisenbahnen laufen fast alle nur in der Ost-West-Richtung: von der Küste ins Innere; Querverbindungen gibt es noch kaum. Die Schnellzugstationen bestehen oft nur aus einem kleinen Häuschen mitten in der Steppe oder den Feldern. Von der Station bis zum nächsten Gut reitet man oft viele Stunden. Von einer Station zur andern sind es oft mehrere hundert Kilometer. Die Riesenentfernungen unterstützen noch die politische Willkürherrschaft der Großgrundbesitzer.«[45] Was die deutschen Leser dieses Aufsatzes über die ländlichen Regionen Argentiniens geschildert bekamen, war die gleiche von Profitinteressen geprägte Landschaft, die Felix Weil schon von den Kindheitsausritten mit seinem Vater kannte. Allerdings hielt sich bei den *golondrinas*, den ›Schwalben‹ genannten Landarbeitern, nur noch im Namen die Mär aus der Vorkriegszeit, der zufolge sie zwischen den Erntezyklen zwischen Argentinien und ihrer Heimat Italien hin und her gependelt seien. Dem an Marx geschulten politischen Ökonomen Weil drängte sich nun im Wort *golondrinas* die Konnotation mit den Vogelfreien und den Vagabunden auf, die keinem und jedem gehörten. Die von Marx als »Blutgesetzgebung gegen Vagabondage« bezeichneten Maßnahmen, mit denen im 15. und 16. Jahrhundert die Tendenzen gesellschaftlicher Verwilderung im Verfallsprozess des Feudalismus brutal unterbunden wurden – hier in den archaisch-sozialen Strukturen der ländlichen Regionen Argentiniens sah sie Felix Weil als immer noch praktiziertes Recht. Wer sich weigerte, gegen Lohn zu arbeiten, durfte als Sklave gehalten werden. Von einer Arbeiterbewegung konnte zumindest auf dem Land noch keine Rede sein. »Ab und zu kommen Streiks vor, die mit Gewalt niedergeschlagen werden. Wo das wegen allzu großer Nähe der Stadt nicht ohne weiteres geht, pflegt man durch *agents provocateurs* einen Grund zum Eingreifen zu schaffen oder die Streiker durch neu angekommene Einwanderer zu ersetzen.«[46] Die Informationen schien er für diesen Aufsatz aus erster Hand von dem als Gewerkschaftsaktivisten tätigen älteren Sohn seiner indianischen Amme erhalten zu haben. Dass Polizei und Justiz auf dem Land im Dienste der *estancieros* stünden, bedeute für die Arbeiter vollständige Rechtlosigkeit. »Wenn man sich diese Zustände vor Augen hält«, fasste Felix Weil seine Eindrücke zusammen, »so hat man eine Erklärung für die Verzweiflungstaktik der Landarbeiter. Man wird begreifen, weshalb sie bei Streiks die Ernten anzünden.«[47]

*

Auch wenn bei *Hermanos Weil* alle auf ihn als künftigen Generaldirektor der Firma setzten, wusste Felix Weil schon bald, nachdem er 1920 in Buenos Aires auf dem Sessel des Filialdirektors Platz genommen hatte, dass er nie eigenständig einen Sack Getreide kaufen oder verkaufen würde. Er spürte, dass ihm dafür das Wichtigste fehlte: der Sinn für Marktentwicklungen. Das alleine hätte aus ihm zwar einen schlechten Generaldirektor, aber zumindest immer noch einen Generaldirektor gemacht. Doch wogegen sich Felix Weil innerlich geradezu sträubte, waren die scheinbar ganz normalen geschäftlichen Gepflogenheiten, zum Beispiel Preisabsprachen.[48] Auf einer Vorstandssitzung der Vereinigung argentinischer Getreideexporteure platzte ihm 1921 der Kragen. Als einem der kleineren Getreidehändler betrügerisches Geschäftsgebaren vorgeworfen wurde, weil er der Verfälschung von Mustern überführt worden war, hielt der 23-jährige Juniorchef von *Hermanos Weil* seinen zum Teil wesentlich älteren Kollegen aufgebracht vor, es gäbe gar keinen Grund, sich so puritanisch aufzuspielen. Die kleine Firma täte im Kleinen nur das, was sie selbst täglich im Großen praktizierten. Mit dem einzigen Unterschied, dass sie aufgrund ihrer Größe, ihrer Macht und ihrer Beziehungen für die Tricksereien nicht zur Verantwortung gezogen würden. Niemand in der Runde verstand, worüber er sich eigentlich so aufregte.

Seit Felix Weil mit seiner Frau in Buenos Aires lebte, gab es für die Mitglieder des deutschen Klubs immer wieder Anlass, sich über seine ungezogene Art und den rauhen Ton, den er oft anschlug, zu empören. Mit beidem machte er sich nur wenige Freunde. Einer jedoch saß nur dabei und hörte gut zu, wenn man sich im deutschen Klub wieder einmal über den Juniorchef von *Hermanos Weil* ausließ, weil er ehrenwerte Geschäftsmänner der Gaunereien bezichtigt hatte. Bei dem aufmerksamen Beobachter der großen und kleinen Ränke und Kabale im deutschen Klub, der zum Klatsch selber wenig beitrug, sich aber alles merkte, was er hörte, handelte es sich um den deutschen Arzt Max René Hesse. Hesse lebte seit 1910 in Buenos Aires und praktizierte im deutschen Hospital. 1927 kehrte er nach Deutschland zurück und wurde Schriftsteller. *Partenau* war sein erster Roman. *Morath schlägt sich durch* sein zweiter. Der Protagonist der Geschichte, die in der deutschen Kolonie von Buenos Aires spielt, welche Hesse als ehemaliger Arzt des deutschen Hospitals und ständiger Gast im deutschen Klub jahrelang genau kennengelernt hatte, war – wie der Autor – Arzt am deutschen Hospital. Unter dem Romanpersonal tauchte mit breiten Schultern, zurückgekämmten Haaren und zwinkernden Augen auch der Juniorchef des Getreideunternehmens Weil auf, der im Roman Dr. Weinberg heißt. »Die Multimillionen ließen die Gesellschaft über seinen Radikalismus lächeln«, hieß es bei Hesse, und jeder, der das las, dachte automatisch an Felix Weil. Obwohl sein Roman prall gefüllt war mit Detailwissen über die Verhältnisse in der deutschen Kolonie von Buenos Aires, war es Hesses Beobachtungsschärfe entgangen, dass Felix Weil in Buenos Aires unter dem Decknamen ›Lucio‹[49] oder auch ›Beatus Lucio‹[50] ein Doppelleben führte. Was im deutschen Klub keiner wusste oder vielmehr wissen durfte: Der Juniorchef von *Hermanos Weil* war Grigorij Sinowjews Mann in Argentinien. Seine Akte ist unter der Nummer 495-190-97 im *russischen Staatsarchiv für soziale und politische Geschichte* (RGASPI) zu finden.[51] Zwischen dem 12. und 17. Oktober 1920 hatte der damalige Komintern-Chef Sinowjew – von der Parteilinken als Redner eingeladen – den Parteitag der USPD in Halle besucht, auf dem der Zerfall der 1917 von der SPD abgespaltenen Partei begann. Viele Mitglieder gingen zurück in die SPD, während andere sich der 1918 gegründeten kommunistischen KPD anschlossen. Vor seiner Abreise nach Argentinien schien sich Felix Weil dort in Halle mit Sinowjew getroffen zu haben. Zumindest war er für seine Argentinien-Reise, zu der er laut Melderegister-Auszug nach seiner Abmeldung vom Wohnort Frankfurt am 18. Oktober 1920 aufbrach, von Sinowjew mit allen Vollmachten eines Komintern-Delegierten ausgestattet worden.[52] Sinowjew brauchte einen zuverlässigen Analysten der Positionen in jenen argentinischen Parteien und Gewerkschaften, die sich um Aufnahme in die III. Internationale beworben hatten. Aus Felix Weils teilnehmender Beobachtung ging der bereits erwähnte Aufsatz über die *Arbeiterbewegung in Argentinien* hervor, eine auch unter wissenschaftlichen und historischen Gesichtspunkten interessante Übersicht über Geschichte, Ideologie und Programmatik der sich bewerbenden Parteien und Gewerkschaftsorganisationen. In einem internen

Bericht an Sinowjew bescheinigte Felix Weil der Kommunistischen Partei Argentiniens (PCA) schon Anfang 1921 eine »zweifellos kommunistische« Orientierung.[53] Dass die Aufnahme der argentinischen Kommunisten trotzdem noch bis August 1921 hinausgezögert wurde, lag daran, dass auch einige von russischen Emigranten dominierte Gewerkschaften um die Gunst Moskaus buhlten. Anders als die politische Linke Argentiniens wurzelten diese syndikalistischen Bewegungen Argentiniens historisch weder in der europäischen Sozialdemokratie noch in der Arbeiterbewegung. Wie von Felix Weil in seinem Aufsatz über die argentinische Arbeiterbewegung erwähnt, scheiterten in einem jungen Einwanderungsland wie Argentinien Gewerkschaftsstreiks nämlich schon daran, dass sich unter den frisch im Land eintreffenden Arbeitern stets genug Streikbrecher fanden. Anstelle von Streiks entschieden sich die gewerkschaftlich organisierten argentinischen Arbeiter deshalb für Sabotage- und Zerstörungsakte, die ihrer Ansicht nach effektiver waren. Nur entstand auf diese Weise keine politisch bewusste Gewerkschaftsbewegung. Erst infolge der revolutionären Umwälzungen in Russland bildeten sich innerhalb der argentinischen Gewerkschaften kommunistische Strömungen heraus. Hierbei waren vor allem russischstämmige Arbeiter die treibenden Kräfte. Die von ihnen ins Leben gerufenen revolutionär gesinnten Gewerkschaften wie die russische FORSA agitierten bald auch in Chile, Brasilien und Paraguay.[54] Dass die Moskauer Führung der Komintern lieber mit diesen russischstämmigen Gewerkschaftsdelegierten, die nach der russischen Oktoberrevolution in Argentinien auf den bolschewistischen Zug aufgesprungen waren, als mit Delegierten der politischen Linken kooperierte, die in der Tradition der europäischen Arbeiterbewegung standen, sorgte bei den argentinischen Kommunisten für Verstimmung.[55] Keiner dieser russischstämmigen Delegierten, die Moskau zu Instrukteuren ausbildete, gehörte der Parteiführung der PCA an. Felix Weil warnte Sinowjew davor, die Bedeutung der russischen Emigranten für die kommunistische Bewegung Argentiniens zu überschätzen. Anders als die russische Winterweizensaat, mit der die Getreidefarmer in der argentinischen Pampa im

19. Jahrhundert gute Ergebnisse erzielt hatten, schaffe es die aus Moskau importierte kommunistische Propaganda nicht, die argentinische Wirklichkeit zu befruchten. Die russischen Instrukteure plusterten sich zu ›argentinischen Lenins‹ auf, die sich ständig bei der Führung in Moskau über den nachlässigen Umgang der Kommunistischen Partei Argentiniens mit der bolschewistischen Literatur beschwerten.[56] Nicht ein Buch sei übersetzt und publiziert worden. Felix Weil nahm seine kommunistischen Landsleute in Schutz und machte Sinowjew auf ein paar Besonderheiten aufmerksam, die speziell argentinisch waren und propagandistischen Einfallsreichtum erforderten: die unpolitische Einstellung der argentinischen Arbeiter, ihr Desinteresse an Versammlungen und das weit verbreitete Analphabetentum. Die bolschewistische Literatur, die die ›argentinischen Lenins‹ unbedingt ins Spanische übersetzt haben wollten, könnten die Arbeiter gar nicht lesen. Felix Weil empfahl Sinowjew stattdessen ›das Picknick‹ als geeignetes Agitationsmittel. Bei Musik, Tanz und Vesper im Freien könnte ganz nebenbei politische Überzeugungsarbeit geleistet werden. Auf diese Weise ließe sich mehr erreichen als mit importierter und schwer verständlicher ideologischer Kost aus Russland.[57]

*

Am Ende seines Argentinien-Jahrs übergab Felix Weil den Chefsessel im Kontor der Firma an Jorge Valois, der schon seit vielen Jahren Direktor der Filiale von *Hermanos Weil* in Rosario und als solcher ein besonders erfahrener Kaufmann war. Denn Rosario war Industrie- und Handelszentrum, ganz im Nordosten der Pampaprovinz Santa Fe gelegen, mit einem für den Getreideexport außerordentlich wichtigen Binnenhafen am Río Paraná, aus dem Getreide in alle Welt verschifft wurde.

Hermann Weils Sohn hatte sein Versprechen eingelöst und sich ein Jahr lang bemüht, der ihm zugedachten Rolle des künftigen Firmenlenkers gerecht zu werden. Doch Ende 1921 kehrte er mit seiner Frau nach Frankfurt zurück und erklärte seinem Vater, es sei ein Fehler gewesen, ihn zum Studium zu überreden. Dadurch hätte er die Lust am Getreidehandel verloren. »Über meinen Abscheu vor den unmoralischen Geschäftsgewohnheiten sprach ich nicht«, gab Felix Weil in seinen Aufzeichnungen zu Protokoll. Denn er kannte seinen Vater zu gut, um nicht genau zu wissen, wo sich das Gespräch mit ihm lohnte und wo nicht. Soweit es die Geschäftspraktiken im Getreidehandel betrafen, war er sich sicher: »Er hätte gar nicht verstanden, wieso ›normale‹ Gepflogenheiten mich so negativ beeindruckten.«[58]

Der Institutsstifter

In seiner Zeit als Geburtshelfer der Kommunistischen Partei Argentiniens erlebte Felix Weil hautnah mit, dass die neue kommunistische Partei schon im Moment der Geburt an der im Kern zutiefst doktrinären Mentalität der aus Moskau zurückgekehrten Partei-Instrukteure krankte. Hier begriff er zum ersten Mal nicht zuletzt aufgrund seiner eigenen Erfahrungen, was ihm sein politischer Mentor Karl Korsch, mit dem er seit 1919 in Verbindung stand, in langen Diskussionen auseinanderzusetzen versucht hatte: als Lehrgebäude festgefügter Wahrheiten konnte sich marxistische Theorie niemals zum Besten der Praxis weiterentwickeln. Die Theorie musste empirisch aus der Gegenwart heraus bestimmt werden. In Argentinien sah es Felix Weil selbst: Wie eine Betonglocke wurde sie der argentinischen Arbeiterschaft aufgepfropft, ohne Rücksicht darauf, dass sie mit der Wirklichkeit in Argentinien in keinerlei Verbindung stand. Vorrangig ging es um die Durchsetzung eines Dogmas, nicht um die Auseinandersetzung mit einer sozialen Realität. Im Fall Argentiniens, wo es ein Proletariat als historisches Subjekt nicht gab, war der Zusammenhang zwischen gesellschaftlichen Verhältnissen und der Arbeiterschaft noch gar nicht genauer betrachtet worden.[59] Dies bliebe einer zukünftigen Arbeit vorbehalten, so Felix Weil in dem Schlusssatz seines Beitrags zur argentinischen Arbeiterbewegung.[60] In diesem kleinen Satz hatte der Komintern-Delegierte ziemlich spitz den Kern seiner Kritik an der nun auch von ihm in Argentinien beobachteten politischen Praxis verpackt, marxistische theoretische Erkenntnisse da zu ignorieren, wo es um die Partei ging. Aus seinem Argentinien-Jahr, in dem er Dauergast auf Partei- und Gewerkschaftsversammlungen gewesen war, zog Weil für sich die Erkenntnis, dass die Weiterbildung der marxistischen Theorie eine wissenschaftliche, keine parteipolitische Aufgabe sein müsste. Nur innerhalb eines geschützten Raumes unter den Bedingungen der Freiheit von Lehre und Forschung ließe sich diese Aufgabe ohne Bevormundung durch die kommunistische Parteizentrale bewältigen.

Wann mag der Gedanke in ihm aufgekeimt sein, dass er vermutlich der einzige Mensch im Umfeld der sozialistischen Aktivisten war, der die finanziellen Mittel besaß, ein solches marxistisches Forschungsinstitut auch tatsächlich zu realisieren? Seine Mutter hatte ihm ein großes Erbe hinterlassen, als er gerade 14 Jahre alt war, ein Erbe, dank dem er sich schon jetzt in dieser privilegierten Situation befand. Argentinien entfiel als Standort für ein Institut, dessen Forschungsmethode von der Durchdringung der Theorie mit den wirklichen sozialen und ökonomischen Gegebenheiten geprägt sein sollte. Denn ein klassisches Proletariat, auf das die Fragestellung einer solchen Forschungsmethode abzielen würde, gab es hier nicht, und folglich ergab die Gründung eines marxistischen Instituts, das die Arbeiterschaft als revolutionäres Subjekt untersuchte, in Argentinien keinen Sinn. Anders sah die Lage in Deutschland aus. Ökonomisch steckte das Land tief in der Krise. Im Jahr 1922 hatte die Wirtschaft erst 66 Prozent ihres Vorkriegsniveaus erreicht und die Reichsmark wies im Oktober des Jahres nur noch ein Tausendstel ihres Wertes vom August 1914 auf. Das politische und gesellschaftliche Klima deutete darauf hin, dass eine sozialistische Revolution noch immer möglich wäre – die richtige Bündnispolitik vorausgesetzt. Die KPD hatte sich durch den Zusammenschluss mit der Mehrheit der USPD zu einer Massenpartei mit vierhundert- bis fünfhunderttausend neuen Mitgliedern entwickelt. Der Zustrom war mit der Enttäuschung der Industriearbeiter über die nicht eingelösten gesellschaftlichen Partizipationsversprechen der Republik zu erklären, was in der KPD die Illusion nährte, dass sich die explosive Situation in Deutschland ausnützen ließe, um durch Agitation an der Basis die Unzufriedenheit der Arbeiter zu schüren, bis hin zu einem landesweiten Aufstand. ›Offensivstrategie‹ nannte das die Komintern. Doch die gescheiterte März-Aktion 1921, mit von der Partei geschürten Arbeiteraufständen in Mitteldeutschland, war ein Beispiel dafür, dass politische Entscheidungen wider besseren theoretischen Wissens getroffen wurden, sofern es der Parteizentrale opportun erschien. Mit Sicherheit ließ sich Felix Weil im fernen Buenos Aires, wo er sich zum Zeitpunkt der März-Aktion aufhielt, über die Vorgänge in Deutschland informieren. Die Offensivstrategie war Ergebnis einer Entscheidung von oben, die in keinem Moment die Massen erreichte und mit einer Niederlage endete. Von einer Arbeiterrevolte konnte nur in Teilen Mitteldeutschlands die Rede sein, in der Industrieregion um Halle, Leuna, Merseburg und dem für sein Kohlenrevier bekannten Mansfelder Land. Der Rest des Landes blieb stumm, so Rosa Meyer-Leviné, die Frau des damaligen KPD-Vorsitzenden Ernst Meyer, mit der Felix Weil schon früh befreundet war. Ihren Worten nach gehörte, was noch folgte, als die Niederlage schon entschieden war, zu den schlimmsten Kapiteln der kommunistischen Geschichte.[61] Die Partei griff auf Sabotage und gezielte Provokation zurück. Arbeitslose wurden zu Sturmbrigaden formiert, Handgranaten verteilt, gezielt die Polizei provoziert, damit sie auf Arbeiter schoss. Wessen Blut floss, schien für die Partei keine Rolle gespielt zu haben, so die Frau des KP-Vorsitzenden, die alles andere als mit der Parteilinie konform war.[62] Angesichts dieser politischen Ereignisse und Entwicklungen erschien der Aufbau einer von der Parteipolitik unabhängigen marxistischen Forschungseinrichtung wie ein Gebot der Stunde. »Die KPD mag die Lüge anwenden im Kampfe gegen Klassenfeinde, aber sie sollte das Prinzip haben, dass Arbeiter, selbst wenn sie nicht Kommunisten sind, nicht belogen werden dürfen. Leider ist von einem solchen Prinzip noch nichts zu merken.«[63] So der Kommentar Felix Weils auf der EMA. Als er spät im Leben noch einmal darüber nachdachte, wann genau die Institutsidee entstand, war er sich sicher, dass es nach seiner Rückkehr aus Argentinien im thüringischen Ilmenau während der EMA gewesen sein musste.[64] Das Kürzel stand für *Erste Marxistische Arbeitswoche*, dem von Karl Korsch in einem thüringischen Bahnhofshotel organisierten Theorieseminar, bei dem Felix Weil für alle Kosten aufgekommen war und wo er auch seine erwähnte deutliche Kritik an der Täuschung der Arbeiter durch die angeblich allein ihre Interessen wahrende Partei vorgetragen hatte. Es war kein Zufall, dass Korsch für die inhaltliche Ausrichtung der EMA verantwortlich war. Korschs undogmatische Auslegung der marxistischen Theorie sprach damals junge, revolutionär gesinnte, aber geistig unabhängige Menschen wie Felix Weil an. Und die Sympathie war gegenseitig. Korsch – als marxistischer Lehrer Bertolt Brechts bekannt geworden – nahm auch den zwölf Jahre jüngeren Felix Weil, dem er eine »Leidenschaft für die Enterbten und die Revolution« attestierte, unter seine Fittiche.[65] So war schon 1921 Weils Sozialisierungs-Dissertation in der von ihm herausgegebenen Reihe *Praktischer Sozialismus* erschienen. Allerdings fand die EMA nicht schon 1922 statt, wie sich Felix Weil zu erinnern glaubte, sondern erst ein Jahr später: Pfingsten 1923.[66] Damit war auch die Idee der Institutsgründung kein Resultat dieses Theorieseminars, sondern – umgekehrt – die EMA ein erstes Produkt jener Institutsgründung, die Felix Weil gleich nach seiner Rückkehr aus Argentinien im Jahr 1922 in Angriff genommen hatte.

*

Noch bevor er im Oktober 1920 zu seiner Hochzeitsreise nach Argentinien aufgebrochen war, hatte Felix Weil in Frankfurt Freundschaft mit Max Horkheimer und Friedrich Pollock geschlossen, die später zum Inbegriff des von ihm gegründeten Instituts werden sollten. Der 1895 geborene Max Horkheimer und der ein Jahr ältere Fritz Pollock waren beide Fabrikantensöhne. Wie Hermann Weil stellten sich auch die Väter der beiden vor, dass ihre Söhne eines Tages die Firmen übernehmen würden. Deshalb mussten sie früh in den Direktionen der väterlichen Betriebe mitarbeiten. Horkheimers Vater besaß eine Textilfirma, Vater Pollock eine Lederfabrik. Der Bruch, zu dem es 1916 zwischen Horkheimer und seinem Vater kam, weil dieser nicht die Liaison seines Sohnes mit der acht Jahre älteren Rose Riekher akzeptierte, die als Privatsekretärin für ihn arbeitete, war der Grund, dass Horkheimer die väterliche Fabrik verließ und mit seinem Jugendfreund Pollock, der sich ebenfalls mit seinem Vater überworfen hatte, nach dem Krieg zunächst das Abitur nachholte. Dann schrieben sie sich in München an der Universität ein. Horkheimer wählte die Fächer Psychologie, Philosophie und Nationalökonomie. Pollock entschied sich für Nationalökonomie. Dass sie nach nur einem Studiensemester im Herbst 1919 an die Universität Frankfurt wechselten, erklärte Horkheimer 1972 damit, dass München nach der Niederschlagung der Räterepublik im Mai 1919 ein zu gefährliches Pflaster geworden war. Gleich zweimal hintereinander sei er infolge einer Verwechslung mit dem Schriftsteller und Revolutionär Ernst Toller verhaftet worden.[67] Da auch Fritz Pollock Probleme bekam, nachdem er seine Sympathie für die Räterepublik stets offen gezeigt hatte,[68] fassten beide den Entschluss, zum Studium nach Frankfurt zu ziehen. Felix Weil war von seinem Freund Kostja, dem älteren Sohn Clara Zetkins, auf die damals noch in einer Pension wohnenden Studenten aufmerksam gemacht worden.[69] Fritz Pollock glaubte zu spüren, dass er und Horkheimer einen starken Eindruck auf den etwas jüngeren Felix Weil gemacht hätten. Denn schon bald sei er bei ihnen ein häufiger Gast gewesen, der sie oft um Rat gebeten hätte. In dem Gespräch, in dem Pollock 1965 über die Anfänge der Freundschaft mit Felix Weil sprach, gab er auch zu Protokoll, dass auf diese Weise im Schlossgarten zu Kronberg von Horkheimer und ihm zusammen mit Felix Weil das ›Institut für Sozialforschung‹ gegründet worden sei.[70] In Kronberg hatten Horkheimer und Pollock in dem Jahr, in dem Felix Weil aus Argentinien zurückkehrte, ein Haus erworben.[71] Max Horkheimer erklärte 1972, der Akt der Institutsgründung hätte zunächst dazu gedient, dem schwerkranken Hermann Weil zu einem Ehrendoktor zu verhelfen.[72] Tatsächlich setzte sich Felix Weil bei den Institutsverhandlungen mit der Universität dafür ein, dass seinem Vater, einem ihrer Gönner, der insbesondere der medizinischen Fakultät immer wieder große Summen gespendet hatte, endlich die Anerkennung zuteil würde, die er längst verdient hatte. Zieht man jedoch Felix Weils Neigung zu Doppelstrategien in Betracht, die sich schon in Tübingen wie auch in Argentinien gezeigt hatte, war der Ehrendoktor nicht Sinn und Zweck der Institutsidee, sondern die erste einer ganzen Reihe von Doppelstrategien, die letztlich zur erfolgreichen Umsetzung des Institutsprojekts führten. Zum einen lieferte der *honoris causa* das Alibi, mit dem sich auch für die Behörden nachvollziehbar erklären ließ, warum er sich den Bau eines universitären Instituts in den Kopf gesetzt hatte. Zum anderen ließ sich sein Vater, der eine Schwäche für derlei Prestige-Bekundungen hatte, mit dem Ehrendoktor als Mitstreiter für das Institutsprojekt gewinnen. Horkheimer präzisierte, dass sie sich vom Bau des Instituts einen doppelten Effekt erhofft hatten. Sie wollten dort, wenn es erst einmal stand, eine Gruppe junger Menschen zusammenbringen, die durch ihre Forschungen und ihr Denken die Gesellschaft zu verändern versuchten. Letzteres sei allerdings erst mit ein paar Jahren Verzögerung geglückt, als er 1931 die Leitung des Instituts übernommen habe.[73]

Ulrike Migdal, die sich in den 1970er Jahren als Erste eingehend mit der Frühgeschichte des Instituts für Sozialforschung befasste, hat darauf aufmerksam gemacht, dass es 1922 für Horkheimer kein Motiv gab, die führende Rolle bei der Institutsgründung zu übernehmen, wie es nachträglich hineininterpretiert wurde.[74] 1922 promovierte Horkheimer mit einem philosophischen Thema – *Zur Antinomie der teleologischen Urteilskraft* – und wurde anschließend Assistent eines Philosophieprofessors, Hans Cornelius, der schon sein Doktorvater war. Doch das Institut war ökonomisch ausgerichtet. Als politischer Ökonom, der über Marx promovierte, war Pollock aus nachvollziehbaren Gründen interessierter an der Institutsidee. Er stand Felix Weil bei der Umsetzung des Projekts – anders als Horkheimer – tatsächlich von Anfang an zur Seite. Für die Zeitgenossen war unbestritten Felix Weil der Schöpfer des Instituts.[75]

Rolf Wiggershaus, Historiker der Frankfurter Schule, schrieb über Max Horkheimers Engagement für marxistische Theorie, dass es mehr oder weniger ›Privatsache‹ blieb.[76] Ähnlich privat handhabte Max Horkheimer auch die Unterstützung des Institutsprojekts. Sie beschränkte sich darauf, im Oktober 1922 aus Solidarität der soeben gegründeten *Gesellschaft für Sozialforschung* beizutreten, die fortan Stiftungsträgerin des Instituts unter dem Vorsitz von Hermann und Felix Weil war. Damit die Gesellschaft möglichst schnell und unkompliziert die gemäß Statuten vorgesehene Mindestmitgliederzahl erhielt, traten ihr ein paar Freunde und Personen aus Weils familiärem Umfeld bei. Denn die Gründung der *Gesellschaft für Sozialforschung* erfolgte im Procedere der Institutsverhandlungen mit den Behörden. Das Kultusministerium hatte sich bei Weil nach den Namen der Mitglieder der Gesellschaft erkundigt, die das Institut finanzieren würde, und so nannte der neben den Namen Horkheimers und seiner eigenen Frau noch die Namen der Sekretärin seines Vaters und ihres Familienanwalts. In das Projekt involviert waren von den Mitgliedern der ersten Stunde allerdings nur Richard Sorge und Kurt Albert Gerlach.[77] Dass der gerade aus Kiel an die wirtschafts- und sozialwissenschaftliche Fakultät der Universität Frankfurt berufene Nationalökonom Kurt Albert Gerlach als Institutsleiter gewonnen werden konnte, gab dem Projekt Seriosität. Gerlach war an marxistischer Theorie interessiert und hatte in Kiel außeruniversitär einen marxistischen Studienkreis ins Leben gerufen, bei dem ihm Richard Sorge assistierte, der zu diesem Zeitpunkt bereits Parteikommunist war und ihn als wissenschaftlicher Assistent nun auch nach Frankfurt begleitete. Als Assistent des designierten Institutsdirektors gehörte auch Sorge zum Team des Institutsprojekts. Dass er seine akademische Laufbahn zwei Jahre später gegen eine russische Agentenkarriere eintauschen würde, war 1922 noch nicht abzusehen. Bevor Felix Weil im August 1922 die Verhandlungen aufnahm, erarbeiteten er und seine Mitstreiter eine Denkschrift; eine Art Exposé, in dem die wichtigsten Eckpfeiler der geplanten Einrichtung umrissen wurden. Der Fokus sollte im Bereich der Forschung liegen; das Institut war damit als Ergänzung zu den sozialwissenschaftlichen Fakultäten der Universitäten gedacht, die sich auf Lehre und akademische Ausbildung konzentrierten. Das Sammeln zu wissenschaftlichen Zwecken sollte eine der zentralen Tätigkeiten bilden; Forschungsschwerpunkt sei entsprechend die Ausarbeitung dieses gesammelten Materials. Man sprach in dieser Denkschrift schon vom *Institut für Sozialforschung* und betonte die politische Unabhängigkeit und Ausgewogenheit des Projekts.[78] Über die marxistische Ausrichtung fiel kein Wort. Ins Äsopische umwandeln – so nannte Felix Weil die begriffliche Verschleierung marxistischer Semantik. Frei nach dem Fabeldichter Äsop, der die gesellschaftliche Sprengkraft seiner Geschichten tarnte, indem er sie mit Tieren ausgestaltete. Städtischer Magistrat, Universitätskuratorium, Rektorat, wirtschafts- und sozialwissenschaftliche Fakultät, preußisches Wissenschaftsministerium: Sehr viele Behörden mussten hinzugezogen werden. Jede hätte ein Veto einlegen können. Also mussten erst Tatsachen geschaffen werden, bevor man offenlegen konnte, dass Methode und Gegenstand ihres Forschungsinstituts im Marxismus wurzelten. Ein besonderer Umstand begünstigte das Vorhaben. Als Folge von Inflation und allgemeiner Nachkriegsmisere war die bis dahin unabhängige Frankfurter Stiftungsuniversität in ihrem Weiterbestehen inzwischen vom preußischen Wissenschaftsministerium abhängig. Denn politisch gehörte Frankfurt immer noch zu Preußen. Und diesen Umstand wusste Felix Weil zu nutzen. »Mit dem Originalexemplar der Gerlach-Denkschrift versehen, fuhr ich nach Wiesbaden zu meinem alten Freund, Regierungspräsident Konrad Haenisch.« – Hänisch war von November 1918 bis 1921 Kultusminister der ersten SPD-geführten preußischen Landesregierung. Seitdem bekleidete er in Wiesbaden den Posten des Regierungspräsidenten. – »Ich wusste, dass wir auf seine Hilfe rechnen konnten, wenn es darum ging, den ›Marxismus‹ an der Universität hoffähig zu machen. Bei ihm brauchte ich nicht in äsopischen Floskeln zu reden. Er war es, der auf die Idee kam, dass das Direktorat (des Instituts) mit einem Ordinariat in der Wirtschafts- und Sozialwissenschaftlichen Fakultät verbunden werden sollte; das sei geeignet, möglichen Widerstand seitens der Fakultät zu verhindern. Und er empfahl mir, künftige Verhandlungen nicht mit seinem Nachfolger, dem Kultusminister, selbst zu führen, der für Neuerungen nicht immer leicht zu haben sein werde, sondern stattdessen mit dem Leiter der Universitätsabteilung, Ministerialdirektor Geheimer Regierungsrat Wende, der ihm seine Stellung verdankte. Zu diesem Zweck gab er mir einen Zettel mit ein paar Zeilen an Herrn Wende mit. Er war es auch, der mir den Rat gab, mit Wende ganz offen über meine Absichten zu sprechen, aber im schriftlichen Verkehr die äsopische Sprache zu benutzen.«[79]

Äsop geleitete sie als guter Geist sicher durch die Institutsverhandlungen. Nur der Name ihres *Instituts für Sozialforschung* war nicht allein durch ihn inspiriert. Hier stand kurioserweise eine Institutsgründung im fernen Japan Pate, wo zu diesem Zeitpunkt bereits ein Institut gleichen Namens existierte, dessen erster Direktor in München Volkswirtschaft bei dem als Sozialreformer bekannten Lujo Brentano studiert hatte. Da sich die Öffnung, die Japan zu Beginn des 20. Jahrhunderts durchlief, am europäischen Wissensstand orientierte, waren japanische Wissenschaftler an deutschen Universitäten häufiger anzutreffen. Durch die Reisunruhen des Jahres 1918, aus denen die größten Massenerhebungen in der jüngeren japanischen Geschichte erwuchsen, war auch in Japan das Interesse an sozialistischen Theorien gestiegen. Denn die Aufstände, die als Folge anhaltend niedriger Produzentenpreise bei gleichzeitig immer höheren Konsumentenpreisen ausbrachen, führten zu einem Linksruck der Arbeiterbewegung und zu zahlreichen Arbeitskonflikten. 1919 gründete der Industrielle und Kunstmäzen Ohara Magosaburo in Osaka ein Marxismus-Institut, das zum Namensgeber für das Frankfurter Institut für Sozialforschung wurde. Allerdings leiteten Weil und Pollock den Namen aus dem Englischen ab, wo aus dem *Osaka-Institut für die Erforschung sozialer Probleme* ein *Institute for social research* geworden war.[80] Vor diesem geschichtlichen Hintergrund ist es gar nicht so außergewöhnlich, dass auch auf der EMA ein japanischer Wissenschaftler anzutreffen war. Fukumoto Kazuo, einer der wichtigsten marxistischen Theoretiker Japans, befand sich 1923 in Europa auf einer Studienreise und machte gerade bei Karl Korsch in Jena Zwischenstation. Korsch lud ihn gleich zur Thüringer Arbeitswoche ein.

*

Mitten in den Gründungsverhandlungen erkrankte Kurt Albert Gerlach an Diabetes, einer Krankheit, für die es noch kein Heilmittel gab, und starb im Oktober 1922. Der Tod des designierten Institutsdirektors warf das Institutsprojekt konzeptionell zurück. Felix Weil hatte mit Gerlach kein bloßes Interessenbündnis, sondern Freundschaft verbunden. Doch die Verhandlungen mit den Behörden liefen weiter. Im Januar 1923 genehmigte das Ministerium die Errichtung des Instituts als selbstständige wissenschaftliche Forschungseinrichtung. Die Anbindung an die Fakultät wurde durch die von Hänisch ins Spiel gebrachte Personalunion von Institutsdirektor und Lehrstuhlinhaber gesichert, wodurch dem Institutsdirektor eine Art Scharnierfunktion zwischen Institut und Universität zukam. Das wichtigste Ziel war erreicht: Das künftige Institut besäße größtmögliche Unabhängigkeit bei gleichzeitig universitärer Anerkennung. Das Kuratorium der Frankfurter Stiftungsuniversität hatte sich mit der Zustimmung schwergetan. Zu anderen Zeiten wäre ein Institut, das nicht in eine der universitären Fakultäten integriert werden wollte, abgelehnt worden. Doch in diesen Zeiten leerer Kassen war das Angebot, das Felix Weil im Namen seines Vaters der Universität unterbreitet hatte, zu verlockend, um es nicht schließlich doch anzunehmen. Hermann Weil bot der Universität ein Stiftungsordinariat in der wirtschafts- und sozialwissenschaftlichen Fakultät an. Allerdings hatte die Gesellschaft für Sozialforschung daran die Bedingung geknüpft, dass die Besetzung des Lehrstuhls gemeinsam mit ihr zu erfolgen hatte. Im Januar 1923 legte das Ministerium per Erlass fest, dass die Neubesetzung des mit der Institutsleitung gekoppelten Lehrstuhls an der wirtschafts- und sozialwissenschaftlichen Fakultät durch die Universität ›im Benehmen‹ mit der Gesellschaft für Sozialforschung zu erfolgen hätte. Dass ›im Benehmen‹ nicht ›im Einvernehmen‹ hieß, fiel Felix Weil zu diesem Zeitpunkt nicht auf, da schon im Februar 1923 der österreichische Wirtschaftshistoriker Carl Grünberg zusagte und das Universitätskuratorium mit der Wahl des in Kollegenkreisen geschätzten Professors einverstanden war.[81] Grünberg galt als Kathedersozialist, womit zunächst einmal ganz allgemein jene bürgerlichen Wissenschaftler des ausgehenden 19. Jahrhunderts bezeichnet wurden, deren Schwerpunkt in der Lehre auf gesellschaftlichen Fragen lag. Sie vertraten in der Regel Reformansätze, in denen die ökonomisch-politischen Verhältnisse unangetastet blieben. Allerdings ließen sich österreichische Kathedersozialisten anders als ihre deutschen Kollegen schon vor der Novemberrevolution 1918 auf Kooperationen mit der Sozialdemokratie ein. Carl Grünberg zum Beispiel beteiligte sich an der Gründung der Volkshochschulen und des Sozialistischen Bildungsvereins in Wien;[82] beides Einrichtungen, die den universitären Raum für untere Schichten öffneten. Zu Grünbergs Schülern zählten die späteren Austromarxisten Max Adler, Otto Bauer und Rudolf Hilferding, die sich zwar grundsätzlich eine Diktatur des Proletariats vorstellen konnten, aber nur auf dem Weg demokratischer Wahlen und eingebunden in ein Parlament. Carl Grünberg hatte schon in Wien die Gründung eines Studien- und Forschungsinstituts vorgeschwebt. Wie im 1894 in Paris gegründeten *Musée Social* sollten auch hier sozialwissenschaftliche Programme ausgearbeitet werden, auf deren Grundlage gesellschaftlicher Wissenstransfer möglich wäre.[83] In Frankfurt erhielt der Gelehrte im Alter von 64 Jahren die Chance, ein weltanschaulich linkes Institut nach seinen Vorstellungen zu leiten. Das Gebäude blieb Eigentum der Gesellschaft für Sozialforschung. Die einzige Einschränkung: sie musste der wirtschafts- und sozialwissenschaftlichen Fakultät einige Räume zur dauerhaften Nutzung überlassen. Das Kuratorium hatte allerdings darauf gedrängt, dass in dem Vertrag, den die Stadt im Februar 1923 mit der Gesellschaft für Sozialforschung schloss, eine Klausel eingebaut wurde, durch die gesichert wäre, dass das auf städtischem Grund errichtete Institutsgebäude nur zu sozialwissenschaftlichen Forschungszwecken verwendet würde. Jede andere Verwendung bedurfte – so die Klausel – einer besonderen Genehmigung des Magistrats der Stadt Frankfurt.

*

Das mütterliche Erbe Felix Weils reichte zwar für den Bau des Gebäudes und die Ausstattung der Bibliothek. Aber für die Finanzierung des laufenden Institutsbetriebs war die Unterstützung Hermann Weils nötig. Frankfurt lebte vom Stiftergeist. Die wichtigsten kulturellen und wissenschaftlichen Einrichtungen der Stadt, wie das Städel-Museum und die erst 1914 gegründete Universität, waren Stiftungen.[84] Hermann Weil hatte in der Vergangenheit bereits mehrfach universitäre Einrichtungen wie das Senckenberg Naturmuseum, das biologische Institut und einzelne naturwissenschaftliche sowie medizinische Fakultäten gefördert. Mit dem Versuch, selbst ein Institut gründen, war der Getreidehändler 1920 allerdings gescheitert. Zeitgleich mit der *Akademie der Arbeit*, einer Initiative des Arbeitsrechtlers Hugo Sinzheimer, sollte ein *Institut für Arbeitsrecht* entstehen, das Ausbildungskurse für Unternehmer, Beamte, Angestellte, Arbeiter und Gewerkschaftler anbot.[85] Am 5. Januar 1921 wurde die als Trägergesellschaft vorgesehene Hermann-Weil-Stiftung jedoch ohne Angabe von Gründen wieder aufgelöst und das Geld an den Stifter zurückbezahlt.[86]

In einem zweiten Anlauf versuchte nun sein Sohn das Institut in einer Variante zu realisieren, die den von Konservativen gefürchteten Systemwechsel beschleunigen helfen sollte. Dass das Projekt bei Hermann Weil trotzdem auf Unterstützung stieß, erklärte sich Fritz Pollock mit dessen Persönlichkeit: »Dieser Vater war ein sehr gescheiter Mensch. Obwohl er Multimillionär war, wurde es ihm völlig klar, dass man solche Phänomene wie den russischen Bolschewismus, den deutschen Marxismus, die deutsche Sozialdemokratie, den Antisemitismus, die Gewerkschaften: dass das Gegenstände *wissenschaftlicher* und nicht parteipolitischer Forschung sein sollten.«[87] Dass sich sein Vater entschieden hatte, ihn bei dem, was er machte, zu unterstützen, obwohl er persönlich seine Überzeugungen nicht teilte, führte Felix Weil aber auch auf die Erfahrung zurück, die dieser während des Kriegs als Berichterstatter der Admiralität gemacht hatte, als er, im guten Glauben, man teile mit ihm die gleichen Überzeugungen, feststellen musste, für Propagandazwecke missbraucht worden zu sein.[88] Die an jüdischen Politikern verübten Morde – der an Erzberger im August 1921 und der an Rathenau im Juni 1922 – waren sicherlich ebenfalls mit ein Beweggrund, dass Hermann Weil Verständnis für die Positionen seines Sohnes aufbringen konnte, den es nach einer grundsätzlichen gesellschaftlichen Veränderung drängte.[89]

*

Mit seiner vier Stockwerke zählenden, schmucklosen und verschlossenen Fassade glich der Institutsneubau an der Viktoria-Allee zwischen den Frankfurter Gründerzeitvillen einem festungsartigen Fremdkörper. Die Pläne für das funktionelle Gebäude hatte Franz Röckle geliefert, der schon die Westend-Synagoge entworfen hatte. Es gab Arbeitszimmer für Doktoranden und Stipendiaten. Außerdem Gästezimmer. Die Magazinräume verteilten sich auf drei Etagen. Die Bibliothek verfügte über einen Lesesaal mit 36 Plätzen. Die Zimmer des Institutsdirektors Carl Grünberg und des Stiftungsvorsitzenden Felix Weil verband ein gemeinsames Sekretariat. Ein Stockwerk tiefer lagen die Räume von Grünbergs wissenschaftlichen Assistenten Henryk Grossmann und Fritz Pollock; Letzterer vertrat Felix Weil im Stiftungsvorsitz. Ein Aktenlift ersparte ständiges Treppensteigen. Alles war zweckmäßig durchdacht. Die Räume im Erdgeschoss waren zwar der wirtschafts- und sozialwissenschaftlichen Fakultät vorbehalten, doch hatte man durch ein Zwischengeschoss zusätzlich Platz geschaffen.[90] Im Frühsommer 1924 konnte das Institut den Neubau beziehen.

Das provisorische Bücherdepot im Senckenberg Naturmuseum wurde geräumt, die neue Spezialbücherei eingerichtet. Vierzehntausend Bücher füllten schon jetzt die Regale, darunter allein achttausend Bände aus dem Nachlass Kurt Albert Gerlachs.[91] Außerdem hatte Felix Weil auch die Bibliothek aus dem Nachlass von Rosa Luxemburg und die Bibliotheken der SPD-Politiker Wilhelm Blos und Adolf Braun aufgekauft.[92] Am 22. Juni 1924 fand die offizielle Einweihungsfeier im Institut statt. In der programmatischen Rede, die Carl Grünberg hielt, vollzog er vor versammelter Hörerschaft den Schritt vom Gelehrten, der sich mit dem Sozialismus beschäftigt, zum Gelehrten, der sich selbst als Marxist versteht: »Auch ich gehöre zu den Gegnern der geschichtlich überkommenen Wirtschafts-, Gesellschafts- und Rechtsordnung und zu den Anhängern des Marxismus. (...) Es ist daher nur selbstverständlich, dass ich, sobald ich an wissenschaftliche Aufgaben meines Fachgebietes herantrete, dies tue, ausgerüstet mit der marxistischen Forschungsmethode. Sie soll auch im Institut für Sozialforschung, soweit dessen Arbeiten unmittelbar durch mich selbst oder unter meiner Leitung erfolgen werden, zur Anwendung gelangen.«[93]

Felix Weil hatte mit angehaltenem Atem Grünbergs Worten gelauscht, die zum ersten Mal den marxistischen Charakter des Instituts vor den Vertretern der Universitätsbehörde offenlegten. Ihren versteinerten Gesichtern war anzusehen, dass sie sich überrumpelt fühlten. Wie ein Kuckucksei hatte man ihnen ein marxistisches Institut untergejubelt. Auch wenn mit Grünberg ein renommierter Kollege diese Einrichtung nach außen vertrat, wäre nun nicht mehr die politische Neutralität ihrer Universität gegeben. Hermann Weil hatte einen Ehrendoktor für ein Geschenk erhalten, das sich nun als Trojanisches Pferd entpuppte. »Mit Geld kann man alles«, sprach einer laut aus, was die anderen dachten. Felix Weil sah schnell zu seinem Vater hinüber. Aber Hermann Weil hatte den Satz nicht gehört. Er war wie üblich von Leuten umgeben, die ihm eifrig versicherten, wie großartig die Schenkung für die Universität, die Stadt und die ganze Menschheit sei.[94] Eine familiäre Nachricht geriet in diesem Jahr fast zur Nebensache. Im Oktober 1924 brachte Käte Weil einen Jungen zur Welt. Frank blieb Felix Weils einziges Kind.

Im Visier der politischen Polizei

Grünberg leitete das Institut nach dem Prinzip der von ihm in seiner Antrittsrede proklamierten ›Diktatur des Direktors‹, das die völlige Autonomie seiner Entscheidungen unterstrich.[95] Er ernannte Pollock zu seinem Assistenten. Als weiterer Assistent kam 1926 sein ehemaliger Schüler Henryk Grossmann ans Institut. Mit Pollock kümmerte sich Grossmann um das von Grünberg seit 1911 herausgegebene *Archiv für die Geschichte des Sozialismus und der Arbeiterbewegung*. Richard Sorge, dem nach Gerlachs Tod ein wissenschaftlicher Förderer fehlte, verschwand bald nach der offiziellen Institutseröffnung in Richtung Sowjetunion, wo ihn bereits der sowjetische Geheimdienst erwartete – was zu diesem Zeitpunkt allerdings keiner am Institut wusste. Statt seiner wurde Karl August Wittfogel fest eingestellt. Rose Schlesinger, Wittfogels Frau, war als Hauptbibliothekarin schon vor der Räumung des Bücherdepots im Senckenberg Naturmuseum mit der Organisation der Institutsbibliothek beschäftigt gewesen. Gegenüber dem Universitätsbeauftragten des preußischen Kultusministeriums, Geheimrat Wende, hatte Felix Weil in den Verhandlungen 1922 die eigenen Studienerfahrungen als wichtigsten Beweggrund für die Stiftung eines marxistischen Instituts genannt. »Hatten wir es doch als außerordentlich hemmend für unsere Studien empfunden, dass an keiner deutschen Universität die für den Einzelnen unübersehbare internationale Literatur zur Theorie und Geschichte des Sozialismus und der Arbeiterbewegung systematisch gesammelt und bearbeitet wurde. Außerdem mussten wir immer wieder feststellen, dass nirgends ausreichend Gelegenheit zu einem gründlichen Studium der Marxschen Theorie gegeben war, ein Zustand, der dem Dilettantismus auf diesem Gebiet Tür und Tor öffnen musste.«[96] Seit der Eröffnung des Instituts wurde Studenten der Wirtschafts- und Sozialwissenschaften, die Marxismus als Studienschwerpunkt wählten, die gesammelte Literatur zu dem Thema an einem unübersehbaren Ort mitten auf dem Campus der Universität präsentiert.

Allein das kam einer Revolution gleich. Und genau das war wohl auch einer der Gründe, weshalb der Bau in der Viktoria-Allee vielen Studenten anderer Studienbereiche suspekt blieb. ›Marxistentempel‹ hieß er im Studentenjargon.[97]

Anfangs erwog Felix Weil, sich zu habilitieren. So lässt sich sein Aufsatz über die gildensozialistische Rechnungslegung erklären, der 1923 in der renommierten Wissenschaftszeitschrift *Archiv für Sozialwissenschaft und Sozialpolitik* erschien. Aber bei *Hermanos Weil* wurden alle wichtigen Entscheidungen mittlerweile an ihn delegiert, seit sich der Gesundheitszustand seines Vaters so sehr verschlechtert hatte, dass dieser die Autostrecke von Frankfurt nach Rotterdam selbst als Beifahrer nicht mehr bewältigen konnte. So musste Felix' Arbeit am Institut alle paar Wochen unterbrochen werden, weil er von Flegenheimer nach Rotterdam beordert wurde. Felix Weil machte einen Spagat zwischen zwei Welten, die entfernter nicht sein konnten. Aus Sicht der Kaufleute verbrachte er zu viel Zeit mit einem Hobby. Aus Sicht der Vollzeitwissenschaftler konnte aus ihm nie ein echter Wissenschaftler werden. Hermann Weil hatte sich in dem Stiftungsvertrag für das Modell einer Einkommensstiftung entschieden. Das hieß, um das Institut mitsamt Lehrstuhl unterhalten zu können, war die Gesellschaft für Sozialforschung von jährlichen Zuwendungen abhängig. 120.000 Mark oder 30.000 Dollar – so viel ließ ihr Hermann Weil jedes Jahr zukommen. Felix Weil hatte den Eindruck, sein Vater hätte sich auch deshalb für diese Form der Stiftungsfinanzierung entschieden, weil er hoffte, ihn auf diese Weise an die Firma binden zu können. Aber er schien den Aufgaben bei *Hermanos Weil* vor allem aus Pflichtgefühl und Loyalität dem Vater gegenüber nachgekommen zu sein. Denn noch im Alter drückte er seine Dankbarkeit aus, dass erst durch die väterliche Unterstützung die Finanzierung des Instituts ermöglicht worden war.

Dass die häufigen Unterbrechungen seiner wissenschaftlichen Arbeit nicht der einzige Grund waren, warum er früh den Gedanken aufgab, seine akademische Karriere weiterzuverfolgen, wusste er im Übrigen selbst. Die Tatsache, dass er als 26-jähriger schon an der Spitze einer Stiftung stand, die der Universität, an der er habilitieren wollte, einen Lehrstuhl und ein Institut finanzierte, hemmte ihn. Er hatte das Gefühl, es schadete der Seriosität des Instituts, wenn es von seinem jungen Stifter als Plattform für die eigene wissenschaftliche Laufbahn benutzt würde. Anders hätte sich die Situation dargestellt, wenn er zu dem Zeitpunkt der Institutsgründung bereits Privatdozent gewesen wäre. Aber in seinem Fall ließe sich, wie er meinte, selbst durch erschwerte Habilitationsbedingungen nie der Verdacht aus der Welt räumen, er hätte sich den akademischen Titel mit einem Institut erkauft. Er konnte sogar Verständnis für diese Sicht aufbringen, als wäre ihm sein Reichtum selbst verdächtig gewesen, und so gab er den Plan auf.[98]

*

Carl Grünberg war mit David Borissowitsch Rjazanov befreundet, dem Direktor des Moskauer Marx-Engels-Instituts. Wie viele andere russische Revolutionäre hatte auch Rjazanov vor der Oktoberrevolution Wien als Ort des Exils gewählt. Als er 1909 hierher kam, war Grünberg gerade an die Wiener Universität berufen worden. In den acht Jahren, die Rjazanov in Wien verbrachte, arbeiteten sie immer wieder gemeinsam an diversen Editionsvorhaben. Unter anderem ordnete Rjazanov im Auftrag des SPD-Parteivorstands den eigens zu diesem Zweck nach Wien übersandten Marx-Engels-Nachlass. Dabei fassten die Freunde den Plan, irgendwann eine Gesamtausgabe der Marx-Engels-Manuskripte herauszubringen. Durch den 1924 auf dem V. Weltkongress der Kommunistischen Internationale gefassten Beschluss über die Herausgabe einer historisch-kritischen Gesamtausgabe rückte ihr Ziel plötzlich in greifbare Nähe. Einer glücklichen Fügung war es zu verdanken, dass dieser Beschluss in die Zeit von Grünbergs Arbeitsantritt am Frankfurter Institut für Sozialforschung fiel.[99] Da die Gesamtausgabe von russischer Seite ausdrücklich als historisch-kritische Ausgabe vorgesehen war, konnte Grünberg sie wissenschaftlich vertreten, und er machte sich unverzüglich an die Umsetzung. Im August 1924 traf die Gesellschaft für Sozialforschung mit dem

Moskauer Marx-Engels-Institut eine wissenschaftliche Kooperationsvereinbarung, die neben dem Austausch von Büchern und der gegenseitigen Unterstützung von Dissertationsvorhaben die gemeinsame Herausgabe deutschsprachiger Schriftreihen vorsah. Zu diesem Zweck wurde die *Marx-Engels-Archiv-Verlagsgesellschaft* ins Leben gerufen. Als nicht profitorientierter Wissenschaftsverlag sollte sie ihren Sitz im Institut für Sozialforschung haben. Felix Weil sah darin keine Verletzung der Vertragsklausel, die eine Zweckentfremdung des Institutsgebäudes verbot, da der Verlag den gleichen sozialwissenschaftlichen Forschungszwecken diente wie die übrigen Aktivitäten im Gebäude. Im September 1924 bestätigte er die mit Rjazanov getroffene Vereinbarung: »Sie übertragen uns den Verlag der von Ihnen in deutscher Sprache herausgegebenen Marx-Engels-Gesamtausgabe von 42 Bänden (…) Wir verlegen die uns von Ihnen in Verlag gegebenen Bücher in unserem Namen, jedoch für Ihre Rechnung.«[100] Einen Monat später sandte er eine Abschrift des Auszuges aus dem Frankfurter Handelsregister mit dem Eintrag der Marx-Engels-Archiv-Verlagsgesellschaft nach Moskau.[101]

Nach Rücksprache mit ihrem Anwalt stellte er nun zwar doch einen formellen Genehmigungsantrag für die Unterbringung des Verlags im Gebäude, hielt das Ganze aber weiterhin nur für eine Formalie. Doch der Magistrat bat die Universität um Stellungnahme. Und hier lief man Sturm. Rektor Martin Gelzer hielt den ›parteipolitischen‹ Namen des Verlags für nicht vereinbar mit der Aufgabe eines Universitätsinstituts.[102] Kurator Gerlach gab perfide zu bedenken, dass man, wenn man den Antrag bewillige, ähnliche Anträge von antisemitischer Seite ebenfalls bewilligen müsse.[103] Und alle sahen sie die Besorgnis gerechtfertigt, die sie den ›Weil'schen Projekten‹ von Anfang an entgegengebracht hätten.[104] Als Felix Weil merkte, dass der Antrag unvorhergesehen Wellen schlug, zog er ihn zurück und meldete den Verlag unter seiner privaten Adresse in der Hügelstraße 96 an.[105] Es liefen bereits Verhandlungen mit dem Parteivorstand der SPD, in deren Archiv die Originalmanuskripte von Marx und Engels lagen, die für die MEGA vollständig fotografiert werden mussten.

Die Grundvoraussetzung, ohne die der Vorstand der SPD zu keiner Kooperation mit dem Moskauer Marx-Engels-Institut zu bewegen gewesen wäre, bestand in der parteipolitischen Unabhängigkeit des Frankfurter Instituts als vermittelnde Instanz. Allein dadurch war der von Universitätsseite geäußerte Verdacht, der Marx-Engels-Archiv-Verlag sei ein kommunistisches Instrument, das zur Unterwanderung der Universität genützt werde, unsinnig. Einem KPD-Verlag hätte der SPD-Vorstand nicht den Marx-Engels-Nachlass anvertraut.

Für die Fotokopierarbeiten wurde – auch nach der Verlegung des Verlagssitzes – weiterhin der Keller im Institut genutzt. Der Fotokopierapparat war der Kern des Projekts: ein mit Mitteln des Marx-Engels-Instituts in England angeschaffter ultramoderner Famulus-Kopierapparat, der schon mit Rollfilm arbeitete, wobei trotzdem noch jedes Blatt einzeln belichtet werden musste, bevor der Film entwickelt und kopiert werden konnte.[106] In seinen Memoiren versuchte Felix Weil einen Eindruck des logistischen Aufwands zu vermitteln, der allein durch die Menge der Dokumente zu bewältigen war, die vier Jahre lang wöchentlich im Zug von Berlin nach Frankfurt und von Frankfurt wieder zurück nach Berlin und weiter nach Moskau transportiert wurden. »Zweimal die Woche, so hatte ich das organisiert, brachte ein Kurier des Parteivorstands – ein alter Menschevik namens Boris Nikolajewski – ein großes Paket dieser Manuskripte (…) per Zug nach Frankfurt ins Institut, wo im Kellergeschoß ein Ablichtungsapparat aufgestellt war, der Negative d. h. weiß auf schwarz Kopien machte. Er wurde von sechs Leuten in zwei Schichten bedient. Bei seinem nächsten Besuch nahm dann der Kurier die Manuskripte und Ablichtungen wieder mit.«[107] Sämtliche Originalmanuskripte wurden dreifach fotokopiert. Eine Kopie blieb im Frankfurter Institut für Sozialforschung. Eine Kopie erhielt das SPD-Archiv zusammen mit dem Original zurück. Die Kopien, die für das Moskauer Marx-Engels-Institut bestimmt waren, lieferte Nikolajewski in der russischen Botschaft ab, von wo aus sie per Kurier nach Moskau befördert wurden. Für das Moskauer Marx-Engels-Institut ging der dortige Archivleiter von 15.000 Originalhandschriften und 175.000 Fotokopien aus, die im Laufe der nächsten vier Jahre eintreffen sollten. Der Umfang, den der Archivleiter für das Moskauer Marx-Engels-Archiv angab, entsprach der Menge, die nach und nach auch die Magazine des Frankfurter Instituts füllte.[108]

*

Die Sammeltätigkeit am Institut setzte nicht erst im Rahmen der Zusammenarbeit mit dem Moskauer Marx-Engels-Institut ein. Mit dem Sammeln, nicht nur von Büchern, sondern ganz generell von Grundlagenmaterial aller Art, das der Weiterbildung des wissenschaftlichen Marxismus diente, hatte Felix Weil gleich nach seiner Rückkehr aus Buenos Aires begonnen. Anfang 1922 wurde von ihm in Berlin ein sozialwissenschaftliches Archiv als Sammelstelle für das geplante Frankfurter Institut eröffnet.[109] Allerdings musste er es sechs Monate später wieder schließen, da er die Organisation des Archivs einem Laien überlassen hatte. Adolf Krümmer, seinem damaligen Schwager, der mit seiner Schwester und seinem kleinen Neffen in Berlin lebte. Da Krümmer Geologe und Wissenschaftler war, bot es sich an, ihn zu fragen, ob er sich den Aufbau eines sozialwissenschaftlichen Archivs zutraute. Felix Weil stellte ihm den Journalisten Georg Fuchs an die Seite, der Erfahrung im Sammeln sowie im Erstellen von Broschüren und Materialien zur Arbeiterbewegung mitbrachte. Die Namensverwandtschaft mit Eduard Fuchs war zufällig.[110] Georg Fuchs hatte zusammen mit dem Schriftsteller Franz Jung 1918 die wöchentlich erscheinende *Sozialistische Wirtschafts-Korrespondenz* aufgebaut und den Ost-Europa-Pressedienst der Kommunistischen Internationale mit ins Leben gerufen.[111] Außerdem war er zeitweise Redakteur der *Roten Fahne*. Während sich Georg Fuchs also um den Ankauf von Broschüren, Flugblättern und Zeitungen kümmerte, wollte Krümmer die Inventarisierung des zusammengetragenen Materials vornehmen. Doch die Zusammenarbeit scheiterte an seiner Unerfahrenheit und ein Stück weit auch an seinem wachsenden Desinteresse. Denn Anita verließ ihn in dieser Zeit, und der tief getroffene Krümmer war viel zu aufgewühlt, um die Arbeit für

Anitas Bruder ernsthaft weiter zu betreiben.[112] Zwar hätte Georg Fuchs gerne alleine weitergemacht, doch Felix Weil ließ stattdessen lieber alles bereits vorhandene Material nach Frankfurt bringen und bei den Bücherkisten im Senckenberg Naturmuseum deponieren.[113]

Im Juni 1924 erfolgte ein erneuter Anlauf, ein sozialwissenschaftliches Archiv in Berlin aufzubauen. Dieses Mal ging die Initiative von Eduard Fuchs aus.

Eduard Fuchs war in sozialistischen wie in künstlerischen Kreisen gleichermaßen zuhause und hatte sich in den zurückliegenden Jahrzehnten eine unverwechselbare Biografie geschaffen.[114] In frühester Jugend war er Mitglied bei der *roten Feldpost* geworden, jenem aus Zeitungszustellern gebildeten Netz, das nach Inkraftsetzung des Bismarckschen Sozialistengesetzes den in Deutschland nunmehr verbotenen *Vorwärts* aus der Schweiz, wo er unter dem Titel *Der Sozialdemokrat* weiter erschien, über die Grenze zu den Abonnenten schmuggelte. Von 1892 bis 1901 war Fuchs leitender Redakteur der sozialdemokratischen Satirezeitschrift *Süddeutscher Postillon* und wurde wegen missliebiger Artikel immer wieder zu monatelangen Haftstrafen verurteilt. Zwischen 1906 und 1912 erschien in sechs Bänden die von ihm herausgegebene *Illustrierte Sittengeschichte vom Mittelalter bis zur Gegenwart*, die ihm den Beinamen ›Sittenfuchs‹ einbrachte. Eduard Fuchs war Nachlassverwalter des sozialistischen Historikers Franz Mehring und ein enger Freund und Mäzen des Malers Max Slevogt. Als begeisterter Karikaturensammler hatte er den französischen Zeichner Honoré Daumier wiederentdeckt. Im Dezember 1918 traf er sich im Auftrag Rosa Luxemburgs und Karl Liebknechts in Moskau mit Lenin. Er war ein so schillernder Zeitgenosse, dass Felix Weil den Freund in Briefen als »Liebes Objekt der Literatur-Geschichte« anredete.[115]

Den Weg zu Felix Weil fand Eduard Fuchs, weil er seit längerem eine auf zehn Bände angelegte kulturgeschichtliche Publikation plante, für die er zeitgeschichtliche Dokumente sozialer Bewegungen sammelte. Clara Zetkin hatte ihm ihren jungen Freund vorgestellt, als dieser noch in den Planungen für sein Institut steckte. Schon zu diesem frühen Zeitpunkt signalisierte ihm Felix Weil, dass man bei Sammlungsmöglichkeiten eine Zusammenarbeit ins Auge fassen könne.[116] Am 6. Juni 1924 fragte Fuchs bei dem nunmehrigen Vorsitzenden der Gesellschaft für Sozialforschung an, »ob Sie eventuell geneigt wären, gemeinsam mit mir oder Sie allein unter meiner Leitung in Berlin ein sozialwissenschaftliches Archiv einzurichten.«[117] Er rannte bei Felix Weil offene Türen ein. Zwei Wochen später, am Tag der offiziellen Einweihungsfeier, saß Fuchs nach der Antrittsrede Grünbergs im Institut in Weils noch nach Bohnerwachs und frischer Farbe riechendem Büro und erklärte, das Material, das er zu sammeln gedenke, läge heute vielfach auf der Straße, morgen aber schon nicht mehr.[118] Fuchs wurde noch am selben Tag zum Mitglied der Gesellschaft für Sozialforschung ernannt. Carl Grünberg hielt zwar ein zweites Archiv für überflüssig, da man am Institut selbst sammelte, war aber letztlich bereit, Fuchs einen Tag nach der Einweihungsfeier des Instituts offiziell mit der Sammlung des für das Studium der Zeitgeschichte notwendigen Quellenmaterials zu beauftragen.[119] Er wies ihn sogar explizit darauf hin, dass das Institut berechtigt sei, auch illegales Quellenmaterial zu erwerben.[120]

Einen Monat später hatte Fuchs im Berliner Zeitungsviertel geeignete Räume angemietet, eine Chefarchivarin eingestellt und ein Rundschreiben an Firmen, Banken, Verlage und politische Parteien aufgesetzt, in dem er um Material aller Art anfragte. Die Themengebiete – angefangen beim italienischen Faschismus bis hin zur Ku-Klux-Klan-Bewegung in den USA – deckten alles ab. Ob kommunistische oder Bauernbewegungen auf dem Balkan oder die Sun Yat-sen-Partei in China – alles fand im Archiv Platz.[121] Damit nicht am falschen Ende gespart würde, schoss Weil noch einmal 5000 Mark zu den Fördermitteln in Höhe von 600 Mark hinzu, die Eduard Fuchs von der Gesellschaft für Sozialforschung monatlich für den Aufbau seines Archivs erhielt.[122] In rasendem Tempo füllten sich die Regale mit Flugschriften, Jahresberichten, Pamphleten, Wahlmaterialien, Protokollen und Plakaten. Und von allem, was er erwarb, ließ Eduard Fuchs im Fotoverfahren Duplikate herstellen. »Eine für uns und eine für Sie«,[123] schrieb er an Felix Weil, der dem Archiv – weil es ihn freute, dass es so schön funktionierte – nochmals 12.000 Reichsmark außer der Reihe zukommen ließ.[124] Im Oktober 1925 verzeichnete das Archiv bereits 20.000 Dokumente. Auf Anfrage konnte man sich Mappen zu den unterschiedlichsten politischen Themen zusammenstellen lassen. Und da dem Institut für Sozialforschung zu wissenschaftlichen Zwecken auch der Erwerb von illegalem Quellenmaterial gestattet war, fragte sogar das Ministerium des Inneren bei Fuchs um dieses Material für eine geplante Polizeiausstellung an.[125]

Doch zu der denkwürdigen Zusammenarbeit zwischen dem Ministerium des Inneren und dem Archiv der Gesellschaft für Sozialforschung sollte es nicht mehr kommen. Bereits im August 1925 hatte die politische Abteilung des Berliner Polizeipräsidiums die KPD verdächtigt, in den Räumen des sozialwissenschaftlichen Archivs ein Geheimarchiv zu unterhalten. Laut Türschild als »Sozialpolitisches Büro der Universität Frankfurt« getarnt, sei das Archiv in Wirklichkeit ein illegales Büro der KPD. Auf Grundlage des Ermittlungsberichts beantragte der Untersuchungsrichter eine Durchsuchung der Archivräume. Bei der Razzia am 9. Oktober 1925 wurde lastwagenweise Material beschlagnahmt. Gegen den Archivleiter Eduard Fuchs wurde wegen des Verdachts der Vorbereitung zum Hochverrat ein Vorverfahren eröffnet.[126]

»Hören Sie«, schrieb Fuchs an Pollock, als er den Grund für die Anklage erfuhr, »aber setzen sie sich vorher, dass Sie bei einem etwa einsetzenden Lachkrampf nicht auf den Rücken fallen.«[127] In der Unterschriftenmappe des Archivs seien bei der Hausdurchsuchung mehrere Durchschläge von Briefen gefunden worden, die an den Roten Frontkämpferbund und an die Agitprop-Abteilung der KPD gerichtet waren. Unterzeichnet hätte diese Durchschläge sämtlich: ›Das Geheimarchiv der KPD.‹ Eduard Fuchs schrieb amüsiert, dies sei die Art von Verschwörungsmethoden, wie sich der kleine Moritz das Verschwören eben vorstelle. Eine Vorbereitung zum Hochverrat konnte nicht nachgewiesen werden. Allerdings brachten die polizeilichen Untersuchungen ans Licht, dass einige der Archivangestellten an ihrem Arbeitsplatz Arbeiten für die Kommunistische Partei erledigt hatten, zum Beispiel hätten sie Fragen aus der Parteizentrale zur Stadtverordnetenwahl recherchiert oder für Parteikonferenzen Materialmappen zusammengestellt. Zwar war das weder illegal noch Hochverrat, aber in hohem Maß illoyal gegenüber der Gesellschaft für Sozialforschung, deren Vorstand im Zuge der Berliner Untersuchung nun ebenfalls überprüft wurde. Polizeibeamte tauchten im Frankfurter Institut auf und wollten von den Mitarbeitern wissen, in welcher Beziehung die Stiftungsvorsitzenden Felix Weil und Fritz Pollock zur Kommunistischen Partei stünden.[128] Vermeintlich kompromittierende Polizeiberichte landeten auf dem Tisch des Berliner Untersuchungsrichters. Das Münchner Polizeipräsidium teilte mit, dass Pollock und Horkheimer nach dem Sturz der Räterepublik mit dem Wiederaufbau der Kommunistischen Partei beauftragt gewesen seien, was Pollock umgehend bestritt.[129] Felix Weil sei wegen angeblicher Mitgliedschaft in der KPD am 24. Oktober 1919 nicht nur aus Württemberg, sondern einen Monat später, am 25. November 1919, auch aus Preußen abgeschoben worden.[130] Felix Weil konnte dazu nicht vernommen werden, da er sich im Dezember 1925 auf einer Aktionärsversammlung in Buenos Aires aufhielt. Stattdessen unterzog man Carl Grünberg einem Verhör. Der zu Unrecht verdächtigte Institutsdirektor konnte nichts weiter sagen, als dass das Institut nichts mit den Angelegenheiten der Gesellschaft zu tun hätte. Um weiteren Schaden vom Institut abzuwenden, ließ die Gesellschaft für Sozialforschung im Dezember 1925 das Berliner Archiv schließen. Drei Monate später wurde das Verfahren gegen ›Fuchs und Genossen‹ eingestellt. Dennoch geisterte im April 1926 der Anfangsverdacht – nunmehr verkleidet als Ermittlungserkenntnis – durch den Abschlussbericht des Frankfurter Polizeipräsidenten. Das Geheimarchiv der KPD blieb als Topos weiter bestehen, bis es schließlich der Enteignung des Instituts durch die Nazis die ›juristische‹ Begründung lieferte.

Krach mit Moskau

Im Januar 1925 ging die Gesellschaft für Sozialforschung noch davon aus, dass der erste Band der Marx-Engels-Gesamtausgabe bereits im Frühjahr erscheinen könne. Doch dann wurde die Publikation aufs nächste Jahr verschoben. Und im Mai 1926 ließ der Kooperationspartner in Moskau verlauten, dass sich die Herausgabe des ersten Bandes noch weiter verzögern würde. Der Umfang des Materials sprengte die Arbeitskapazitäten am Moskauer Institut. Es fehlte an editorischen Vorgaben. Das Team, das überwiegend aus jungen Wissenschaftlern bestand, besaß wenig bis gar keine redaktionelle Erfahrung. Den deutschen Mitarbeitern, die von Carl Grünberg und Felix Weil nach Moskau vermittelt wurden, blieb keine Zeit zur Eingewöhnung. Durch die ungewohnten Lebensbedingungen wurde ihnen zusätzlich die Arbeit erschwert. Einige mussten ihren Moskauer Aufenthalt wegen gesundheitlicher Probleme bald wieder abbrechen. Felix Weil drängte die Leitung des Marx-Engels-Instituts, die Mitarbeiter endlich menschenwürdig unterzubringen, damit sie sich auf ihre wissenschaftliche Arbeit konzentrieren könnten. Seinem Empfinden nach waren die schwierigen Arbeitsbedingungen am Moskauer Institut nur zum Teil der allgemeinen Situation im kommunistischen Russland geschuldet und in der Hauptsache auf die Institutsleitung zurückzuführen.

Im August 1926 entlud sich bei ihm in der Korrespondenz mit Ernst Czóbel, dem Stellvertreter Rjazanovs, zum ersten Mal der gesamte Frust über die Zusammenarbeit, die in seinen Augen bisher so unfruchtbar gewesen sei, dass man sich fragen müsse, ob sich der ganze Ärger lohne, den das Frankfurter Institut deshalb hätte. »Ich habe mich s. Zt. bereit erklärt, meine und meiner Mitarbeiter Zeit und Kraft für das IME (Marx-Engels-Institut) zur Verfügung zu stellen, um bei dem Zustandekommen der Gesamtausgabe mitzuhelfen, unter der Voraussetzung, dass nicht nur die volle Durchführung der angekündigten Publikationen gesichert ist, sondern auch ihr wissenschaftlicher Charakter. In dieser Voraussetzung habe ich auch zugestimmt, bezw. dabei mitgewirkt, dass im Prospekt und anderen Veröffentlichungen der Name der G. f. S., des Instituts und Grünbergs mit der G. A. in engen Kontakt gebracht wurde. (Sogar in einem so engen – die Kniga[131] z. B. adressierte ihre Bestell-Postkarte: ›an das Marx-Engels-Institut für Sozialforschung, Universität Frankfurt, Verlagsbuchhandlung‹ –, dass uns von Seiten des Ministeriums gerade aus diesem Grunde ernste Schwierigkeiten erwuchsen, die durch Übersiedlung des Verlags in ein eigenes Büro, neues Briefpapier etc. leider nur sehr z. Z. behoben werden konnten) und habe schließlich noch zuletzt mit Einsatz aller meiner Beziehungen etc. erreicht, dass ich selbst im Interesse der GA trotz aller Widerstände in den Verlegerverein und in den Börsenverein der Buchhändler aufgenommen wurde. Durch das alles sind wir hier mit der GA so stark identifiziert worden, dass das Schicksal und das Gedeihen der GA auch unser persönliches Prestige aufs Äußerste berührt, und ich werde darauf bestehen müssen, dass der Tatsache, dass wir an der Verantwortung für die GA in den Augen der Öffentlichkeit und daneben auch tatsächlich ein großes Stück mittragen, in unseren zukünftigen Beziehungen stärker Rechnung getragen wird, als bisher, wo man dortseits offenbar etwas zu der Ansicht neigt, dass es eine Gnade ist, dass wir unsere Zeit und Kraft dem IME zur Verfügung stellen dürfen.«[132] Felix Weil beunruhigte weniger die wiederholte Verzögerung der Herausgabe des ersten Bandes als die drohende Möglichkeit, der Band könnte, trotz der Verzögerung, am Ende nicht den angekündigten wissenschaftlichen Standards entsprechen. »Ich will keinen Zweifel darüber bestehen lassen«, fuhr er fort, »dass ich nicht gewillt bin, meinen, unseren und Grünbergs guten Namen kompromittieren zu lassen, wie es durch Verwirklichung der von Ihnen nur angedeuteten, mir von anderer Seite aber als wesentlich akuter und gefahrdrohender geschilderten Tendenzen der Fall sein könnte.« Anscheinend beabsichtigte Rjazanov aufgrund des Zeitdrucks nun doch nicht eine historisch-kritische Ausgabe herauszubringen, wie sie in Deutschland bereits in Broschüren angekündigt worden war, sondern eine populäre Ausgabe. »Die GA darf kein reines ›Marx-Museum‹ werden«, warnte Felix Weil. »Die Erwartungen der Öffentlichkeit sind, wie mir aus mannigfachen Äußerungen bekannt ist (...), aufs Höchste gespannt, gerade weil es sich um ein so wichtiges Monumentalwerk und um die erste Veröffentlichung eines russischen Instituts handelt, über die in Prospekten etc. weitgehende Versprechungen über Qualität und Tempo gemacht worden sind. Unter wissenschaftlich-kritischer Ausgabe verstehe ich nun eine unter Vermeidung jeden unsachlichen Tones gewissenhaft (...) und ausreichend kommentierte Ausgabe. (...) Man muss im Register unbedingt nicht nur finden können, dass Stockprügel einen integrierenden Bestandteil des chinesischen Strafrechts bildeten, und dass die Eingeborenen von Cuba das Gold für den Fetisch der Spanier hielten, sondern man muss auch finden können, wo Marx über Hegel'sche Dialektik, wo und wie er über die Methode der Kritik, wo und wie er über Philosophie usw. spricht. Ein Register, das das nicht hält, wird für den Gebrauch ebenso nutzlos wie die früheren und wäre der als hoch wissenschaftlich angekündigten GA unwürdig.«

Fest entschlossen, alle Diplomatie beiseitezulassen und endlich klare Verhältnisse zu schaffen, kündigte Weil als Nächstes in Moskau sein Kommen an. Er bat Czóbel, ihm für drei Wochen ein Zimmer im Hotel Europa zu besorgen. Außerdem sollte er die russische Botschaft in Berlin anweisen, ihm Visum und Grenzpassierschein zur Befreiung von der Zollrevision auszustellen, wie das bei Regierungsgästen üblich sei. »Denn als offizieller Gast möchte ich eingeladen und behandelt werden, und nicht als widerwillig zugelassener, mehr oder weniger ungern gesehener Eindringling angesehen sein. Das zum mindesten glaube ich als Anerkennung all der Zeit und Mühe, die wir hier dem IME und seinen Arbeiten opfern (...) erwarten zu können. Sollte das IME nicht in der Lage oder gewillt sein, sich dafür einzusetzen, so lassen Sie mich das bitte rechtzeitig und ohne diplomatische Winkelzüge wissen: dann werde ich eben nicht als Genosse und deutscher Vertreter des IME, sondern als kapitalistischer Direktor meiner Firma, die ja Sowjetrussland große Kredite gegeben hat und sich dementsprechender Beliebtheit erfreut, auftreten, und ich weiß, dass das Außenhandelskommissariat sich ein Vergnügen daraus machen würde, einen Direktor unserer Firma auf das Gastlichste zu empfangen, wie man uns oft genug versichert hat.«[133]

Immer wieder wurde in der Literatur zur Geschichte des Frankfurter Instituts für Sozialforschung die Frage gestellt, warum ein kapitalistischer Getreidegroßhändler der Universität ein marxistisches Institut stiftete. Eine der Antworten auf diese Frage lautete, dass Hermann Weil auf dem Weg der Wissenschaftskooperation möglicherweise an ukrainischen Weizen zu kommen hoffte.[134] Felix Weils Erwähnung der Kredite in dem Brief an Czóbel scheint diese Erklärung zunächst zu bestätigen. Aber welchen Sinn hätte es für Hermann Weil gehabt, sich in den ideologischen Grabenkämpfen der Linken zu exponieren, wenn ihm als kapitalistischer Unternehmer, der einem kommunistischen Land Kredite zu günstigen Konditionen gewährte, auch ohne Institut dementsprechende Beliebtheit garantiert gewesen wäre? Ein marxistisches Institut, das nicht auf Parteilinie lag, wäre den über diesen Umweg angestrebten geschäftlichen Beziehungen eher hinderlich gewesen. Hermann Weil war in den 1920er Jahren außerdem schon von seiner schweren Krankheit gezeichnet und überließ firmeninterne Entscheidungen immer häufiger seinem Sohn, der in die Rolle des Generaldirektors hineinwachsen sollte. Und sein designierter Nachfolger entschied nicht immer zum Besten ihrer Firma. Auf eine mehr von idealistischen denn kaufmännischen Beweggründen getroffene Entscheidung, für die er sich später Flegenheimer gegenüber zu verantworten hatte, wies Felix Weil selbst in seinen Memoiren hin. Die Episode spielte 1925, nachdem die Missernte im Wolga-Gebiet im Dezember 1924 im Politbüro zu der Entscheidung geführt hatte, die Versorgung in der Kaukasus-Region mit Importweizen sicherzustellen. In den folgenden Monaten kauften russische Handelsdelegationen in Rotterdam zu überteuerten Krediten überteuertes Getreide auf.[135] In dieser Situation, so Felix Weil in seinen Erinnerungen, hätte er dem sowjetischen Ernährungskommissar in der russischen Botschaft das Angebot unterbreitet, den Einkauf für sie gegen eine feste und faire Kommission zu übernehmen. Sein Angebot sei allerdings zu spät gekommen, schrieb er weiter, nämlich genau an dem Tag, an dem das Politbüro die Importkäufe wieder einstellte. Er hätte sich darüber gefreut, dass die Hungerkrise in Russland so weit überwunden schien, dass das Land die Einkäufe ausländischen Getreides einstellen konnte. Auf die Idee, sein Wissen auszunützen, um Gewinne zu machen, sei er nicht gekommen. Am nächsten Tag, so Felix Weil, erhielt er einen wütenden Anruf seines Rotterdamer Direktors: »Du Idiot! Für wenigstens 24 Stunden warst du der einzige Nichtrusse in Europa, der wusste, dass die Russen nicht mehr kaufen werden. Wenn wir das gewusst hätten, hätten wir große Mengen Getreides à la baisse verkaufen können.«[136] Sollte Felix Weil auch derjenige gewesen sein, der in der Firma die im Brief an Czóbel erwähnte Kreditvergabe an Russland eingefädelt hatte, drängt sich die Überlegung auf, ob das nicht eher in der Absicht geschah, die russische Seite zu einer besseren Zusammenarbeit mit dem Frankfurter Institut zu zwingen. Auf die leicht ironische Frage eines Cousins, warum er als Kommunist nicht konsequenterweise sein ganzes Geld verschenke, hatte Felix Weil schon als Student geantwortet, wenn er das täte, würde er seine Position als Kommunist schwächen.[137] Er wusste selbst nur zu gut, dass das ererbte Vermögen seinem gesellschaftlichen Gestaltungswillen erst die nötige Durchsetzungskraft verlieh.

*

Da ihm die Reise nach Moskau auf dem bequemeren Seeweg zu spät begann, wählte Felix Weil die Schienenroute über Warschau.[138] Er wurde von allen Seiten vorgewarnt, dass in Polen bei Russland-Reisenden häufig Gepäckrevisionen vorgenommen würden. Deshalb legte er seine privaten Unterlagen den Paketen und Fotokopien des Marx-Engels-Nachlasses bei, die mit der diplomatischen Post nach Moskau befördert wurden. Nach seiner Ankunft in Moskau musste er sich bei Rjazanov als Erstes für den Gebrauch der diplomatischen Post rechtfertigen. Denn unter seinen privaten Sachen hatte Rjazanov auch Ersatzteile für eine Mauser entdeckt, die Felix Weil einem Freund mitbringen wollte. Ein Versehen, entschuldigte er sich, und holte zu der etwas unglaubwürdigen Erklärung aus, dass die Ersatzteile, die er eigentlich in die Tasche seines Anzuges hätte stecken wollen, versehentlich bei den Paketen auf dem Tisch gelandet und mit diesen eingepackt worden seien.[139] Der Aufenthalt fing nicht gut an und er wurde auch nicht besser. Doch nicht der Mauser-Skandal war der ausschlaggebende Grund. Die deutschen Wissenschaftler im MEGA-Team hatten einen Brandbief an Rjazanov verfasst. Es ging um die allgemein befürchtete Aufgabe der wissenschaftlichen Standards. Neuerdings stand sogar im Raum, dass Text und Anmerkungen zu unterschiedlichen Terminen erscheinen sollten. Da Weil es für seine Pflicht hielt, selbst mit seiner Person für alle einzutreten, die unter den vorliegenden Umständen nicht viel zu melden hatten, unterschrieb auch er den Brief. Das Ergebnis war, dass Rjazanov nun sogar die ihm bereits gemachte Zusage zurückzog, den Anmerkungsteil in einem Extra-Band herauszubringen. Davon war jetzt auch keine Rede mehr. So hielt Felix Weil, als er abreiste, noch weniger als bei seiner Ankunft in den Händen. Wochenlang ließ er nichts von sich hören und sämtliche Briefe Czóbels unbeantwortet. Erst im Januar 1927 meldete er sich wieder bei ihm: »Es erstaunt mich eigentlich, dass Sie sich wundern, so lange nichts von mir gelesen zu haben«, begann er. »Als ich vom IME zurückkehrte, hatte ich vom dortigen Betrieb so sehr die Nase voll und hatte mich das reizende Benehmen unseres Freundes David Borissowitsch so entzückt, dass es mir zunächst überhaupt nicht möglich war, in dieser Stimmung an das IME zu denken oder irgend etwas für es zu arbeiten oder Ihnen offiziell oder privat zu schreiben.«[140] Felix Weil hatte die Kränkung noch immer nicht verwunden. Doch zeigte allein die offene Sprache in seiner Korrespondenz, dass auch der Moskauer Seite die editorische Qualität der MEGA mehr am Herzen lag als die Parteipolitik. Das sollte sich nach dem Erscheinen des ersten Halbbands (des ersten Bandes) der Gesamtausgabe im Juli 1927 ändern, als im Zuge der Stalinisierung Rjazanovs Gestaltungsspielraum schwand. Das Ende der Kooperation kündigte sich an, als Nikolai Bucharin im Sommer 1928 auf dem VI. Weltkongress der Kommunistischen Internationale der SPD vorwarf, sie verbünde sich mit den größten Verbrechern aus dem imperialistischen Lager. Daraufhin entzog der SPD-Vorstand dem Marx-Engels-Institut die Erlaubnis für die weitere Benutzung des SPD-Archivs.[141] Noch im gleichen Jahr wurde der Gesellschaftsvertrag zwischen dem Marx-Engels-Institut und der Gesellschaft für Sozialforschung aufgelöst.

Das Mausoleum

»Auch von links wurde das Institut gelegentlich angefeindet«, hielt Felix Weil in seinen Erinnerungen fest, »denn diesen ›Freunden‹ war es nicht links genug.« Und dann zitierte er den Eintrag Bertolt Brechts im *Arbeitsjournal*, zu dem er von Hanns Eisler inspiriert wurde, der ihm die Geschichte des Frankfurter Sozialforschungsinstituts als Handlungsstrang für den Tuiroman vorgeschlagen hatte. »Ein reicher armer Mann (der Weizenspekulant Weil) stirbt, beunruhigt über das Elend auf der Welt. Er stiftet in seinem Testament eine große Summe für die Errichtung eines Instituts, das die Quelle des Elends erforschen soll. Das ist natürlich er selber.«[142] Den echten Hermann Weil beunruhigte am Ende seines Lebens sehr konkret, dass die Quelle des Elends auf der Welt wieder verstärkt in den Juden gesehen wurde. Die sich radikalisierende Judenfeindlichkeit, die sich in politischen Morden wie dem an Walther Rathenau manifestiert hatte, ließ Hermann Weil sein philanthropisches Engagement überdenken, das er erst im Hyperinflationsjahr 1923 wieder aufnahm. »Ich übe schon lange hier meine philanthropische Tätigkeit aus«, schrieb er im Februar 1923 an den Frankfurter Bürgermeister, »und hätte viel mehr noch getan, wenn mich nicht das Treiben der Antisemiten, Rathenau- und Erzberger-Mörder und speziell die Haltung der Gerichte in den letzteren Fällen, angeekelt hätten. Ich sagte mir, ein Volk, das solche Schandtaten zulässt und solche Richter duldet, verdient kein Mitleid. Aber angesichts der jetzigen, trostlosen Lage schweigt jedes Bedenken.«[143] Allein im Februar 1923 bedachte er zwei Dutzend städtische Einrichtungen und Personengruppen mit größeren Spenden, wobei er die »Mitglieder des Hochschulrings, der Deutsch-Völkischen und Antisemiten« ausdrücklich von seinen Zuwendungen ausschloss. 1924, als das Institut seinen Betrieb aufnahm, gab Hermann Weil beim Architekten Alfred Engelhard, der schon die Pläne für die Villa in der Zeppelin-Allee erstellt hatte, den Bau eines Mausoleums in Auftrag. Seine Kinder reagierten entsetzt, als sie hörten, was er vorhatte.[144] Aber Hermann Weil ließ sich nicht beirren. Er hatte von der Stadt Waibstadt ein Stück Wald erworben, das an den jüdischen Friedhof grenzte, auf dem seine Eltern lagen. Das Mausoleum war seine Antwort auf die antisemitischen Friedhofs- und Synagogenanschläge, die seit 1923 zunahmen. Wenn er der Stadt ein Denkmal stiftete, das direkt an den jüdischen Friedhof grenzte – so seine Überlegung –, rückte auch der Friedhof, zu dem bisher nicht einmal eine öffentliche Straße führte, in den Blick der Stadtverwaltung. Die Straße entstand erst im Zuge der Mausoleums-Arbeiten. Hermann Weil übernahm auch hier die Baukosten. Am 3. September 1927 übergab er den Bau in einem feierlichen Akt an die Honoratioren der Stadt. Er hatte sich für diesen Tag von den Ärzten mit Transfusionen, Spritzen und Tabletten präparieren lassen, um in der Lage zu sein, in einer kleinen Ansprache den Sinn und Zweck des Denkmals zu erklären: Der Vorhof seines Mausoleums sollte Vereinen der Heimatpflege, der Sangeskunst und der Wanderlustigen offen stehen. Nur politischen Vereinen sollte er kein Forum bieten. Egal ob rechte oder linke.[145] Die Erwartung dieses Tages schien seine Lebensgeister wach gehalten zu haben. Nach der Mausoleums-Übergabe entwich seinem Körper, was noch an Kraft übrig war. Am 3. Oktober 1927 starb er.

*

Hermann Weils privates Vermögen war in der Hermann-Weil-Familienstiftung untergebracht. Testamentarisch wurden seine Erben zu der Übernahme der jährlichen Schenkung an die Gesellschaft für Sozialforschung verpflichtet. Als Felix Weil und seine Schwester das Erbe antraten, war das Institut hervorragend aufgestellt. Seit 1924 waren jährlich 30.000 Dollar an die Stiftung geflossen, womit sämtliche Betriebskosten für ein Jahr abgedeckt wurden.[146] Die Bibliothek umfasste circa 40.000 Bände. Der Lesesaal wurde jährlich von 5000 Lesern aufgesucht. Durch die Sammlungstätigkeit im Berliner Archiv und durch die Kooperation mit dem Marx-Engels-Institut war eine einmalige Dokumentensammlung zur Arbeiterbewegung zusammengetragen worden. Im Laufe von knapp vier Jahren Fotokopiertätigkeit waren 175.000 Seiten des Engels- und Marx-Nachlasses in den Besitz des Instituts gekommen. Darunter Manuskripte, die noch nie publiziert worden waren. Der feste Mitarbeiterstamm setzte sich aus Personen zusammen, die schon bei der ersten marxistischen Arbeitswoche in Geraberg bei Ilmenau dabei waren. Wie Karl August Wittfogel und seine Frau Rose, die die Bibliothek leitete. Oder Fritz Pollock und Julian Gumperz, der zum Kreis der Doktoranden zählte, die am Institut über Marxismus und die Geschichte der Arbeiterbewegung promovierten. Zu sechs Themenbereichen wurde zu diesem Zeitpunkt geforscht.[147] Eine Publikationsreihe war geplant. Doch dann machte im Januar 1928 ein Schlaganfall den Institutsdirektor Carl Grünberg dauerhaft arbeitsunfähig. Am Ende des Wintersemesters 1928/29 musste er den Direktorenposten am Institut wie auch den Lehrstuhl in der wirtschafts- und sozialwissenschaftlichen Fakultät aufgeben. Als die Suche nach seinem Nachfolger begann, war die KPD im Begriff, ihren Stalin-Kurs zu zementieren und parteiinterne Kritiker sowie Abweichler mit Parteiausschluss zu bestrafen. Felix Weil bemühte sich um Distanz zum parteipolitischen Richtungsstreit, indem er noch einmal die Dringlichkeit eines Kandidaten hervorhob, mit dem sich am Institut »auch in Zukunft« die bisherigen Bemühungen um die Anwendung und Weiterführung der Marx'schen Theorie fortsetzen ließen.[148] Doch war ein ›Weiter so‹ in der gegenwärtigen Situation gar nicht möglich. Im Juli 1929 ließ das Exekutivbüro der Kommunistischen Internationale in Bezug auf die SPD erneut die Sozialfaschismus-These verbreiten. Die These von der Sozialdemokratie als ›linkem Flügel des Faschismus‹ war 1924 vom damaligen Komintern-Chef Grigorij Sinowjew in der Phase eines Linksrucks der Partei erstmals formuliert worden. Doch nun wurde sie formell auf dem 10. Plenum des Exekutivbüros der Komintern wiederholt. Damit waren wissenschaftliche Kooperationen wie die zwischen dem Moskauer Marx-Engels-Institut und dem SPD-Vorstand in der Zukunft absolut undenkbar. Felix Weil berief sich in seinen Verhandlungen mit den Behörden und der Universität darauf, dass die Besetzung des Lehrstuhls ›im Benehmen‹ mit der Gesellschaft für Sozialforschung zu erfolgen hätte. Im November 1929 stellte er das preußische Wissenschaftsministerium vor die Wahl, entweder zu warten, bis es sich mit ihnen auf einen Kandidaten einigen könne, oder aber die Zusammenarbeit aufzukündigen, womit allerdings auch die Mittel für die Professur wegfallen würden, die an die Bedingung geknüpft waren, dass der vom Minister im Benehmen mit dem Verein ernannte Institutsdirektor diesen Lehrstuhl besetzte.[149]

Daraufhin änderte der Wissenschaftsminister den betreffenden Passus im Erlass zur Institutserrichtung aus dem Jahr 1923. Die Bestellung des Grünberg-Nachfolgers hatte nun unmissverständlich ›im Einverständnis‹ mit ihnen zu erfolgen. Felix Weil bewies jetzt seinerseits Kompromissfähigkeit. Er war bereit, die Neubesetzung des Grünberg-Ordinariats der wirtschafts- und sozialwissenschaftlichen Fakultät zu überlassen, sofern sich der ans Institut gekoppelte Lehrstuhl in die philosophische Fakultät verlegen ließ. Sein Vorschlag wurde von der Universität angenommen. Damit war der Weg an die Spitze des Instituts für Max Horkheimer frei, der sich 1925 für den Fachbereich Philosophie mit einer Arbeit über *Kants Kritik der Urteilskraft als Bindeglied zwischen theoretischer und praktischer Philosophie* habilitiert hatte, seitdem Privatdozent war und als solcher sozialwissenschaftliche Seminare im Institut veranstaltete, ohne bisher als besonders aktives Institutsmitglied hervorgetreten zu sein. Doch bot sich nun durch Felix Weils Bereitschaft, die Kosten für ein weiteres Ordinariat zu übernehmen, dem 1930 erst 35-jährigen Max Horkheimer ein maßgeschneiderter Lehrstuhl mit einem eigenen Institut als Spielwiese.

*

In der Korrespondenz mit dem Ministerium hatte Felix Weil seine eigene Teilhabe an den Aufgaben des Instituts mit dem Wort ›Lebensaufgabe‹ umrissen. Wie von Horkheimer in dem schon erwähnten Gespräch, in dem er 1972 unter anderem über die Motive der Institutsgründung Auskunft gab, treffend umschrieben, sollte am Institut eine Gruppe junger Menschen zusammengebracht werden, die durch ihre Forschungen und ihr Denken die Gesellschaft verändern könnten. Zwar war die Revolutionseuphorie aus der Zeit der Arbeiter- und Soldatenräte im Moment der Institutseinweihung im Juni 1924 schon wieder abgeebbt. Dennoch hatte die deutsche Kommunistische Partei zwischen 1922 und 1928 durch die sogenannte Einheitsfront mit SPD und Gewerkschaften Bündnisfähigkeit bewiesen. Noch in der zweiten Hälfte der zwanziger Jahre herrschte deshalb im Institut der Eindruck vor, die Partei sei weiterhin in der Lage, undogmatische marxistische Positionen zu entwickeln. In Wirklichkeit hatte sich da bereits eine Kluft zwischen Institut und Partei aufgetan, die sich zum ersten Mal 1926 zeigte, als Karl Korsch, der in der KPD eine antistalinistische innerparteiliche Fraktion gebildet hatte, als ›Linksabweichler‹ ausgeschlossen wurde. 1928 bewies der Umgang der Partei mit der Wittorf-Affäre – einer Unterschlagungsaffäre, in die Parteiboss Thälmann verwickelt war, der trotz seiner Absetzung nach einem Machtwort Stalins sofort wieder als Vorsitzender der KPD installiert wurde –, dass der Stalin-Kurs durchgesetzt worden war. An eine Fortsetzung der Grünberg-Ära am Institut war folglich nicht mehr zu denken, denn Stalinhörigkeit und irgendwie ernst zu nehmende theoretische Kompetenz ließen sich nicht vereinbaren. Der Perspektivenwechsel kündigte sich 1929 durch die Einstellung des Grünberg-Archivs an. (Institutszeitschrift unter Horkheimer sollte die von 1932 an erscheinende *Zeitschrift für Sozialforschung* werden.) Hatte man bisher in der Arbeiterschaft das revolutionäre Subjekt gesehen und sich auf das ›Wie‹ der gesellschaftlichen Veränderung in Richtung einer revolutionären Gesellschaft konzentriert, mussten jetzt die Wissenschaftler untersuchen, warum sich die Arbeiterschaft der Möglichkeit einer revolutionären Veränderung verweigert hatte. Die theoretische Fragestellung konzentrierte sich fortan also auf die Ursachen ihrer gesellschaftlichen Anpassung und war entsprechend sozialphilosophisch-psychologisch ausgerichtet. Ein neuer Kreis junger, psychologisch, philosophisch und soziologisch ausgerichteter Wissenschaftler formte sich am Institut. Darunter so herausragende Köpfe wie Herbert Marcuse und Theodor Adorno. Die Eröffnung des *Frankfurter Psychoanalytischen Instituts*, bei der Erich Fromm einen Vortrag über die *Anwendung der Psychoanalyse auf Soziologie und Religionswissenschaft* hielt,[150] war der sichtbarste Ausdruck der neuen Interdisziplinarität, die am Institut die Weiterentwicklung der nunmehr als materialistisch bezeichneten Theorie ermöglichte, nachdem sie auf dem bisher eingeschlagenen Weg in einer Sackgasse gelandet war. Felix Weil hatte das erkannt und durch die Stiftung eines weiteren Lehrstuhls in der philosophischen Fakultät die Weichen neu gestellt. Anschließend zog sich der Institutsgründer, der unter Grünberg noch gestalterisch gewirkt hatte, auf seine mäzenatische Rolle zurück, die über die Lebensaufgabe am Institut hinaus im außerwissenschaftlichen Raum von Anfang an auch die Unterstützung von Künstlern, Buchpublikationen und Filmprojekten umfasste.

Das Wesen von Freundschaft

Seit seiner Kinderfreundschaft mit Fernando und Antonio, den Söhnen seiner indianischen Amme, hatte Felix Weil die Frage nach dem Wesen von Freundschaft beschäftigt. »Es ist etwas merkwürdiges um eine Freundschaft«, resümierte er bei der Niederschrift seiner Memoiren. »Man kann sie nicht einfach wollen oder gar kaufen: sie kommt eines Tages, – und was für ein Tag das ist. Man weiß es erst nachher, wenn man die Meilensteine betrachtet.«[151] Im Fall der Freundschaft mit dem Maler George Grosz war der erste Meilenstein der Sommer in Portofino, den sie

1923 gemeinsam im Castello Brown verbrachten, einer über dem Ort thronenden Sarazenerburg. Schon ein Jahr zuvor hatten Felix und Käte den Sommer mit Freunden hier oben verbracht, wo sich vom Burgturm aus eine grandiose Aussicht über die Bucht von Rapallo bot. Der Vorschlag, im Jahr darauf auch George Grosz und seine Ehefrau mit einzuladen, kam von Mark Neven DuMont, der 1921, als Felix Weil in Argentinien lebte, als Sonderkorrespondent der von seinem Urgroßvater gegründeten Kölner Zeitung durch Lateinamerika gereist war.[152] 1923 hatte er das Berliner Büro der Kölner Zeitung übernommen und sich mit George Grosz angefreundet. Für Felix Weil seinerseits war die Freundschaft mit Grosz, nachdem ihn Mark Neven DuMont auf die Idee gebracht hatte, auch eine mäzenatische Demonstration. Er ließ dem Maler und seiner Frau zwei Fahrscheine im Schlafwagenabteil zukommen. Dazu ein paar liebenswürdige Zeilen und einen Scheck für Reisespesen. Als sie in Genua eintrafen, ließ er sie mit einem Pferdegespann abholen und durch die Theaterkulisse Portofinos den Berg hinauf zum Castello Brown bringen. Als die Kutsche in der Burgeinfahrt hielt, wartete er schon.[153] Grosz hatte nicht damit gerechnet, dass ihr Gastgeber noch so jung war. Mit geradezu jungenhafter Begeisterung beteiligte er sich in den nächsten Wochen an Wasserschlachten. Wenn Grosz mit seiner Frau im Meer zur Boje hinausschwamm, stand er oben auf dem Balkon und warnte mit lauter Stimme vor Haifischen. Die neuen Freunde ließen mit ihren Frauen die Tage auf der hoch über der Riviera gelegenen Terrasse des Castello Brown ausklingen, spielten im Turmzimmer Billard und aßen im Mondscheinlicht.[154] In Berlin wartete derweil der nächste Prozess auf Grosz. Fast zwei Dutzend Zeichnungen waren gerade aus *Ecce Homo*, seiner neuen Graphik-Mappe, wegen unzüchtiger Darstellungen beschlagnahmt worden. Er bat Mark Neven DuMont, ihm als Vertreter der Kölner Zeitung ein Gutachten zu schreiben.[155] Auch Felix Weil bot dem Maler seine Hilfe an: »Dass er mit seiner Arbeit unter Druck kommen werde, war vorauszusehen. George Grosz erfasste eben den Sinn seiner Zeit – jene Männer, die wie Maden aus dem verwesenden Leib seines Landes ans Licht krochen – er erfasste sie mit klinischem Blick.«[156] 1926 wurde er von Grosz gebeten, ihm für ein Porträt Modell zu sitzen. Es war Grosz' zweites Ölporträt nach dem berühmten von Max Herrmann-Neiße. Grosz malte seinen Mäzen in seinem Frankfurter Haus,[157] in lässiger Körperhaltung mit übereinandergeschlagenen Beinen, den Blick in die Blätter in seiner Hand vertieft. »Da waren wir also«, schrieb Felix Weil in Erinnerung an diese Sitzungen: »ein 33-jähriger sozial-kritischer Zeichner und ein 28-jähriger Argentinier, der die deutsche Volkswirtschaft heilen wollte: der arme Kleinbürger-Sohn und der reiche Großkaufmanns-Sohn.« Grosz hatte großzügig Lichtflächen auf Anzug und Stirn verteilt und dem weinroten Sessel, auf dem er saß, etwas Gebrauchtes und Eingesessenes gegeben. Das Bild steckte voller Anspielungen, die nur der Porträtierte verstand. Das Buch auf dem Bücherstapel neben dem Sessel war Jaroslav Hašeks *Schwejk*-Roman. Die Druckfahnen in seiner Hand gehörten zu Upton Sinclairs Roman-Manuskript *Die goldene Kette*, das Hermynia zur Mühlen gerade übersetzt hatte. Über den kleinen Bauchansatz, der sich unter der Anzugweste andeutete, teilte George Grosz ihrem gemeinsamen Freund Mark Neven mit, der hätte ihm zur vollen Ausgereiftheit als Sozialstifter bisher noch gefehlt.[158] Grosz schenkte ihm das Bild, als es fertig war. Im Blick zurück auf sein Leben wollte es Felix Weil scheinen, dass der 1959 verstorbene Maler sein bester Freund gewesen sei. »Bester, weil wir einander etwas zu geben hatten. Aus seinen Briefen konnte es scheinen, es ginge ihm nur ums Geld. ›Das Deinige‹, und dass ich dafür als Gegenleistung Bilder und mehr Bilder erwartete. In Wirklichkeit hatte ich ihm schon 1920,[159] als wir uns in Portofino Mare bei Castello Brown kennen und verstehen lernten, erklärt, dass wann immer er unter Druck gerate, er auf meine helfende Hand vertrauen könne. Und da ich kein Kunstsammler sei, er nicht mit Bildern zurückzuzahlen brauche. Mir genüge es zu wissen, dass ich einem Freund und einem der wichtigsten Maler unserer Zeit geholfen habe.«[160] Der Maler sah sich keineswegs nur als Bittsteller. Er betrachtete sich vielmehr als denjenigen, der Felix Weil hin und wieder seine Grenzen aufzeigen müsse, da er sonst nur von Jasagern umgeben sei. Dabei war Felix Weil in seinen

Urteilen selbst nicht gerade für besonders große Rücksicht auf die Empfindungen anderer bekannt. Ein Freund in Buenos Aires beschwerte sich einmal bitterlich bei seiner zweiten Frau Motte Jacoby darüber, dass Lix mit seiner Art noch die wohlwollendsten seiner Freunde kränke.[161] Felix Weils zweite Frau traf wohl den Nagel auf den Kopf, als sie dazu anmerkte, dass Lix nur Kritik von den Menschen akzeptierte, deren Autorität er als überlegen anerkannte.[162] Was durchaus kritisch gemeint war, aber auch so aufgefasst werden kann, dass Weil seinerseits nicht dazu neigte, Kritik, die ihm einleuchtete, als verletzend oder unangemessen zu empfinden. Kritik schien ihm Garant dafür zu sein, dass er keinen Schmeicheleien aufsaß. »Denn so und nur so verstanden wir Freundschaft«, sagte er auf George Grosz bezogen und bündelte in dem Satz zugleich die Essenz aller seiner Freundschaften. Dass sein Reichtum immer zwischen ihm und den anderen stand, wusste er ja von frühester Kindheit an. Immer noch diente ihm sein Vater als Beispiel, von dem ihm eine Anekdote unvergessen blieb, die ihn im Umgang mit zwei Hunden zeigte, ohne die er nach dem Tod seiner Frau nicht mehr das Haus verließ. Eines Tages wurde der kleinere der beiden überfahren. »Mein Vater, von dem Geschehnis schwer getroffen, glaubte seiner Liebe zu dem Hündchen nicht anders Ausdruck zu geben, als dass er die kleine Leiche, auf den Hinterfüßen stehend, ausstopfen ließ. Von da an, bis zu seinem Tod in 1927, stand, was ›Schnauzerchen‹ gewesen war, neben seinem Schreibtisch und abends neben seinem Bett, und so oft sah ich meinen Vater es streicheln, als ob es noch am Leben wäre. Ich glaube, ich verstehe, warum die beiden Hunde so von Liebe zu meinem Vater erfüllt waren. Wenn man bedenkt, welch große Rolle im Leben meines Vaters – und meinem – die Existenz, oder Fluch, des Reichtums spielte, so waren diese beiden Tiere die Einzigen, die ihn um seiner selbst willen liebten.«[163]

Stiller Teilhaber im Malik-Verlag

Auf dem ersten Theorieseminar des Instituts, jener legendären ersten marxistischen Arbeitswoche, die Pfingsten 1923 in der thüringischen Provinz stattfand, referierte Georg Lukács aus dem Manuskript zu *Geschichte und Klassenbewusstsein*. Der Malik-Verlag, der das Buch herausbringen wollte, konnte den Druck nicht in Auftrag geben. Es fehlten die Mittel. Der chronische Geldmangel des Verlags war ebenso legendär wie sein ambitioniertes Profil. 1917 von den Brüdern Wieland und Helmut Herzfelde – der unter dem Künstlernamen John Heartfield einer der bedeutendsten politischen Graphiker der Weimarer Republik wurde – gegründet, brachte Malik mitten im Krieg pazifistische Zeitschriften heraus, die von Heartfield typografisch gestaltet und von George Grosz illustriert wurden. Auch nach dem Krieg ging es mit Zeitschriften weiter, die im Ton provozierend und klassenkämpferisch und im Format neu und ungewöhnlich waren. Noch in der Gründungsnacht zum Jahreswechsel 1918/19 traten Grosz und die Brüder Heartfield/Herzfelde der KPD bei. Wieland Herzfelde verfolgte das Ziel, Malik als explizit kommunistischen, aber literarisch sowie künstlerisch ambitionierten Verlag zu etablieren. Die Geldgeber, die sein Vorhaben unterstützten, waren paradoxerweise ausgesprochen großbürgerlich. Zu ihnen gehörten der Bankier Hugo Simon, der Publizist und Mäzen Harry Graf Kessler und der Metallunternehmer H.C. Starck. Der in den Vereinigten Staaten aufgewachsene Julian Gumperz brachte 1921 als Gesellschafter mehrere tausend Mark in den Verlag ein.[164] Er war auch derjenige, der *Geschichte und Klassenbewusstsein* in das Verlagsprogramm aufnahm und Felix Weil als weitere Geldquelle gewann.[165] Malik erhielt nach der ersten marxistischen Arbeitswoche den Auftrag, alle im Seminar besprochenen Arbeiten zu publizieren. Neben *Geschichte und Klassenbewusstsein* waren das Karl Korschs bereits im Grünberg-Archiv veröffentlichte Arbeit über *Marxismus und Philosophie* sowie Karl August Wittfogels *Geschichte der bürgerlichen Gesellschaft*. Es sollte nicht bei einer auf

Einzelpublikationen beschränkten Unterstützung bleiben. Nach Lenins Tod im Januar 1924 hatte der Malik-Verlag mit der Herausgabe mehrerer Lenin-Editionen begonnen, bis plötzlich aus Moskau der Befehl kam, sofort die Produktion zu stoppen, denn für die deutsche Lenin-Werkausgabe war von der Komintern der Wiener Litpol Verlag auserkoren worden. Wieland Herzfelde gehorchte. Doch Julian Gumperz empörte die Einmischung derart, dass er sich mitsamt seiner Einlagen aus der Malik-Geschäftsführung zurückzog. Damit stand Herzfelde wieder vor dem Problem, das zum Funktionieren eines Verlags nötige Kapital in ausreichendem Maße zu besorgen. Er suchte Rettung in der Gründung einer Aktiengesellschaft und fand in Felix Weil einen Hauptaktionär. Weil hatte in Frankfurt gerade den Marx-Engels-Archiv-Verlag ins Leben gerufen und festgestellt, dass es gar nicht so einfach war, als Geschäftsführer eines schon dem Namen nach explizit marxistischen Verlags gegen den Widerstand des bürgerlichen Buchhandels in den Verlegerverein und in den Börsenverein des Deutschen Buchhandels aufgenommen zu werden.[166] Vor dem Kauf der Malik-Aktien beriet er sich noch mit Eduard Fuchs, der ein alter Hase im Verlagsgeschäft war.[167] Felix Weil konnte ihn überreden, sich mit fünf Prozent am Malik-Verlag zu beteiligen und ehrenamtlich den Vorsitz im Aufsichtsrat zu übernehmen. Er selbst erwarb 75 Prozent der Verlagsanteile. Die restlichen 20 Prozent teilten sich Wieland Herzfelde und Hans Frankl, einer der Angestellten des Verlags. Mit Fritz Pollock und Herzfeldes Schwiegervater war der Aufsichtsrat komplett.[168] An der ersten Hauptversammlung nahm Felix Weil allerdings nicht teil. Stattdessen tauchte dort der Bevollmächtigte eines gewissen F. W. Kools auf. Dass sich hinter diesem Namen ein Rotterdamer Import- und Export-Kaufmann verbarg, der dort in der Rotterdamer Filiale von *Hermanos Weil* gearbeitet und dem durch die im Kontext der Marx-Engels-Archiv-Verlagsgründung auftauchenden Probleme etwas vorsichtiger gewordenen Felix Weil bei linken Projekten als Strohmann gedient hatte, wusste Wieland Herzfelde damals nicht. Er erfuhr es vom ehemaligen Hauptaktionär seines Verlags erst viele Jahrzehnte später, 1971, als ihn dieser zum ersten Mal wieder anschrieb, seit Herzfelde 1949 die USA Richtung DDR verlassen hatte.

1926 war der Malik-Verlag in die Passauer Straße 3 gegenüber dem KaDeWe gezogen. Das neue Domizil bot ausreichend Raum für den auf 25 Personen angewachsenen Mitarbeiterstamm.[169] Die von John Heartfield gestalteten Schutzumschläge waren Maliks Markenzeichen geworden. Die reine Propagandaliteratur war aus dem Programm genommen worden. Man wollte sich mit der *Roten-Romane-Serie* auf Kunst und Literatur als Waffe im politischen Kampf konzentrieren.[170] Die Werke von John Dos Passos, Maxim Gorki und Upton Sinclair erfüllten exemplarisch diesen Anspruch. Mit den Prozessen, die jede neue George-Grosz-Graphik-Mappe begleiteten, stieg zwar die Popularität des Verlags, aber diese politischen Waffen verschlangen auch mehr Geld, als durch den Buchverkauf hereinkam. Upton Sinclairs dokumentarischer Roman *Boston*, der die Sacco-&-Vanzetti-Geschichte verarbeitete, sorgte 1929 für Maliks erste Gewinnbilanz.[171] Die beiden italienischstämmigen Anarchisten Sacco und Vanzetti waren 1927 für einen Raubmord an zwei Sicherheitsbeamten einer Geldtransportfirma, den sie 1920 begangen haben sollen, auf dem elektrischen Stuhl hingerichtet worden. Der Umstand, dass bei dem Prozess entlastende Hinweise nur unzureichend Beachtung fanden, ließ das Todesurteil wie einen politisch motivierten Justizmord erscheinen, was weltweit zu Protesten führte und von Künstlern, Theaterdramaturgen und Literaten in ihren Werken aufgegriffen wurde. Auch George Grosz zeichnete 1927 eine Version des Justizskandals, in der eine mit Blut beschmierte Freiheitsstatue statt der Fackel einen elektrischen Stuhl hochhielt. So hätte das Jahr 1929, in dem Malik zum ersten Mal in seiner Verlagsgeschichte einen Gewinn erzielte, als gutes Jahr in die Verlagschronik eingehen können, wenn es nicht auch das Jahr gewesen wäre, in dem die KPD unter Thälmann mit dem rechten Parteiflügel brach. Wieland Herzfelde weigerte sich, eine von Fuchs geplante Franz-Mehring-Werkedition herauszubringen, wenn an dieser Edition Paul Frölich und August Thalheimer mitwirkten, die nach ihrem Parteiausschluss in die neue linksradikale

Splitterpartei namens KP-Opposition eingetreten waren. Eine Mehring-Edition, bei der zwei KPOler mitarbeiteten, lehnte Wieland Herzfelde kategorisch ab. Doch Eduard Fuchs bestand ihm gegenüber auf Frölichs und Thalheimers Mitarbeit, da es sich bei beiden um Mehring-Spezialisten handelte, die den sozialistischen Historiker persönlich gekannt hatten, und erinnerte daran, dass das Verfügungsrecht über den Mehring-Nachlass bei ihm lag.[172] Der Malik-Aufsichtsrat schaltete sich ein und zitierte Herzfelde zu einer Sitzung nach Frankfurt.

1967 stieß Felix Weil in einem Katalog, den die *Deutsche Akademie der Künste* in Ostberlin im Rahmen einer Ausstellung über den Malik-Verlag herausgebracht hatte, auf eine Kontroverse, die mit eben jener Frankfurter Aufsichtsratssitzung in Verbindung stand.[173] Da er sich nicht erinnern konnte, ließ ihn die Stelle im Katalog ratlos zurück. Er griff das Thema in seiner Korrespondenz mit Herzfelde auf: »Auf Seite 44 des Malik-Katalogs berichtest Du über eine Kontroverse, die damit endete, dass die Aktien der Aufsichtsratsmitglieder an dich verkauft wurden. Wieso weiß ich denn gar nichts von dieser Episode?«[174] Josef ›Jola‹ Lang hatte ihm den Katalog in die Staaten gesendet. Der ehemalige sozialistische Widerstandskämpfer hatte in Frankfurt die Buchhandlung des gewerkschaftlichen Bund-Verlags geleitet und Weil im fernen Los Angeles in den vielen Jahren über alles auf dem Laufenden gehalten, was es in der BRD über das Institut oder die politischen Weggefährten zu berichten gab.[175] Über Herzfelde gab es zu berichten, dass er Präsident des Pen-Zentrums der DDR und Mitglied der Akademie der Künste sei, die auch die Ausstellung über seinen Verlag organisiert hatte. »Als Hitler ausbrach, besaß ich noch immer die große Mehrheit der Malik-Aktien und niemand hatte mir etwas dafür offeriert. Wessen Aktien hast du damals überhaupt gekauft?«, erkundigte sich Felix Weil bei Herzfelde. »Ich erinnere mich gar nicht, dass Fuchs welche hatte und ich weiß auch nicht, wer die anderen Aufsichtsratsmitglieder waren und wieviel Aktien sie hatten. Ich selbst war ja nie im Aufsichtsrat.«[176] Herzfelde antwortete, als ihn die Aufsichtsratsleute nach Frankfurt einbestellt hätten, sei ihm von Pollock mitgeteilt worden, dass er den Verlagsangestellten Hans Frankl als gleichberechtigten und gleichhonorierten kaufmännischen Direktor an die Seite gestellt bekäme. An der Spitze des Verlags gäbe es künftig einen Malik-Generaldirektor in der Person des Hauptaktionärs Felix Weil.[177] Dass sich Felix Weil nicht mehr an diese Episode erinnern konnte, hing damit zusammen, dass er den Coup des Aufsichtsrats, den Verleger zu entmachten, nicht mit ausgeheckt hatte, sondern davon ebenso überrumpelt worden war wie Herzfelde. Er hatte nicht mitgemacht, sondern Herzfelde – ohne vorher noch einmal Rücksprache mit Pollock oder Fuchs zu halten – einen Kredit zugesichert, falls es notwendig sein sollte, die Aktien der Aufsichtsratsmitglieder zurückzukaufen, um die Stimmenmehrheit im Aufsichtsrat zu erhalten und die Aufgabe als Verleger weiter wahrnehmen zu können.[178] Es war dieser erneute Kredit, durch den Herzfelde wieder zum Chef im eigenen Haus wurde.[179] Felix Weil blieb Mehrheitsaktionär. Er mischte sich aber nie ins operative Geschäft ein, sondern beschränkte sich darauf, Sinclair-Übersetzungsfahnen zu korrigieren oder John Heartfield bei den Buchumschlags-Collagen zu assistieren. Auf dem Cover des Sinclair-Romans *Das Geld schreibt* ist eine Großaufnahme seiner Hand zu sehen. Er war auch der Mann in Frack und weißen Gamaschen, der auf dem Umschlag von *So macht man Dollars* als Kapitalist das Dollarzeichen hochklettert.[180] Der Facette des ›geborenen‹ Mäzens – Zitat Grosz – fügte Wieland Herzfelde nun die des ›mitarbeitenden‹ Mäzens hinzu.[181] Er protestierte nicht, als Felix Weil 1929 in den Räumen des Malik-Verlags die *Soziologische Verlagsanstalt* anmeldete, wo von nun an die Bücher erschienen, die er selbst aus politischen Gründen nicht im Malik-Verlagsprogramm haben wollte.[182] Er war sogar einverstanden damit, dass die Soziologische Verlagsanstalt die Franz-Mehring-Werkedition mit Einleitungen von Frölich und Thalheimer in ihr Programm aufnahm. Ein weiterer Autor, der zum neuen Verlag hinüberwechselte, war Fritz Sternberg, dessen erstes Buch *Der Imperialismus* 1926 bei Malik erschienen war. Das Nachfolge-Buch *Der Imperialismus und seine Kritiker* kam nun in der Soziologischen Verlagsanstalt heraus. Auch Manabendra Nath Roys *Revolution und Konterrevolution in China* wechselte vom Malik-Verlag in die Soziologische Verlagsanstalt, nachdem der Verfasser aus der Partei ausgeschlossen worden war.[183] M. N. Roy galt als Pionier der indischen Freiheitsbewegung und hatte in den zwanziger Jahren im Auftrag der Komintern die von Sun Yat-sen geführte Kuomintang in China beraten. Felix Weil ließ Roys Beobachtungsbericht in den *Blättern der Piscator-Bühne* als ›Führer durch das chinesische Chaos‹ bewerben.[184] Das Buch, mit dem die Soziologische Verlagsanstalt aus der Taufe gehoben wurde und das dem künftigen Verlagsprogramm die Richtung wies, stammte allerdings nicht von einem ehemaligen Malik-Autor, der in der KP in Ungnade gefallen war. Vielmehr handelte es sich dabei um eine Neuübersetzung von Prosper-Olivier Lissagarays 1876 erschienenem *Pariser Kommune-Aufstand*. In der Ausgabe der Soziologischen Verlagsanstalt waren Lissagarays Geschichte die Briefe von Karl an Jenny Marx über die Kommune beigefügt, die im Rahmen der Kooperation mit dem Marx-Engels-Institut und dem SPD-Archiv in den Besitz des Instituts gelangt waren. Dass Felix Weil mit Lissagarays Pariser Kommune das verlegerische Programm seines neuen Verlags startete, wies darauf hin, dass in der Soziologischen Verlagsanstalt auch die Schätze aus den Magazinen, Sammlungen und Archiven des Instituts gehoben und dem Publikum zugängig gemacht werden sollten. Denn so wie jahrelange intensive Sammlungstätigkeit nicht bloß in der Absicht vorgenommen wurde, Material für künftige Forschungen zu liefern, fand auch die Weiterentwicklung der marxistischen Theorie nicht mit dem Sinn und Zweck statt, als Thema in Vorlesungssälen und Universitätsseminaren wiedergekäut zu werden. Weils neuer Verlag sollte keineswegs nur die wissenschaftliche Lücke füllen, die der Marx-Engels-Archiv-Verlag hinterlassen hatte. Mit der Soziologischen Verlagsanstalt verließ er den akademischen Raum und wandte sich an eine nichtwissenschaftliche Leserschaft.

Der Kaufmann von Berlin

George Grosz' Zeichnungen für das Bühnenbild von Erwin Piscators Inszenierung der *Abenteuer des braven Soldaten Schwejk*, von denen der Malik-Verlag siebzehn ausgewählte Motive in einer Hintergrund-Mappe herausbrachte, führten 1928 zum nächsten Prozess. Die Anklage dieses Mal lautete: Gotteslästerung.[185] Für eine Szene, in der zwei Soldaten auf ihren Pritschen lagen und über den Krieg schimpften, hatte George Grosz, durch die Unterhaltung der beiden Soldaten inspiriert, eine Christus-Figur in Militärstiefeln mit Gasmaske am Kreuz gezeichnet, der er den Titel *Maul halten und weiterdienen* gab. Die Spielzeit, die für George Grosz auf der Anklagebank endete, klang für Erwin Piscator in einem finanziellen Fiasko aus. Von Inszenierung zu Inszenierung war die bühnentechnische Ausstattung aufwendiger und teurer geworden. Außerdem hatte er sich vom Erfolg seiner ersten Bühne dazu verführen lassen, mitten in der Spielzeit noch ein zweites Theater anzumieten. Ein Konkursantrag der Steuerbehörde führte schließlich zur Schließung von Piscators erster eigener Bühne im Theater am Nollendorfplatz. Ein Kredit Felix Weils ermöglichte ihre Wiedereröffnung in der folgenden Saison. Otto Katz, der Verwaltungschef der Piscator-Bühne, hatte den Frankfurter Mäzen um 50.000 Mark Anschubfinanzierung gebeten. Sobald das erste Stück der neuen Spielzeit auf der Bühne wäre, würde es sich durch die Eintrittspreise weiter finanzieren. Felix Weil empfand es als wenig realistisch, dass diese Summe bis zur Premiere ausreichte, wenn alles in Bühnenapparate floss. Und überhaupt – was brauchte es teure Bühnentechnik und Apparaturen, wenn eine Zeichnung wie George Grosz' *Christus mit Gasmaske* das Bühnenstück in die Presse, in den Gerichtssaal und in die Köpfe der Leute trug? Von Otto Katz wurde ihm versichert, dass die Apparatur der ersten Bühne noch komplett vorhanden und einsetzbar sei.[186]

Die Spielzeit der zweiten Bühne eröffnete mit dem Inflationsdrama *Der Kaufmann von Berlin*. Walter Mehring hatte Shakespeares *Kaufmann von Venedig* in die deutsche Inflationszeit verlegt. Mit László Moholy-Nagy holte sich Piscator einen Bühnenausstatter aus der Bauhaus-Bühnenwerkstatt, der in Dessau mit Walter Gropius und Oskar Schlemmer an einem ›Theater der Totalität‹ experimentierte. Und dann passierte, was Felix Weil vorausgesagt hatte: Es kam zur Kostenexplosion. Das Bauhaus-Experiment ging auf der Bühne im Nollendorfplatz-Theater weiter. »Der Prof. Moholy-Nagy hat sich als ein kompletter Nichtskönner erwiesen«, informierte er George Grosz, der sich zum Zeitpunkt der Premiere in Lugano aufhielt, »er hat für Tausende und Abertausende von Mark Material veranlasst und man hat es, als es Erwin zu Gesicht bekam, auf den Hof schmeißen müssen, weil es absolut nicht brauchbar war. So hat er z. B. dem gleich im Anfang vorkommenden Wurstmaxen statt eines kleinen Kästchens ein so großes Häuschen gebaut, dass man es als Week-end-Haus sehr gut hätte benutzen können und was dergleichen Blödsinn mehr ist.«[187] Dass ihn die Verschwendung erboste, war verständlich: er zahlte schließlich die Rechnungen. Der von ihm gescholtene László Moholy-Nagy hatte sich eine gigantische Bühnenapparatur einfallen lassen. Mit Flächen für die kinetischen Elemente, die zentraler Bestandteil der Inszenierung waren. Den gerade aus Lemberg eintreffenden Ostjuden Simon Kaftan bekamen die Zuschauer im Saal im Moment seiner Ankunft zunächst einmal in einem auf die Bühne projizierten Film zu sehen. Kaftan streifte durch die tristen Stadtviertel im Osten Berlins, bevor er leibhaftig auf der Theaterbühne erschien. Gespielt wurde auf drei Ebenen, die über zwei mechanisch herauf und herab fahrende Brücken miteinander verbunden waren und schnelle Szenenwechsel sowie das Spiel auf mehreren Ebenen ermöglichten. Auch Piscators Laufbänder kamen zum Einsatz. Sie wurden von Moholy-Nagy auf zwei Drehscheiben montiert. Je nach Drehung der Bodenscheiben ließ sich so die Illusion großer Geschwindigkeit und Bewegung auf der Bühne erzeugen.[188] »Die Stadtbahn fährt über die Brücke zum Bahnhof Alexanderplatz. Die Untergrund-Bahn läßt ihr U leuchten. Die Trams läuten. Die Autos hupen«, schwärmte bei der Uraufführung der Kritiker der *Frankfurter Zeitung* über die ›Wirklichkeit des Augenblicks‹, die von der Bühnenapparatur eingefangen würde.[189] Doch die wenigsten seiner Kollegen teilten seine Begeisterung. »Eine ungeheure Arbeit steckt in diesen Bühnenkonstruktionen und Filmstreifen«, bedauerte zum Beispiel der bekannte Theaterkritiker Herbert Ihering. »Aber ein Mittel, das geschaffen wurde, um dramaturgische Hilfe zu geben – und sie am Anfang auch gibt – schlägt sie schließlich nieder. Man ist verwirrt. Man kennt sich nicht mehr aus.«[190] Was Ihering verwirrte und warum er sich nicht mehr auskannte – das bekam George Grosz von Felix Weil in allen Einzelheiten beschrieben: »Ich kann dir nur sagen, dass der alte Fehler Erwins, zu sehr in die Technik verliebt zu sein, auch hier wieder im alten Glanze auferstanden ist. (…) Das Publikum sah nur noch Drehbühne, laufende Bänder, kaputt gehende Bänder, herunterkommende Brücken, steckenbleibende Brücken, raufkommende Versenkungen. Gott sei Dank weiß das Publikum ja nicht, wie die Sache eigentlich gemeint ist und glaubt also auch, die Fehler gehörten dazu. So passierte es z. B., dass ein an sich sehr netter Trickfilm über ›Fridericus Rex‹, der auf die tanzenden ›Weisen von Zion‹ projiziert werden sollte, aus Versehen ›ein Pferd zu früh‹ losging, wo überhaupt noch von Fridericus gar nicht die Rede war, und somit nicht wirkte. Dergleichen Zwischenfälle passierten, wie bei Erwin'schen Premieren üblich, noch öfters, z. B. der ›Schwarze Reichswehr-Chor‹ sang den ersten Teil seines Couplets noch halb in der Versenkung stehend, also nur mit dem Oberkörper auf dem Bühnenboden, und erst gegen Schluss des Couplets ging die Versenkung auf einmal ganz hoch.«[191] Die Kritik in der Presse schien ihm angesichts der vielen Schwächen des Stücks sogar noch gnädig auszufallen. »Ich hätte mich nicht gewundert«, schrieb er Grosz, »wenn das schwache Stück und die nichtfunktionierende Technik einen vollständigen Reinfall bedeutet hätten; merkwürdigerweise aber ist das nicht der Fall. Kerr hat sogar sehr positiv über das Stück geschrieben, und gerade von dem hätte ich am meisten eine ablehnende Kritik erwartet. Dass die Rechtspresse über das Stück und Erwin herfallen wird, konnte man nicht anders erwarten, – erstens über Erwin überhaupt und zweitens werden in dem Stück ja die ganzen

Gefühle nationaler Herrschaften mit Füssen getreten. Dass die Linkspresse, also speziell unsere Parteipresse nicht befriedigt sein würde, konnte ich auch erwarten, denn wenngleich Erwin am Schluss die rote Fahne projiziert, die mit dem sonstigen Inhalt des Stückes nicht das geringste eigentlich zu tun hat, so war mir doch klar, dass sie aussetzen würden, und zwar in diesem Fall mit Recht aussetzen würden, dass die ökonomischen und die Machtverhältnisse zu wenig vorkommen. Man sieht nur den ostjüdischen Schieber und den christlichen Schieber, aber dass die eigentlichen Nutznießer und Hervorbringer der Inflation die Schwerindustrie war, wird nicht gezeigt, sondern nur an einer Stelle, im Schluss-Couplet, gesagt.« Felix Weil schätzte den Erfolg des Stücks ganz realistisch ein: »Alles in allem kann man sagen: ein mittlerer oder untermittelmäßiger Erfolg, der zwar auch angesichts des bisschen Theaterskandals, den es bei der Premiere gab, das Stück einige Wochen auf dem Spielplan halten wird, aber wahrscheinlich nicht drei bis sechs Monate, wie man gerechnet hat. Wie es dann weitergehen wird, wird man sehen.« Es hatte sich herumgesprochen, dass ein geheimnisvoller Frankfurter Finanzmann im Hintergrund wirkte, der Piscator anscheinend jeden Wunsch erfüllte. Die Kritiken reagierten spitz. Und in einer stand: »Vermutlich hat dieser neue Bluff schon erhebliche Teile des der Bühne zur Verfügung stehenden Geldes verschlungen.«[192] Und tatsächlich hatte der *Kaufmann von Berlin* bis zur Premiere 250.000 Mark verschlungen. Fünf Mal so viel, wie von Otto Katz, dem Verwaltungsdirektor der Piscator-Bühne, veranschlagt worden war. George Grosz erwähnte die stolze Summe in einem seiner Briefe an Mark Neven DuMont, der seit 1925 in London lebte und die Pleiteposaune nicht hören konnte, die bereits knapp drei Wochen nach der Premiere über Piscators Inszenierung ertönte.[193] Bisher hatte Felix Weil jeden Scheck unterzeichnet. Nun kündigte er an, dass er für die nächsten Inszenierungen als Finanzier nicht mehr zu Verfügung stünde. Und schon kam es unter den Berliner Kaufleuten zum Krach. Ludwig Klopfer, der Pächter des Theaters am Nollendorfplatz, setzte das Stück drei Wochen nach der Premiere ab und erteilte Piscator in seinem Haus Inszenierungsverbot.

Panzerkreuzer Potemkin

Nach der Schließung der zweiten Piscator-Bühne wechselte ihr Verwaltungsdirektor Otto Katz zur *Universum Bücherei für alle*, dem kommunistischen Gegenstück der gewerkschaftlichen Büchergilde Gutenberg. Die Bücherei gehörte zum Print- und Medienkonzern Willi Münzenbergs, der seine Parteikarriere 1919 als württembergischer KP-Bezirksleiter und Vorsitzender der Kommunistischen Jugendinternationale begonnen hatte, im Kreis um Clara Zetkin, zu dem auch der junge Felix Weil stieß. Münzenbergs Aufruf zum ersten Jahrestag der Revolution hatte im Oktober 1919 die württembergische Landesregierung nervös gemacht und zur Verhaftung der politisch aktiven Studenten an der Uni Tübingen geführt. Auch gegen den Verfasser des Pamphlets lag in Stuttgart ein Haftbefehl vor. Münzenberg erfuhr davon aus der Zeitung, als er sich im Zug auf der Rückreise vom 2. KPD-Parteitag befand. Statt in Stuttgart auszusteigen, blieb er im Zug sitzen und reiste nach Berlin weiter. Hier stieg er in den nächsten Jahren vom Organisator der *Internationalen Arbeiterhilfe* zum Propagandachef der KP auf. Die Zeitschrift *Sowjetunion im Bild*, über die im Rahmen der Internationalen Arbeiterhilfe an die Spendenbereitschaft der Leser appelliert wurde, baute Münzenberg nach dem Erwerb des Neuen Deutschen Verlags zur populären *Arbeiter Illustrierte Zeitung* aus, die in ihren besten Zeiten wöchentlich hunderttausende Leser erreichte. Später kamen noch die kommunistischen Tageszeitungen *Welt am Abend* und *Berlin am Morgen* hinzu.[194] Die Universum Bücherei für alle war das bürgerliche Flaggschiff seines kommunistischen Medienunternehmens. Ihrem literarischen Beirat gehörten Weggenossen an, die mit dem Kommunismus sympathisierten, aber selbst keine Parteimitglieder waren. Künstler, Intellektuelle, Bühnen-Berühmtheiten, Schriftsteller und Persönlichkeiten wie Albert Einstein und Käthe Kollwitz, die für die Ziele der Kommunistischen Partei wesentlich besser als die hölzernen und doktrinären Funktionäre werben konnten. Noch 1929 und 1930, nachdem der

Bruch mit dem rechten Flügel erfolgt war, brachte Münzenbergs Universum Bücherei die Autoren der Soziologischen Verlagsanstalt inklusive der umstrittenen Franz-Mehring-Edition heraus. Auch wenn Münzenberg in Felix Weils Aufzeichnungen nicht namentlich erwähnt wird, hatten beide schon 1926 miteinander zu tun, als Münzenberg seinen Medienkonzern um zwei Filmfirmen erweiterte. Eine war die *Prometheus-Film*, aus der er einen Verleih für sowjetische Filme machen wollte. Die Russen zeigten sich zunächst wenig kooperativ. Sergej Eisensteins *Panzerkreuzer Potemkin* boten sie ihm erst an, nachdem alle bürgerlich-kapitalistischen Verleiher abgewinkt hatten, weil sie kein Geld in die deutsche Fassung eines Films investieren wollten, der es vermutlich nicht durch die Zensurstelle schaffen würde. Münzenberg hatte bei der Vorführung auf Anhieb das Meisterwerk erkannt. Doch sah er auch, dass der Film, damit die Massenszenen ihre Wirkung entfalteten, noch einmal neu überarbeitet und mit großer Orchestermusik ausgestattet werden müsste. Seine Anfrage, ob er die Leihgebühren in Rubel bezahlen könne, lehnte Moskau ab. Rubel hätte man selbst, man bräuchte Devisen.[195] Aber alleine schaffte Münzenberg die Finanzierung nicht.

»Ein Mann kam an meinen Tisch«, erinnerte sich Felix Weil ein halbes Jahrhundert später nur noch vage an jenen Tag, an dem er bei Schwanecke, dem Künstlertreff in der Rankestraße, die Beteiligung an der deutschen Fassung des *Panzerkreuzer Potemkin* angeboten bekam. Der Mann kann nur Willi Münzenberg gewesen sein. Felix Weil ließ sich von ihm den in Europa noch gänzlich unbekannten Film von Sergej Eisenstein zeigen und sagte zu.[196] Der Regisseur Phil Jutzi überarbeitete die deutsche Fassung. Die Filmmusik lieferte Edmund Meisel, der auch die Musiken zu Piscators politischen Revuen *Roter Rummel* und *Trotz alledem!* komponiert hatte. Binnen zwei Monaten war ›Panzerkreuzer Potemkin‹ vorführfertig. Und wie erwartet verhängte die Prüfstelle, nachdem sie sich von der Macht der Bilder überzeugen konnte, ein deutschlandweites Vorführverbot, da mit dem Film Einfluss auf die politische Wirklichkeit ausgeübt würde.[197] Der von Münzenberg engagierte Anwalt Paul Levi widersprach dem sofort und zitierte den berühmten Satz Rosa Luxemburgs, dass Revolutionen nicht gemacht würden, sondern ausbrächen, wenn die Verhältnisse reif dafür seien.[198] Da sich auch der von der Prüfstelle als Sachverständiger hinzugezogene Großkritiker Alfred Kerr für die künstlerische Qualität des Films aussprach, gab man ihn schließlich doch frei. Das Verbot im Vorfeld hatte die Spannung erhöht. Zur Premiere standen die Menschen vor dem Apollo-Theater Schlange. Wenige Tage später lief der Film schon in 25 Berliner Kinosälen an. Dann waren es 250 Häuser, die Kopien beantragten. Filmtheater, die etwas auf sich hielten, mieteten große Orchester an und verpflichteten Edmund Meisel als Dirigenten. Im Malik-Verlag kam das Buch zum Film heraus. Felix Weil hielt in seinen Erinnerungen fest: »Als der Film abgespielt war und wir die Partnerschaft auflösten, bekam ich meine Einlage mit einem ansehnlichen Gewinn zurück.«[199] Die Produktion des Stummfilms *Jenseits der Straße* (1929) deutet darauf hin, dass die Zusammenarbeit zwischen der Prometheus-Film und Felix Weil wieder aufgenommen wurde. Denn die Außenaufnahmen des Bettler-Melodrams, das eigentlich im Hamburger Hafenmilieu spielte, wurden in Rotterdam gedreht. Nebenbei fielen bei den Dreharbeiten fünf Kurzfilme über Rotterdams Hafen, Wasserstraßen und Brücken ab.[200] Die Kurzfilme, die normalerweise im Vorprogramm der Filmtheater gezeigt wurden, waren in diesem Fall so uninspiriert, dass sie gleich im Archiv der Prometheus-Film verschwanden. Als wären sie nur pro forma gedreht worden, um auf Nachfrage eine Erklärung parat zu haben, warum sich ein Rotterdamer Exportkaufmann an der Kinoproduktion eines in Berlin angesiedelten kommunistischen Filmverleihs beteiligte.[201] Im gleichen Jahr, in dem *Jenseits der Straße* produziert wurde, brachte Felix Weil die Bücher der Soziologischen Verlagsanstalt in Münzenbergs Universum Bücherei unter.

*

Weil beherrschte die Klaviatur politischer Doppelstrategien, die er schon in seiner Studentenzeit in Tübingen ausprobiert hatte, inzwischen mit spielerischer Leichtigkeit. Während er im Malik-Verlag Fahnen las und John

Heartfield bei den Fotocollagen für die Buchumschläge assistierte, brachte er in der Soziologischen Verlagsanstalt die Bücher jener Autoren heraus, die Malik aus politischen Gründen nicht mehr im Programm haben wollte. Es flog nie auf, dass er in dieser Zeit auch heimlich die KP-O unterstützte. Er beglich mehrmals die Schulden ihrer Verlagsgenossenschaft, damit deren Wochenblatt *Gegen den Strom* weiter erscheinen konnte.[202] Und zur gleichen Zeit bekam die kommunistische Partei Argentiniens von ihm Geld für den Bau ihres Parteisitzes.[203] Er scherte sich nicht um die Macht-, Flügel- und Fraktionskämpfe in der kommunistischen Linken. Einerseits stand er weiterhin mit dem Lateinamerika-Büro der Komintern in Verbindung, andererseits versuchte er Leo Trotzki als Autoren für die Soziologische Verlagsanstalt zu gewinnen. Dies allerdings misslang ihm, da er für seine Anfrage versehentlich einen Bogen des Malik-Verlags verwendet hatte, woraufhin ihm Trotzki wütend mitteilte, dass er es vorzöge, seine Bücher in bürgerlichen Verlagen herauszubringen. Erstens zahlten sie mehr und zweitens käme es für ihn nicht in Frage, in einem Verlag zu publizieren, dessen Verleger Mitglied in der Kommunistischen Partei war.[204]

Letzte Tage in Berlin

1923 hatte Käte Weil noch an der ersten marxistischen Arbeitswoche teilgenommen. 1928 ließ sich das Ehepaar scheiden.[205] In den acht Jahren ihrer Ehe hatten sich die beiden immer mehr auseinandergelebt. Doch Felix Weil betonte, dass sie nach ihrer Trennung freundschaftlich miteinander verbunden blieben. Käte heiratete bald wieder und war nun Baronin Katharina von Hirsch. Ihr neuer Mann Donald von Hirsch gehörte der deutschen Gesandtschaft in Prag an. Da Frank bei der Mutter blieb, löste Felix Weil den Frankfurter Wohnsitz auf und zog im Januar 1929 nach Berlin, wo er sich in der Passauer Straße aus praktischen Erwägungen eine Wohnung in dem Haus mietete, in dem auch der Malik-Verlag untergebracht war. Er wohnte nun wieder in der Nähe seiner Schwester Anita, die sich in Wilmersdorf von dem Berliner Architekten Paul Zucker eine Stadtvilla hatte bauen lassen. Dort lebte sie mit Sohn und zweitem Mann, der sich Fedor Phillip Gonzala nannte. »Phillip war vermutlich echt«, schreibt Iris Brendel über den Namen ihres Vaters und fährt fort: »Der Name Gonzala existierte meines Wissens nur in der Operette *Maske in Blau*, wo er sich besser mit Südamerika reimt als Gonzalez.« Ihre Mutter hatte Fedor Phillip Gonzala wie schon den ersten Mann als noch ganz junges Mädchen in dem Offizierslazarett des Großvaters kennengelernt. Der schöne Fedor hatte sich ihr gegenüber als ›mexikanischer Filmstar‹ ausgegeben, ohne ein Wort spanisch zu sprechen, und behauptet, an der Seite von Pola Negri gedreht zu haben. Doch die Geschichten über seine abenteuerliche Vergangenheit waren der Tochter zufolge genauso erfunden wie sein Name – was nicht hieß, dass er nicht eine ganze Reihe Qualitäten besaß, die echt waren. Er war tätowiert, liebte klassische Musik, konnte steppen und war irgendwann zur See gefahren. Felix Weil hatte seiner Nichte bestätigt, einmal das Kapitänspatent ihres Vaters gesehen zu haben. Fragte man ihn, was er beruflich machte, sagte er, er schreibe an einem Werk. Weshalb ihn die Frauen für Jack London oder B. Traven hielten. »Mein splendider Vater – später nannte ihn die Mutter nur noch ›den Goldfasan‹ – hatte viele, viele Affären, die von allen außer von der Mutter bestaunt und kommentiert wurden. Als sie endlich dahinter kam, ließ sie sich scheiden, heiratete ihn aber wieder, angeblich weil ich auf dem Weg war (…) Sie und mein Vater kannten Gott und die Welt und hielten rauschende Feste«, beschrieb Iris das Leben, das ihre Eltern im Berlin der zwanziger Jahre führten. Der Philosoph Max Scheler, Brecht, Brechts spätere Frau Helene Weigel, eine Schulfreundin ihrer Mutter, wie auch Alice Zuckmayer gingen in dem Haus ein und aus. »Es war ein Kleid der Mutter, das Alice Zuckmayer zur Premiere des *Fröhlichen Weinbergs* trug. Das *Budapest Quartett* übte im Wintergarten. Dutzende angehende Künstler lebten auf Kosten der Mutter: es machte nur einen Dollar in der Woche aus!«

In den Schilderungen der Tochter vom Berliner Boheme-Leben der Mutter taucht deren Bruder Felix nicht auf. Anitas Lebenswandel unterschied sich ganz offensichtlich von dem ihres Bruders. Aber unter den Besuchern ihrer Wilmersdorfer Villa stieß man durchaus auf Namen, die Felix Weils Umfeld zuzuordnen waren. Susanne Leonhard-Bronski zum Beispiel brachte bei Felix Weils Schwester ihren kleinen Sohn Wowa unter, der unter seinem richtigen Namen Wolfgang Leonhard ein bekannter Historiker werden sollte.

*

Anfang April 1930 stand bei Felix Weil die nächste Argentinienreise an. Er hätte sie gerne verschoben. Die Gesellschaft für Sozialforschung wartete zu diesem Zeitpunkt noch auf die schriftliche Bestätigung, mit der die philosophische Fakultät die Ernennung Max Horkheimers zum Ordinarius akzeptieren sollte. Außerdem kamen in der Soziologischen Verlagsanstalt gerade die nächsten vier Bände der Franz-Mehring-Edition heraus. Weil fühlte sich – wie so oft schon – aus seiner Arbeit gerissen. Doch Flegenheimer, ihr Rotterdamer Filialdirektor, drängte. Im Krisenjahr 1929 war der Getreideexport bei *Hermanos Weil* eingebrochen. Die beiden großen Konkurrenten, Bunge & Born und Louis Dreyfus, hatten mit dem Bau von Silos und Verladestationen begonnen. Um konkurrenzfähig zu bleiben, müssten sie ihr eigenes Getreidehaus modernisieren. Flegenheimer empfahl Felix Weil, die zwanzig Tage auf hoher See zu nutzen, um in Ruhe darüber nachzudenken, was zu tun sei.

Seinen letzten Abend in Berlin verbrachte Felix bei Piscator im Wallnertheater, wo der schon im zaristischen Russland gefeierte Wsewolod Meyerhold mit dem Stück *Brülle, China!* gastierte. In den Olymp der Theaterregisseure war Meyerhold bereits dreizehn Jahre früher mit seiner Inszenierung von *Maskerade* aufgestiegen, Lermontovs dramatischer Anprangerung der korrupten St. Petersburger Adelsgesellschaft, von Meyerhold nach fünf Jahren Vorbereitung im Februar 1917 mit zweihundert Schauspielern in dem Moment auf die Bühne gebracht, in dem das Stück wie ein von der Wirklichkeit entzündeter Molotowcocktail wirkte, weil am Premierentag in Petrograd zaristische Truppen auf Arbeiter schossen und die Revolution begann.[206] Meyerhold teilte mit Piscator die Vorstellung von einem totalen Theater und experimentierte noch vor ihm mit großen kinetischen Bühnenapparaturen. In Berlin feierten ihn die Kritiker als bedeutendsten russischen Theatermacher, was den großen Regisseur aber nicht davor bewahrte, zehn Jahre später dem stalinistischen Terror zum Opfer zu fallen. Zum Schluss von *Brülle, China!* hatte sich an jenem Abend im Wallnertheater das gesamte Premierenpublikum erhoben, um mit den Darstellern die Internationale zu singen. Nach dem Stück lud Felix Weil alle ins nahegelegene Alkazar ein, den Jazzclub im *Palais de Danse.* Grosz berichtete Mark Neven DuMont von dem Abend.[207] Mit jeder Runde Wein sei die Stimmung gestiegen, womit dem Stück – wie Grosz in der ihm eigenen Art trocken anmerkte – eine ziemlich kurze Propagandakraft innewohnte. Als sie gehört hätten, dass der gute Lix wieder einmal zu einer seiner Reisen nach Buenos Aires aufbräche und etwas länger als sonst wegbliebe, wurde sofort Wein nachgeordert, um den Gönner des Abends gleich mit zu feiern.[208] Keine Spur von Abschiedsstimmung lag an diesem Aprilabend des Jahres 1930 in der Luft. Dass das Wallnertheater die Bühne, auf der an diesem Abend Meyerhold gastierte und sonst Piscator seine Stücke inszenierte, in der vergangenen Saison den Nationalsozialisten für Joseph Goebbels *Blutsaat* freigemacht hatte – nicht einmal das konnte die Laune der Freunde trüben. Denn pöbelnde SA vor dem Theater war bei linken Inszenierungen fast schon Teil der Premierenfolklore. George Grosz irritierte an diesem Abend weit mehr, dass das Alkazar einem Verwandten von Lix gehörte, was eigentlich nicht zu der Plan- und Einteilungssucht passte, die typisch für Lix war und dafür sorgte, dass die unterschiedlichen Welten, in denen er sich bewegte, bisher nie miteinander in Berührung gekommen waren.[209]

1930–1950

Ende der Getreide-Ära

Der Hauptsitz der Getreidefirma *Hermanos* Weil y Cía lag im Finanzdistrikt von Buenos Aires. In der Reconquista-Straße, der Bankenstraße, nicht weit weg vom Hafen.[210] Die Firmenräume waren 1930 noch dieselben, die Hermann Weil 1898 von Mosco Z. Danon übernommen hatte. Sogar das alte Messingschild des Vorbesitzers hing noch an seinem angestammten Platz neben dem Eingangsportal. Hermann Weil hatte es nur umgedreht und auf die Rückseite den eigenen Firmennamen eingravieren lassen.[211] Auch sonst hatte sich in der geschäftigen Reconquista-Straße in den vergangenen dreißig Jahren nicht allzu viel verändert. Hinter etwas heruntergekommenen klassizistischen Fassaden drängten sich zwischen den Bankgebäuden immer noch viele kleine und mittelgroße Getreideexportfirmen. Die Moderne fing allerdings gleich an der nächsten Straßenecke an, wo sich die Reconquista-Straße mit der Avenida Corrientes kreuzte, einer jener Hauptachsen, die auf den Hafen zuliefen und im Rahmen der städtebaulichen Planung seit Jahren verbreitert wurden, was zum Abriss von zahlreichen Gebäuden führte. Im Hafen von Buenos Aires stand in fast schon musealer Pracht die 1902 errichtete Getreidesilo-Anlage der Firma Bunge & Born, deren architektonische Wucht Walter Gropius im Jahrbuch des deutschen Werkbunds 1913 zu einem Vergleich mit den Bauten des alten Ägyptens angeregt hatte. Ähnlich eindeutig wie bei den alten ägyptischen Tempeln würde jedem Betrachter sofort der Sinn des Gebäudes begreiflich.[212] Eindeutig begreiflich wurde Felix Weil beim Betrachten der Getreidesilo-Anlage, wie weit ihre Firma seit den Tagen des Exportbooms hinter Bunge & Born und Louis Dreyfus zurückgefallen war. Schwere Krankheiten hatten alle drei Gebrüder Weil viel zu früh abtreten lassen. Ferdinand starb schon 1910, Samuel 1922 und Hermann Weil 1927 – nicht einmal 60-jährig.[213] Von *Hermanos Weil* war kein Bauwerk hinterlassen worden, dessen architektonische Wucht die Macht und Stärke der Firma in der Vorkriegsära widerspiegelte. Die nächste Generation verwaltete nur, was da war, ohne sich selbst von den Energien der Gründer anstecken zu lassen. Wachstumszahlen wie in der Belle Epoque, in der *Hermanos Weil* zur Weltmarktfirma aufgestiegen war und Bunge & Born die Industriekathedrale am Hafen errichtet hatte, wurden nach Kriegsende 1918 ohnehin nicht mehr erreicht. Der Markt für Getreide war volatiler und unübersichtlicher geworden.

Bei *Hermanos Weil* waren die Probleme zu einem großen Teil aber auch selber verschuldet. Statt einen Mann von außen zu holen, der die Modernisierung der Firma hätte betreiben können, setzte man allzu lange auf den Sohn des Firmengründers. Selbst als dieser nach seinem Argentinien-Jahr 1920/21 den Chefsessel in der Filiale von Buenos Aires dem Rosario-Direktor Jorge Valois überließ – sicherlich nicht zum Nachteil der Firma –, war ihnen das kein ausreichend deutliches Warnsignal gewesen, dass sie auf den falschen Mann gesetzt hatten.[214] Als sich Jorge Valois 1926 altersbedingt aus der Firma zurückzog, blieb der Chefsessel in Buenos Aires unbesetzt, weil es Felix Weil vorzog, die Buenos-Aires-Filiale von Frankfurt aus beziehungsweise zwischen Frankfurt und Rotterdam pendelnd zu leiten. Nach Buenos Aires kam er nur zu den zwei Aktionärsversammlungen der Jahre 1925 und 1928. Solange argentinischer Weizen konstant einen Anteil von zwanzig Prozent am weltweiten Weizenmarkt hielt und Europa größter Absatzmarkt blieb, machte sich im operativen Geschäft der verwaiste Chefsessel in Buenos Aires zunächst nicht sonderlich bemerkbar. Erst im Krisenjahr 1929, als die Getreidenachfrage weltweit einbrach und tonnenweise Jutesäcke voller Weizen an den Eisenbahnstationen im Land verdarben, bekamen auch die leitenden Herren bei *Hermanos Weil* zu spüren, dass jahrelang ohne langfristige Strategie gearbeitet worden war. Jetzt fehlte dem Stammsitz ein erfahrener Krisenmanager. Samuel Weils Sohn Pedro war der Einzige aus der zweiten Generation, der fest in der Firma arbeitete. Aber der 1905 Geborene war noch zu jung, um 1929 beim Ausbruch der Krise mit einem fertigen Krisenplan aufwarten zu können. Als Felix Weil und Julius Flegenheimer im April 1930 in Buenos Aires zur Krisensitzung eintrafen, hatten Bunge & Born und Louis Dreyfus schon überall in der Pampa ihre Getreidespeicher stehen und konnten die Ernten der unter Druck geratenen Getreideproduzenten zu Preisen aufkaufen, die weit unter den Produktionskosten lagen, da sie nun in der Lage waren, das Getreide zu lagern und einen Anstieg der Preise bei wieder wachsender Nachfrage abzuwarten. »Wenn wir das nicht auch sofort tun, werden wir keine ernsthafte Konkurrenz für sie mehr sein«, sagte Flegenheimer, als er sich in Buenos Aires mit Felix Weil traf, um abzusprechen, wie sie weiter vorgehen wollten, bevor sie sich mit den übrigen Aktionären zusammensetzten. »Aber dazu müsste die Firma ihr Kapital erhöhen«, fuhr er fort, »und zwar um 5 bis 10 Millionen Pesos. Ich bezweifle, dass die jetzigen Aktionäre noch so viel Kapital in die Firma stecken können oder wollen. Es müsste also vom Kapitalmarkt kommen, und ich glaube nicht, dass sich genügend Interessenten finden lassen.« »Eine solche Lösung würde auch bedeuten, dass ich hauptsächlich hier in der Firma sein müsste«, warf Felix Weil ein. »Und das will ich nicht. Unter keinen Umständen.«[215] Er hatte seinem Vater mit 22 Jahren vor seiner Hochzeitsreise nach Argentinien zwar das Versprechen gegeben, sich um die Belange der Firma zu kümmern. Er hatte ihn aber immer wissen lassen, dass er das nicht lebenslang tun würde. Nun war er zehn Jahre älter. Schon auf der letzten Aktionärsversammlung 1928 hatte er den Miterben und Partnern von *Hermanos Weil* empfohlen, eine namenlose Finanz- und Wirtschaftsgesellschaft zu gründen, um sich von den Schwankungen auf dem Getreidemarkt unabhängig zu machen. Der Vorschlag war bei den anderen auf Zustimmung gestoßen. Noch im selben Jahr wurde die *Sociedad Anónima Financiera y Comercial* – kurz: SAFICO – ins Leben gerufen, mit der Weil den Ausstieg aus dem Getreidehandel einleitete. Die Anteile an SAFICO zeichneten die acht *Hermanos-Weil*-Aktionäre in dem gleichen Verhältnis wie an ihrer Getreidefirma: Felix Weil und seine

Schwester mit 50 Prozent. Julius Flegenheimer und Sigismundo Edelweiß mit je 5 Prozent; Carlota Weil und ihre Mutter mit den 20 Prozent, die ihnen Ferdinand Weil vermacht hatte. Pedro und seine Mutter Alicia mit den 20 Prozent aus dem Erbe Samuel Weils.

*

Selbst Flegenheimer begrüßte die geplante Liquidation ihres argentinischen Getreideexportunternehmens. Die besten Zeiten des freien Handels seien ohnehin vorbei. Seiner Meinung nach würde der argentinische Staat unter den verschlechterten Terms of Trade dem Treiben privatwirtschaftlicher Getreideexport-Monopolisten nicht mehr lange untätig zusehen.[216] Doch zunächst nutzte die argentinische Regierung nur den Mechanismus der Devisenkontrolle für die Sanierung des argentinischen Staatshaushalts, die infolge der Weltwirtschaftskrise notwendig geworden war. Und solange sich die staatliche Regulierung auf den Import bestimmter Produkte wie Baumwolle oder Bau- und Kunststoffe beschränkte, durch deren Einfuhrbeschränkung die einheimische Produktion in diesen Sektoren angekurbelt werden sollte, konnten die Weils von diesen importsubstituierenden Maßnahmen des argentinischen Staates sogar profitieren, sofern sie das im Zuge der *Hermanos-Weil*-Liquidation frei werdende Kapital in die entsprechenden Branchen investierten.

Und so machten sie es. SAFICO erwarb Textilfirmen, Grundstücke und Firmen, die Kunststoffmaterialien wie Bakelit produzierten; alles Industriesektoren, die durch die Importbeschränkungen einen Aufschwung erfuhren.[217] Ende 1930 wurde in Buenos Aires eine kleine Pressemitteilung herausgeben: Das Getreidehaus *Hermanos Weil* wird seinen Geschäftsbetrieb wegen Nachwuchsmangel einstellen.[218] Das aber war nur die halbe Wahrheit. Zwar wurde das argentinische Unternehmen *Hermanos Weil* in Buenos Aires aufgelöst, zur gleichen Zeit aber wurde in Rotterdam ein niederländisches Unternehmen mit dem gleichen Namen ins Handelsregister eingetragen.[219] Die ehemalige Filiale des argentinischen Mutterhauses war nunmehr Zentrale ihres neuen niederländischen Unternehmens.

Aus dem ehemaligen Filialdirektor Flegenheimer wurde ein Firmendirektor. Felix Weil, sein Cousin Pedro und Sigismundo Edelstein bildeten den Aufsichtsrat im neuen Unternehmen, das in erster Linie dem Zweck diente, die SAFICO-Investitionen in Europa zu verwalten und zu bündeln. Das Firmenkapital betrug drei Millionen Gulden.[220] Felix Weils Vermögen ruhte nun auf drei Säulen: SAFICO, die niederländische Aktiengesellschaft *Hermanos Weil* und die Hermann Weil'sche Familienstiftung, in der das väterliche Erbe untergebracht war, mit dem die Gesellschaft für Sozialforschung finanziert wurde. Unter normalen Umständen hätte er nun nach Deutschland zurückkehren und sich auf seine akademisch-verlegerischen Projekte konzentrieren können. Aber die Umstände waren nicht normal. Die Nachrichten, die ihn aus Deutschland erreichten, ließen die Rückkehr in sein altes Leben immer unwahrscheinlicher werden.[221]

ROBEMA in Rotterdam

Immer wieder war es in der Weimarer Republik zu Ausbrüchen antisemitischer Gewalt gekommen. Frühe Höhepunkte waren das Berliner Scheunenviertel-Pogrom am 5. November 1923 und die Geiselnahme jüdischer Bürger in München während des Hitlerputsches in der Nacht vom 8. auf den 9. November 1923. Felix Weil teilte die Auffassung der KPD, die den Antisemitismus zum Auswuchs des kapitalistischen Systems erklärte, der im Fall einer Revolution mit diesem verschwände. Deshalb wurde dem Phänomen am Institut kein eigener Forschungsbereich gewidmet. In den Jahren danach rieb sich die politische Linke in Richtungskämpfen auf. Während die KPD den ehemaligen sozialdemokratischen Einheitsfront-Bündnispartner per Sozialfaschismus-These zu ihrem größten ideologischen Feind auserkor, stieg im Reichstag die Partei, die den Antisemitismus aus politischem Kalkül forcierte, vom Rang einer bedeutungslosen Splitterpartei zur zweitstärksten Fraktion hinter der SPD auf. Bei den Wahlen im September 1930 erhielt die NSDAP 18,3 Prozent der abgegebenen Stimmen. Am 13. Oktober, dem Eröffnungstag des neu gewählten Reichstags, gaben auf der Straße randalierende SA-Trupps einen Vorgeschmack auf die ›Kurfürstendammkrawalle‹ der nächsten Jahre. Sie verprügelten Passanten, die sie für Juden hielten, und warfen die Schaufenster jüdischer Geschäfte ein.[222] Seit 1930 hatten Präsidialkabinette mit Notverordnungen regiert, toleriert durch die Parlamentsmehrheiten inklusive der SPD, die seit dem Bruch der großen Koalition am 27. März 1930 nicht mehr an der Regierung beteiligt war. Schon unmittelbar vor den Reichstagswahlen 1930 war es zu Dutzenden von Anschlägen, Übergriffen und Morden gekommen.[223] Im Frühling 1931 ereignete sich auf dem Frankfurter Universitätscampus ein Vorfall, der darauf hindeutete, dass das Institut für Sozialforschung bereits im Blick der Nationalsozialisten war. Vor dem Hauptgebäude der Universität hatten eines Abends mehrere hundert SA-Leute eine Gruppe Studenten angepöbelt und eingeschüchtert, die nach der letzten Vorlesung das Universitätsgebäude verließ. In den nächsten Tagen stellte sich heraus, dass der Aufmarsch vor dem Hauptgebäude eigentlich dem Institut für Sozialforschung gegolten hatte.[224]

Max Horkheimer war noch vor seiner Antrittsrede am 24. Januar 1931 zu einem Arbeitsbesuch nach Genf gereist. Er traf sich mit dem Generaldirektor der Internationalen Arbeitsorganisation, um bei den *Studien über Autorität und Familie* – dem neuen, interdisziplinären Forschungsprojekt am Institut – die Möglichkeit einer Zusammenarbeit zu sondieren. Die Internationale Arbeitsorganisation (IAO) besaß als ständige Einrichtung des Völkerbundes mit enger Verbindung zur sozialdemokratischen Amsterdamer Gewerkschaftsinternationale einen großen Fundus an Wissen über die Arbeitswelt der Arbeiter und Angestellten. Horkheimer interessierten besonders die Publikationen zu internationalen Arbeitskonferenzen und die Untersuchungen über Auswirkungen von Arbeitslosigkeit und Rationalisierung.[225] IAO-Direktor Thomas machte Horkheimer mit mehreren Mitarbeitern bekannt, die den Namen des Niederländers Andries Sternheim ins Spiel brachten, eines wissenschaftlichen Mitarbeiters im Internationalen Gewerkschaftsbund, der sich aufgrund seiner Untersuchungen im Bereich Freizeitforschung und seiner guten Kontakte zum IAO als Mitarbeiter des Frankfurter Instituts vor Ort in Genf bestens empfahl.[226]

Horkheimers Kontaktaufnahme mit dem IAO, die drei Monate nach den Reichstagswahlen mit dem für die Demokratie niederschmetternden Ergebnis erfolgte, hatte nicht nur wissenschaftliche Motive. Das Frankfurter Institut konnte für die Dauer der Zusammenarbeit mit dem IAO eine Zweigstelle in Genf errichten. Die sich verschärfende politische Situation in Deutschland im Blick, erwog Horkheimer, diese Zweigstelle gegebenenfalls für eine unauffällige, aber geordnete Emigration des Instituts zu nutzen. Unmittelbar nach der Genfer Reise beantragte er bei der Universität Frankfurt für die nächsten Semester eine teilweise Freistellung von seinen dienstlichen Verpflichtungen, um sich über den Fortgang der Arbeiten in der Genfer Forschungszweigstelle des Frankfurter Instituts, dessen Leiter er war, in regelmäßigen Abständen persönlich vor Ort informieren zu können. Als Nächstes mietete er in Genf eine Wohnung an.[227]

*

Während Horkheimer in Frankfurt nach den Reichstagswahlen 1930 die weitere politische Entwicklung im Land und die Konsequenzen für das Institut sowie dessen Mitarbeiter durchspielte und entsprechende Maßnahmen ergriff, sah sich in Rotterdam der durch den massiven Stimmengewinn der NSDAP ebenfalls in höchstem Maße alarmierte Julius Flegenheimer vor ähnliche Fragen gestellt. Bei der nächsten Wahl musste mit einem Sieg der Nationalsozialisten gerechnet werden, was unweigerlich die Enteignung jüdischen Besitzes zur Folge hätte. SAFICO gehörten mehrere Keks- und Brotfabriken sowie Immobilien in Deutschland und in der vom Völkerbund administrierten Freien Stadt Danzig. Diese Immobilien und Firmen wurden von der deutschen Fruka-Kreditgesellschaft verwaltet, deren Vorsitz Felix Weil ebenso innehatte wie den Vorsitz in der SAFICO-Direktion.[228] Gemeinsam mit Flegenheimer entwarf er nun einen Plan, wie sich die Hermann-Weil-Familienstiftung, die das Frankfurter Institut finanzierte, und die SAFICO-Investitionen, an denen nicht nur er und seine

Schwester, sondern sämtliche Erben und Partner ihres ehemaligen argentinischen Getreideunternehmens *Hermanos Weil* beteiligt waren, im Fall eines Sieges vor dem Zugriff der Nazis schützen ließen. Dem kaufmännischen Prinzip der Vorsicht folgend, gingen Flegenheimer und er bei ihren Überlegungen vom Worst-Case-Szenario aus, dass sich ein erstarkender Nationalsozialismus nicht mit der Herrschaft über Deutschland begnügen würde. Um auf alles vorbereitet zu sein, gründeten sie deshalb wie schon in Buenos Aires nun auch in Rotterdam eine namenlose Management- und Investmentfirma: die *Rotterdamsche Beheeren Belegging-Maatschappij* – kurz: ROBEMA. Dann gaben sie bei der Londoner Firma *Price, Waterhouse & Co.* ein anonymisiertes Kontoführungssystem in Auftrag, in dem jedem der an SAFICO beteiligten Familienmitglieder eine bestimmte Nummer zugeordnet wurde. Auch die Vermögenswerte der Hermann-Weil-Familienstiftung und die Konten der Gesellschaft für Sozialforschung wurden in das System mit aufgenommen. Die Achillesferse stellte der künftige Systemverwalter dar. Um nicht der Verwaltung ›jüdischen‹ Vermögens verdächtigt zu werden, dürfte er nicht in enger Verbindung mit ihrem Getreideunternehmen stehen. Da er jedoch als Einziger die Inhaber der Konten identifizieren könnte, müsste es jemand sein, dem sie trotzdem uneingeschränkt vertrauen konnten. Was das Vertrauen betraf, war Erich Arthur Nadel für die Besetzung der Direktorenrolle bei ROBEMA der ideale Mann, denn der Diplomkaufmann hatte zuvor noch nie bei *Hermanos Weil* gearbeitet. Er kam vom Rotterdamer Getreideunternehmen Liebmann Meier und war dort für Finanzen und Verwaltung zuständig gewesen. 1895 in Saarlouis geboren, hatte Nadel im Ersten Weltkrieg an vorderster Front auf deutscher Seite gekämpft, aber 1924 aus Verbitterung über das Gerede vom ›jüdischen Drückeberger‹, der schuld an der deutschen Niederlage sei, seine deutsche Staatsbürgerschaft abgelegt und die niederländische angenommen.[229] An dem ihm von Flegenheimer und Weil unterbreiteten Angebot reizte ihn vor allem eins: Dass sein Wirken bei ROBEMA die Nazis dort träfe, wo es sie am meisten schmerzte: in der Rettung von jüdischem Vermögen. Er nahm die Herausforderung an und sagte zu.

*

Eine besondere Herausforderung stellten für den neuen ROBEMA-Direktor die Danzig-Immobilien dar, die in Hypothekenforderungen umgewandelt werden mussten, um im Notfall leichter liquidierbar zu sein. Im Juli 1931 brach Nadel nach Danzig auf, um die Umwandlung in Angriff zu nehmen. Neun Monate später kehrte er mit einem Packen Hypothekenforderungen im Gepäck nach Rotterdam zurück.[230] Bei der Wiedereinreise in die Niederlande meldete er an der Grenze den Verlust seines Ausweises. In seinen neuen Personalausweis ließ er im Feld ›Religionszugehörigkeit‹ eintragen, dass er konfessionslos sei. Weil das allein noch nicht ausreichte, um in den Papieren seine jüdische Identität zu verschleiern, zog er kurze Zeit später von Rotterdam ins Umland. Am neuen Wohnort wurden die Daten aus dem neuen Ausweis in das Melderegister übertragen. Zu einem späteren Zeitpunkt wiederholte Nadel die Umzugsaktion samt Eintrag im Melderegister, womit sich auch bei hartnäckiger Recherche die Manipulation im Ausweis nicht mehr ganz so einfach nachverfolgen ließ. Im Juli 1932 begann er mit der Einrichtung der Konten. Er klapperte dafür in den Niederlanden alle internationalen Banken ab und legte pro Bank nur ein Konto an. 1933 verwaltete er 22 Nummernkonten im Auftrag der Konteninhaber. Inhaber des Kontos Nummer I war Felix Weil. Nummer II gehörte seiner Schwester. Konten Nummer III bis VI ließen sich Pedro Weil, Alice de Weil, Carlota und ihrer Mutter Clara Bernecker zuordnen.

Hitler war noch keinen Monat an der Macht, als im Februar 1933 in Genf die *Société Internationale des Recherches Sociales* – kurz: SIRES – gegründet wurde, die als Schweizer Stiftungsträgerin eines nunmehr *internationalen* Instituts für Sozialforschung die deutsche Gesellschaft für Sozialforschung ablöste.[231] Hermann Weil hatte seinen Sohn mit Vollmachten ausgestattet, die über seinen Tod hinaus gültig blieben und den Sohn berechtigten, als Testamentsvollstrecker und Treuhänder der Hermann-Weil-Familienstiftung aufzutreten. Auf Grundlage dieser Vollmachten konnte Felix Weil die Schenkungsvereinbarung mit der an die Stelle der Gesellschaft für Sozialforschung getretenen SIRES aktualisieren, deren Rechtskräftigkeit er sich von seiner Schwester einen Monat später im März 1933 bestätigen ließ.[232] Die dieser neuen Genfer Stiftungsgesellschaft zugeordneten Konten bei ROBEMA waren die Konten IX bis XII. Als ganz zum Schluss der Transaktionen und Umschichtungen noch die Vermögenswerte der Hermann-Weil-Familienstiftung, die ihren Sitz im gefährlich nah an der Grenze zu Nazi-Deutschland gelegenen Schaffhausen hatte, zu ROBEMA transferiert werden sollten, war die nationalsozialistische Arisierungspolitik bereits angelaufen. Unter den gegebenen Umständen schien es Felix Weil ratsam, nicht zu viel Zeit mit der Aufteilung der Vermögensanteile zu verlieren, die durch die zwingende Berücksichtigung der testamentarischen Auflagen zusätzlich erschwert würde. Zur Erinnerung: Aus den Dividenden des in der Hermann-Weil-Familienstiftung untergebrachten Teils des Familienvermögens wurden jährlich die finanziellen Zuwendungen an die SIRES bestritten. Deshalb vereinbarte Felix Weil mit Erich Arthur Nadel in dieser Notsituation, alles, also das gesamte Vermögen der Hermann-Weil-Familienstiftung inklusive Anitas Anteil am Erbe, auf dem Nummernkonto der SIRES zu deponieren.[233] Der Zugriff von Dritten auf das Vermögen bliebe per Sperrklauseln weiterhin versperrt. Nur Nadel besaß eine Vollmacht. Er würde die Verpflichtungen gegenüber SIRES ausschließlich von den Dividenden der Aktiengewinne tätigen. Felix und Anita Weil konnten sich auf Nadel verlassen. Der sorgsam das Marktgeschehen verfolgende Finanzfachmann legte ihr Vermögen stets gut an.

In nur wenigen Monaten hatte sich in der Stiftung Entscheidendes verändert: Felix Weil hatte in dem im Februar 1933 mit der SIRES abgeschlossenen Stiftungsvertrag auf den Stiftungsvorsitz verzichtet. Er lebte in Buenos Aires, die Institutsentscheidungen fielen in der Schweiz. Er wollte die Dinge nicht noch mehr erschweren. Ihre gegenwärtige Lebenslage war schon kompliziert genug. Durch seinen Verzicht stieg Weils bisheriger Generalbevollmächtigter Pollock zum Stiftungsdirektor der neugegründeten SIRES auf, während er selbst nur noch Geldgeber war.[234]

Seine finanziellen Verpflichtungen allerdings wuchsen. Schon im Februar 1932 ließ sich Max Horkheimer vom Vorsitzenden der Gesellschaft für Sozialforschung – damals noch Felix Weil – vertraglich zusichern, dass er monatlich zur Sicherstellung seiner wissenschaftlichen Arbeiten lebenslang einen dynamisch wachsenden Betrag in einer Währung freier Wahl erhielte, auf den im Exil noch die Einkünfte angerechnet würden, die ihm an einer deutschen Universität als Professor zustünden.[235]

*

Am 13. April 1933 teilte in Frankfurt die Universitätskasse dem Kuratorium mit, dass seit dem 1. März 1933 keine Eingänge mehr vom Konto der Gesellschaft für Sozialforschung zu verzeichnen waren.[236] Der Versuch, sich Zugriff auf das Konto zu verschaffen, von dem der jährliche Kapitalbetrag für die Pension Carl Grünbergs und die von der Gesellschaft für Sozialforschung gestifteten Lehrstühle abgebucht wurden, scheiterte daran, dass Abbuchungen nur gemeinsam mit der Gesellschaft für Sozialforschung vorgenommen werden konnten. Felix Weil kam darauf in seinen Aufzeichnungen zu sprechen: »Auch in diesem Falle erfolgte nur die Schenkung eines jährlichen Einkommens, nicht eines Kapitals, aber das Einkommen musste durch Deponierung des entsprechenden Kapitalbetrags auf einem Sperrkonto sichergestellt werden, und ich übernahm die selbstschuldnerische Bürgschaft für alle Verpflichtungen der Gesellschaft für Sozialforschung aus diesem Vertrag. Glücklicherweise konnte ich erreichen, dass über dieses Konto die Universität nur zusammen mit der Gesellschaft für Sozialforschung verfügen durfte und dass es bei der Finanzfirma von Weil Hermanos & Co., Weil y Edelstein AG in Buenos Aires eröffnet wurde. Das auf dem Sperrkonto von damals 40.000 holländischen Gulden, d. h. ihrem Gegenwert in argentinischen Pesos anfallende Jahreseinkommen von 6 % war an das Kuratorium auszubezahlen, und aus diesen 2400 holländischen Gulden oder ihrem Peso-Gegenwert wurde der Lehrstuhl finanziert. Später, als die Beträge nicht mehr für ihren Zweck ausreichten, wurden sie erhöht, aber immer unter den gleichen Bedingungen, so dass es 1933 den Nazis nicht gelang, durch gerichtliche Bestellung von neuen Vorsitzenden der Gesellschaft für Sozialforschung anstelle der angeblich behinderten bisherigen Vorsitzenden, nämlich mir und Pollock, sich des Kapitals zu bemächtigen.«[237] Die Universität scheiterte also bei ihrem Versuch, durch die Einbestellung gefügigerer Stiftungsvertreter formal die Ordnung einzuhalten und so an den Jahresetat für die Lehrstühle und die Grünberg-Pension zu kommen. Die Lehrstühle waren zwar eine feste Einrichtung der Universität, aber die Professoren, für die das Gehalt bestimmt war – Max Horkheimer und Adolf Löwe, der 1930 den ehemaligen Grünberg-Lehrstuhl in der wirtschafts- und sozialwissenschaftlichen Fakultät übernommen hatte –, hielten sich zu diesem Zeitpunkt beide nicht mehr in Deutschland auf. Doch Carl Grünberg war noch in Deutschland und als emeritierter jüdischer Professor umso dringlicher auf die Unterstützung seines alten Instituts angewiesen. Im März 1935 ließ sich die Gesellschaft für Sozialforschung auf einen Vergleich mit der Universität ein, der sie zur Nachzahlung von 33.000 Reichsmark verpflichtete, ihr dafür aber zugleich künftig das alleinige Verfügungsrecht über das Konto einräumte.[238] In seinem Essay über das Ende des Instituts für Sozialforschung hat es der Kulturhistoriker Wolfgang Schivelbusch auf den Punkt gebracht, weshalb die durch diesen Vergleich in die Wege geleitete Transaktion in ihrer Art wohl einzigartig gewesen sein dürfte: Eine von den Nationalsozialisten vertriebene Institution überwies einer deutschen Universität regelmäßig Geldbeträge, die diese an einen emeritierten jüdischen Professor weiterleitete.[239]

*

Mit dem im Juni 1933 beim preußischen Kultusministerium gestellten Antrag auf Herausgabe der Bibliothek und des Archivs scheiterte die Gesellschaft für Sozialforschung. Horkheimer konnte vor 1933 nur die wertvollsten Bücher aus dem Institutsbestand in seiner Genfer Wohnung unterbringen. Nach der Beschlagnahmung am 13. März 1933 war das Institut mitsamt Inventar – also auch Bibliothek und Archiv – versiegelt. Am 26. Mai 1933 wurde es enteignet.[240] Von London aus forderte die Gesellschaft für Sozialforschung die Herausgabe der Institutsbibliothek und des Archivs, mit dem Hinweis, dass beides in das Eigentum der *London School of Economics and Political Science* der Londoner Universität übergegangen sei. Die Herausgabe wurde vom Minister des Innern im Oktober 1933 mit der Begründung abgelehnt, dass die Bücherei der Förderung kommunistischer und anderer volks- und staatsfeindlicher Bestrebungen gedient hätte und deshalb vom Staat rechtmäßig enteignet worden sei. Um die Rechtmäßigkeit der Enteignung zu beweisen, holte man die polizeilichen Ermittlungen gegen ›Fuchs und Genossen‹ aus den Jahren 1925/26 aus der Schublade. Der Abschlussbericht des damaligen Frankfurter Polizeipräsidenten, der die nicht belegte Behauptung, die Vorsitzenden der Gesellschaft für Sozialforschung seien für die Kommunistische Partei tätig gewesen, in die Untersuchungsergebnisse hatte miteinfließen lassen, war nun die Grundlage, auf der die Enteignung gemäß des Gesetzes über die Enteignung kommunistischen Eigentums erfolgte.[241] Die Erwartung des Instituts, dass die London School of Economics die Bibliothek retten würde, erfüllte sich nicht. London fand sich mit der Weigerung der Herausgabe ab. Dazu vermerkte das Institut 1949, dass ihre Bibliothek der englischen Appeasement-Politik zum Opfer gefallen sei.[242] Von dem Gedanken, dass sich die politische Lage in Deutschland wieder ändern könnte und dass das Exil nur vorübergehend wäre, hatte man sich verabschiedet. Man richtete sich auf einen längeren Zeitraum ein.

Zwischen politischen Emigranten und Berufsrevolutionären

Auch im lateinamerikanischen Exil blieben die Gräben zwischen den Fraktionen und Gruppen der politischen Linken bestehen. Die KPD hatte ihr Exilzentrum in Mexiko. In Buenos Aires sammelte sich die unabhängige Linke. Der frühere SPD-Reichstagsabgeordnete August Siemsen, der die Sozialistische Arbeiterpartei mitbegründet hatte, rief in Buenos

Aires ein Hilfskomitee ins Leben, das sich nach der gleichnamigen pazifistischen Zeitschrift *Das Andere Deutschland* nannte.[243] *Das andere Deutschland* kooperierte mit dem *Vorwärts*, dem schon 1882 von deutschen sozialistischen Auswanderern gegründeten Verein, in dem hilfsbedürftige Emigranten materielle Unterstützung in der neuen Heimat Argentinien fanden. 1933 wurde in Buenos Aires von alteingesessenen deutschstämmigen Juden der *jüdische Hilfsverein* gegründet, der zur ersten Anlaufadresse neu ankommender jüdischer Flüchtlinge wurde. Gleichzeitig versuchten die Nationalsozialisten über ihre NSDAP-Auslandsorganisationen auch auf deutschstämmige Auswanderer in Argentinien Einfluss zu nehmen. Im Goethe-Gymnasium von Buenos Aires durfte ein SS-Mann mit Erlaubnis des Direktoriums vor den Schülern eine Rede halten. Daraufhin publizierte der Zeitungsverleger Ernesto Alemann im deutschsprachigen *Argentinischen Tageblatt* einen Aufruf an die Eltern. Wer sich für seine Kinder eine von nationalsozialistischem Gedankengut freie Erziehung an einer deutschsprachigen Schule wünschte, solle die Gründung der Pestalozzi-Schule unterstützen. Zum Schuljahr 1934/35 startete die Pestalozzi-Schule im Stadtteil Belgrano mit ihrem Unterricht. Die Anschubfinanzierung kam von Ernesto Alemann, aber auch Bunge & Born-Aktionär Alfredo Hirsch und Felix Weil beteiligten sich. Felix Weil gehörte zum engen Freundeskreis Ernesto Alemanns, der das *Argentinische Tageblatt*, die einzige nicht gleichgeschaltete deutschsprachige Tageszeitung Lateinamerikas, in dritter Generation herausgab.[244]

Wie schon in Deutschland machte Felix Weil bei der finanziellen Unterstützung keine Unterschiede zwischen orthodoxen und unabhängigen Linken und blieb auch nach 1930 weiterhin in Verbindung mit dem Lateinamerika-Büro der Komintern. In den Ermittlungen zu dem angeblichen Berliner Geheimarchiv der KPD war er 1925/26 von dem Berliner Untersuchungsrichter und dem Frankfurter Polizeipräsidenten der Finanzierung der Kommunistischen Partei verdächtigt worden. Anfang der vierziger Jahre tauchte der Verdacht in den USA in einem FBI-Bericht wieder auf: der Finanzier des Instituts hätte in Deutschland auch die Kommunistische Partei finanziert.[245] Laut der Akte im russischen Staatsarchiv zu Felix Weils Komintern-Tätigkeit hat sich seine materielle Unterstützung der kommunistischen Partei auf Argentinien beschränkt. Hier finanzierte er – vermutlich in den zwanziger Jahren – den Bau der *Casa del Partido* mit, wie der Parteisitz auf Spanisch heißt.[246] In der Akte wird Felix Weil auch mit Luis Carlos Prestes in Zusammenhang gebracht, der zwischen 1925 und 1927 in Brasilien die *Coluna Prestes* geleitet hatte. Mit diesem Namen verband sich eine militärische Revolte, der sich verschiedene Truppenteile des brasilianischen Militärs angeschlossen hatten. Die Märsche der aufständischen Truppen quer durchs Landesinnere, bei denen insgesamt viele Tausende von Kilometern zurückgelegt wurden, verhalfen dieser Revolte zu ihrem legendären Namen. Die Rebellen waren jedoch keine Kommunisten, die auf Seiten der Armen gegen Ausbeutung und Unterdrückung kämpften, sondern frustrierte Offiziere des brasilianischen Militärs, mehrheitlich Mittelstandsangehörige, die gegen ein System aufbegehrten, das sie selbst vom gesellschaftlichen Aufstieg ausschloss. Nur in Luis Carlos Prestes, der sich mit seinen Leuten 1927 auf bolivianisches Territorium zurückgezogen hatte, sah Moskau Potential für einen kommunistischen Anführer. Jetzt sollte ihn Samuel ›Rustico‹ Guralski rekrutieren. Felix Weil kannte Guralski noch unter dem Decknamen August Kleine, unter dem der Komintern-Mitarbeiter sowohl an der Durchführung der ›März-Aktion‹ 1921 wie auch an den Vorbereitungen zum ›deutschen Oktober‹ des Jahres 1923 beteiligt war. Nachdem beide Aktionen gescheitert waren, mit denen die Komintern die gesellschaftliche Krise in Deutschland für einen bewaffneten Umsturz nach dem Vorbild der russischen Oktoberrevolution zu nutzen versuchte, wurde August Kleine aus Deutschland abgezogen. Felix Weil hatte ihn noch einmal in Moskau am Marx-Engels-Institut getroffen, wo Kleine/Guralski unter Rjazanov als Abteilungsleiter gedient hatte, ehe er im Zuge der Stalinisierung als ehemaliger Sinowjew-Mann in der kirgisischen Verbannung landete. Allerdings nur für kurze Zeit. Nach dem öffentlichen Eingeständnis seiner Fehler wurde Guralski alias Rustico mit der Mission betraut, Prestes für die Komintern zu gewinnen.

Felix Weil stellte ihm für die Anwerbung des brasilianischen Aufstandsführers seine Privatwohnung zu Verfügung. 1931 reiste Guralski mit Prestes nach Moskau. Kurz darauf traf Arthur Ewert in Buenos Aires ein. Wie August Kleine hatte auch Ewert vergangene Fehler gutzumachen. Er hatte einst der sogenannten Versöhnler-Gruppe um Ernst Meyer, dem kurzzeitigen KPD-Vorsitzenden und Ehemann von Rosa Meyer-Leviné angehört. Inzwischen war ›versöhnlerisch‹ auf die Liste jener Adjektive gesetzt worden, mit denen Parteiausschluss oder Verbannung begründet wurden. Auch für Arthur Ewert war die Mission in Lateinamerika eine Art zweite Chance. Er war hier, um den revolutionären Aufstand gegen das diktatorische Regime von Getúlio Vargas in Brasilien vorzubereiten. Luis Carlos Prestes, der in Moskau gerade die Wandlung zum Kommunisten durchlief, sollte an die Spitze des Aufstands gestellt werden. Unklar ist, ob die Mitwirkung bei der Prestes-Rekrutierung Felix Weils einziger Komintern-Auftrag blieb. Zumindest hatte er sich noch mehrmals mit Nadeshda Tultschinskaja und Fritz Glaubauf getroffen. Tultschinskaja war Guralskis Ehefrau und im Lateinamerika-Büro der Komintern für die Decodierung der Korrespondenz zuständig. Sie kehrte 1933 nach Russland zurück. Fritz Glaubauf erstattete Moskau unter dem Decknamen *Diego* über die Kontakte sämtlicher Mitarbeiter in Argentinien, Uruguay und Chile Bericht.

Auf der Suche nach einer sinnvollen Aufgabe

Im Rahmen der Kapitalumschichtung hatte SAFICO neben einem Baugrundstück an der Avenida Corrientes auch zwei Estancias im Südosten des Landes erworben. Letzteres stand in völligem Widerspruch zu Felix Weils sonstigem Handeln und Denken. Fest überzeugt wie er war, dass die Estancia-Wirtschaft die industrielle Entwicklung Argentiniens hemme, weil sich das Land durch den politischen Einfluss der *estancieros* nicht aus den semifeudalen Verhältnissen befreien könnte, muss sein Cousin Pedro, dem die Leitung der beiden Estancias oblag, derjenige gewesen sein, von dem die Kaufentscheidung ausgegangen war. Er selbst – und das betonte Felix Weil in seinen Memoiren – hätte darauf gepocht, dass die Unterkünfte für die Landarbeiter anständig und die Lebensmittelpreise in den Estancia-eigenen Läden fair sein müssten; dass die Kinder der Arbeiter Schulunterricht erhielten und es in ihren Betrieben für die Arbeiter eine medizinische Grundversorgung mitsamt einer Gewerkschaftsvertretung gab. »Der Einzige, der zunächst wenig Verständnis für diese Grundsätze zeigte, war mein Vetter«, schrieb er. »Er war so oft als Gast auf Latifundista-Estancias gewesen, dass er die dort herrschenden Lebensbedingungen für ganz natürlich und selbstverständlich gehalten hatte. Aber da die ganze Familie meinen Standpunkt billigte, versprach er, sich daran halten zu wollen. Er hat das auch loyal getan, wenigstens solange ich in Argentinien war. Was daraus wurde, als ich nicht mehr da war und meinen Anteil an SAFICO an ihn verkauft hatte, weiß ich nicht.«[247] Doch mit der Welt der Landarbeiter hatte sein eigenes Leben noch viel weniger als das seines Cousins zu tun. Auf den Umstand, dass er die Jahre seines Erwachsenenlebens, in denen sich seine marxistische Überzeugung herausbildete, beinahe ausschließlich in europäischen Intellektuellenzirkeln verbracht hatte, spielten seine Kritiker in Argentinien gerne an. »Die Multimillionen ließen die Gesellschaft über seinen Radikalismus lächeln«, hatte Max René Hesse in seinem Roman *Morath schlägt sich durch* über Weinberg alias Felix Weil geschrieben. Der durch seine Friedrich-Engels-Biografie bekannte Historiker Gustav Mayer, der nach dem Tod Kurt Albert Gerlachs kurzzeitig als Institutsdirektor im Gespräch gewesen war, nannte Felix Weil einen ›Edelkommunisten‹.[248] Felix Weil selbst bezeichnete sich 1973 in einem Vortrag, den er 75-jährig am Institut für Sozialforschung hielt, im Rückblick selbstironisch als ›Salonbolschewisten‹ und bewies damit beachtliches Understatement.[249] Denn Bolschewist war er nie und für reine Lippenbekenntnisse riskierte er zu viel.

Auch seine marxistischen Überzeugungen freilich konnten ihn nicht vom Kauf einer dreisitzigen Fokker abhalten. Der Nachbar ihrer Estancias war ein ehemaliger englischer Luftwaffenpilot, der auf seinem Besitz eine Landepiste angelegt hatte und ihm Flugstunden gab. Wenn Felix Weil in seiner Fokker von Buenos Aires aus in südöstlicher Richtung nach Bahia Blanca zu einer ihrer Estancias flog, sah er unter sich die endlose Ebene der Pampa. An den wenigen Landstraßen, die wie mit dem Lineal gezogen waren, verliefen beidseitig endlose Zäune. Es existierte keine freie Prärie. Die Gauchos, die unter ihm riesige Viehherden vor sich her trieben, saßen nicht auf Pferden, sondern in Autos, die der Herde vorneweg und hinterher fuhren. In den Dörfern, durch die das Vieh getrieben wurde, hatten die Bewohner die Seitenstraßen mit Barrikaden versehen und freuten sich über den dungreichen Mist, den ihnen die Tiere auf der Straße hinterließen.[250]

Eine Nahaufnahme der Welt, über die er hinwegflog, hatte ihm nur Juanas älterer Sohn geliefert, der bei der Ausübung seiner Gewerkschaftstätigkeit 1928 von der Policía Rural erschossen worden war.[251] Seitdem führte Antonio die Aufgabe des Bruders fort, die durch die wachsende politische Repression noch gefährlicher geworden war. Antonio und Fernando waren von Kindheit an Felix Weils Helden gewesen; edle, aufrichtige und mutige Gewerkschaftsaktivisten, die im Kampf gegen Ausbeutung und Unterdrückung dem Tode furchtlos entgegenblickten. Das politische Schlüsselerlebnis, das er in den Tagen der Novemberrevolution in jener fernen schlaflosen Nacht im Frankfurter Hof hatte, bestand im Kern darin, dass er zum ersten Mal einen Weg aufgezeigt bekam, wie sich die den gesellschaftlichen Verhältnissen geschuldete Distanz überwinden ließ, die ihn von Kindheit an von seinen Freunden trennte. Noch im Alter versuchte er Fernando und Antonio seine Reverenz zu erweisen, indem er ihnen in seinen Memoiren ein Kapitel widmete, das in seiner szenischen Auflösung fast schon den Bildern der Heiligen- und Legendenfigurenverehrung glich. »Als Kinder spielten wir Verstecken und Finden«, schrieb er in Erinnerung an die beiden fernen Gestalten. »Aus unseren Spielen war Ernst geworden. Die Meute der Policía Rural hatte Fernando gejagt, gestellt und erschossen. Niedergeknallt wie ein Tier. Nun würden sie auf

Antonio warten, und ich konnte es nicht verhindern. *Das ist mein Leben*, sagte Antonio, beinahe gefühllos. Sein Arm ruhte auf meiner Schulter. *Und was tust du, Felicio?*«[252]

*

Die Frage, die sein ›Milchbruder‹ an ihn richtete, hatte sich Felix Weil seit seiner Ankunft in Buenos Aires hundertmal selbst gestellt.[253] Sollte er sich in Buenos Aires weiter aktiv für den Sozialismus einsetzen, wie er das in Frankfurt und Berlin getan hatte?[254] Die Motive, die ihn in Deutschland ein marxistisches Institut bauen ließen, waren durch die politischen Ereignisse hinfällig geworden. Die unabhängige Linke, die sich in Opposition zur KP etablierte, hatte sich durch weitere Fraktionierungen bis zur Bedeutungslosigkeit selbst zerlegt. Eduard Fuchs hatte in Berlin nur unter schwierigsten Bedingungen den siebten Band der Mehring-Edition über Karl Marx herauszubringen vermocht. Sollte er überhaupt dauerhaft in Buenos Aires bleiben, fragte sich Weil. Was hielt ihn hier? Nicht einmal sein Sohn war bei ihm. Käte und ihr zweiter Mann zogen das Exil in Europa der Emigration in die Neue Welt vor. Nachdem Donald von Hirsch aus politischen und ›rassischen‹ Gründen aus der deutschen Gesandtschaft hatte ausscheiden müssen, verließen sie Prag und ließen sich in Meran nieder. Frank besuchte seitdem in Italien ein katholisches Jungeninternat. Allein war Felix Weil in Buenos Aires trotzdem nicht. Auf knapp vierzig Personen war die Familie in Buenos Aires angewachsen, seitdem in Deutschland die Nazis an der Macht waren. Außerdem gab es eine neue Frau an seiner Seite. Margot ›Motte‹ Jacoby. Sie wurde zwar erst 1934 in einem Brief an Horkheimer zum ersten Mal namentlich erwähnt.[255] Aber aus kleinen Anspielungen in späteren Briefen war zu entnehmen, dass er und Motte Jacoby sich schon aus Berlin kannten. Ihre Familie hatte auf dem Kurfürstendamm das elegante Schuhgeschäft *Emil Jacoby* besessen, das den preußischen Kronprinzen, Marlene Dietrich und vermutlich auch Felix Weil zu seinen Kunden zählte.[256] 1934 befanden sich die erwachsenen Kinder der Inhaber des Schuhgeschäfts in Buenos Aires. Denn Mottes

Bruder war seiner Schwester nach Argentinien gefolgt.[257] Felix Weil half ihm, beruflich Fuß zu fassen, und gab ihm ein Darlehen, mit dem Werner Jacoby zusammen mit einem Partner eine Filmproduktionsfirma gründete, die Felix Weil noch große Kalamitäten bereiten sollte.

*

Die Genfer Zweigstelle des Instituts konnte nur eine zeitweilige Einrichtung bleiben. Denn mit Ausnahme Horkheimers und des niederländischen Arbeitssoziologen Andries Sternheim hatten die übrigen Institutsmitarbeiter von der Schweiz keine dauerhaften Aufenthaltspapiere erhalten und mussten alle drei Monate über die Landesgrenzen aus- und wieder einreisen.[258] Wittfogel, der Deutschland zu spät verlassen hatte, fiel, als er in die Schweiz zu gelangen versuchte, den Nazis in die Hände. Er wurde verhaftet und im Sommer 1933 als politischer ›Schutzhäftling‹ in die Emslandlager Börgermoor und Esterwegen gebracht. Im November 1933 bekam man ihn frei. Er emigrierte nach England, wo das Institut ein kleines Büro am London Institute of Sociology erhalten hatte. Erich Fromm hielt sich aus gesundheitlichen Gründen in Davos auf, um eine Tuberkulose-Erkrankung auszukurieren. Theodor W. Adorno, der zwar 1932 schon in der ersten Nummer der neu am Institut herausgegebenen Zeitschrift für Sozialforschung mit einem Aufsatz vertreten, aber noch kein offizieller Mitarbeiter des Instituts war und der sich in den zwanziger Jahren auch nicht politisch links exponiert hatte, musste nicht schon im Moment der Machtübernahme durch die Nazis aus Deutschland flüchten.[259] Er unterrichtete zunächst weiter an der Uni Frankfurt, bis ihm, durch die nationalsozialistische Rassenideologie aufgrund seines zum Protestantismus übergetretenen jüdischen Vaters zum ›Halbjuden‹ gemacht, zum Wintersemester 1933 die Lehrerlaubnis entzogen wurde. Daraufhin verließ auch Adorno Deutschland, ging aber nicht nach Genf, sondern nach Oxford. Dort nahm der Universitätsdozent am Merton College noch einmal ein Studium der Philosophie auf. Der 1932 als Mitarbeiter ans Institut gekommene Herbert Marcuse war in Genf für den philosophischen Rezensionsteil der *Zeitschrift für Soziologie* verantwortlich. Die Unterschiede zum Institut der Grünberg-Ära spiegelten sich im Mitarbeiterstab in der Genfer Zweigstelle und in der internationalen Vernetzung des Instituts nach 1933. Von den Personen, die 1933 in der Genfer Zweigstelle arbeiteten, hatte nur Pollock dem alten Kreis um Grünberg angehört. Selbst der Literatursoziologe Leo Löwenthal – ein Schulfreund Felix Weils und im Studium mit Adorno befreundet – wurde erst 1930 fester Mitarbeiter am Institut und von Horkheimer mit der Vorbereitung und Herausgabe der *Zeitschrift für Sozialforschung* betraut. Henryk Grossmann, der ehemalige Assistent Carl Grünbergs, zählte zwar weiterhin zum Institut, spielte jedoch in der Genfer Zweigstelle keine Rolle, sondern stieß erst 1938 am New Yorker Standort des Instituts wieder zu den anderen. Die Zäsur, die nach der Übernahme durch Horkheimer erfolgte, zeigte sich besonders deutlich beim Blick auf die Mitgliederliste der SIRES. Während sich die Mitglieder der Gesellschaft für Sozialforschung in den zwanziger Jahren aus Personen des – zum Teil familiären – Umfelds von Felix Weil zusammensetzten, las sich die Mitgliederliste der SIRES kurz vor dem Ausbruch des Zweiten Weltkriegs wie ein *Who Is Who* der internationalen Gelehrtenwelt.[260] Unter Max Horkheimer erfolgte analog zur theoretischen Neuausrichtung auch eine im Bereich der internationalen Vernetzung. Die von Grünberg gepflegten Kontakte zu den Austromarxisten und Historikern des Sozialismus und der Arbeiterbewegung wurden durch Kontakte zu international herausragenden Vertretern der universitären Fachbereiche Psychologie, Soziologie und Philosophie ersetzt, was sich angesichts der faschistischen Bedrohung als sehr weitsichtig erwies. Neben dem Philosophen Maurice Halbwachs (Paris) und dem Völkerrechtler Paul Guggenheim (Genf) tauchten unter den 21 Namen, die den Kontakt zum zwangsweise emigrierten Institut formell durch den Beitritt zur SIRES bekundeten, auch die Namen US-amerikanischer und britischer Universitätsprofessoren und Wissenschaftler auf. Die Solidarität mit dem Institut drückte sich ganz praktisch in Form von Einladungen aus. Auf diese Weise konnte das Institut noch zwei weitere Zweigstellen in London und

Paris eröffnen. In der Pariser Librairie Félix Alcan erschien ab der zweiten Nummer im Mai 1933 die Zeitschrift für Sozialforschung, nachdem diese nicht mehr in Deutschland gedruckt werden konnte. Doch da im Institut die Befürchtung wuchs, der Faschismus könnte sich über ganz Europa ausbreiten, war man sich unschlüssig, welche der in Frage kommenden Standorte dauerhaft die nicht nur für wissenschaftliches Arbeiten notwendige Sicherheit böte. Die Entscheidung, ob das Institut in Europa bleiben oder nach Nordamerika emigrieren sollte, zögerte sich noch etwas hinaus. Wo immer die Emigration das Institut hinführen würde – Buenos Aires kam anscheinend nie in Betracht, obwohl hier seit 1930 sein Stifter und Finanzier lebte. Interessanterweise gab es seit 1930 in Buenos Aires mit dem *Colegio Libre de Estudios Superiores* eine alternative und privat finanzierte Bildungseinrichtung, die dem Frankfurter Institut ähnelte. Felix Weil hat in seinen unveröffentlicht gebliebenen Aufzeichnungen darauf hingewiesen. »Was mir am Colegio so gut gefiel war, dass es dieselben Zulassungsprinzipien hatte wie mein altes Institut für Sozialforschung: wer eine Diplomprüfung machen wollte, musste das argentinische Äquivalent des deutschen Abiturs haben, zahlte volle Gebühren und musste am Ende einer Vorlesung ein Kursexamen bestehen (von dem der Dozent allerdings Befreiung gewähren konnte). Wer aber nur sein Wissen erweitern wollte, brauchte kein Abitur und zahlte nur eine geringe Gebühr.«[261] Kerngedanke dieser Bildungseinrichtung war also nicht die berufliche Qualifikation ihrer Studenten, sondern der soziale Fortschritt Argentiniens durch die Teilhabe seiner Bewohner an höherer Bildung.[262]

Ausflug in die Realpolitik

Im Februar 1932 war in Argentinien Augustín P. Justo durch massiven Wahlbetrug an die Macht gekommen. Er regierte mit einem Parteienbündnis, der sogenannten *Concordancia*, zu der gleichermaßen die Konservative Partei wie der rechte Flügel der Sozialistischen Partei gehörte.

Letzterem war der Ökonom Federico Pinedo zuzurechnen, der in Justos Regierungskabinett das Finanzministerium übernahm. Für Felix Weil war Pinedo der fähigste Politiker Argentiniens,[263] ein Mann von gleichem Format wie der britische Politiker Sir Stafford Cripps (1889–1952), der Gründer der sozialistischen Liga Großbritanniens und spätere Unterhausführer unter Churchill. Zwischen beiden bestünde lediglich der Unterschied, dass Stafford Cripps im Laufe der Zeit immer weiter nach links gedriftet war, während sich Pinedo nach rechts bewegte.[264]

Felix Weil, der bisher auch in Buenos Aires das bereits zur Gewohnheit gewordene Leben zwischen den Kontinenten pendelnd weitergeführt hatte, wurde eines Tages von Maximo Alemann, dem Bruder des Zeitungsverlegers, gefragt, ob er in einer Expertenkommission mitarbeiten wolle, die Pinedo im Finanzministerium ins Leben gerufen hatte.[265] Fast alle in der als *Grupo Pinedo* bezeichneten Expertenkommission entstammten – wie Maximo Alemann – dem Umfeld des argentinischen Entwicklungsökonomen und späteren Zentralbankdirektors Raul Prebisch. Im Rahmen der Sanierung des argentinischen Staatshaushalts plante Pinedo mit seiner Kommission den Aufbau einer Preisregulierungsbehörde und die längst überfällige Einführung einer Einkommenssteuer. An beiden Projekten arbeitete Felix Weil mit. Ausschlaggebend dürfte gewesen sein, dass als Herzstück der Preisregulierungsstelle eine nationale Getreidebehörde vorgesehen war, über die bei künftigen Krisen eingegriffen werden sollte, um den Getreideproduzenten Preise zu garantieren, die zumindest deren Produktionskosten deckten. Somit war der Sohn des Getreideexport-Pioniers Hermann Weil an einer Regulierung des Getreidemarkts beteiligt, durch die der Staat in Konkurrenz zu den privaten Getreideexporteuren trat, indem er – ihnen gleich – Getreide zu Niedrigpreisen aufkaufte und in staatlichen Speichern lagerte, bis Nachfrage und Preise wieder stiegen.[266] Wie einst die deutsche Admiralität von Hermann Weils Insiderwissen über Großbritanniens Getreide- und Fleischkäufe in Argentinien profitiert hatte, zog nun die Preisregulierungsstelle Nutzen aus dem Insiderwissen seines Sohns. Dass einer aus ihren Reihen aus dem

Nähkästchen plauderte, machte Felix Weil in den Augen der Exporteure zum Nestbeschmutzer. Auch Flegenheimer fehlte jedes Verständnis für den Eifer, mit dem Hermann Weils Sohn die Regulierung des einstmals freien Getreidemarkts betrieb. Gegen sein marxistisches Institut hatte Flegenheimer, der in der Gesellschaft für Sozialforschung zu den ersten Mitgliedern zählte, nichts einzuwenden gehabt, solange die dort dozierte Ideologie akademische Theorie blieb.[267] Aber jetzt wurde mit einem Mal aus dem revolutionär gesinnten Theoretiker ein praktisch orientierter Reformer, der vermeintlich in der Domäne seiner eigenen Kaste Schaden anrichtete. Er hatte sogar unter dem Titel »Begriff und Reichweite der Einkommenssteuer« ein Buch veröffentlicht, auf dem in großen Lettern sein Name prangte. Lix' Kollegen in Pinedos Expertenkommission bewiesen wesentlich mehr Zurückhaltung.

Felix Weil schrieb nicht nur am argentinischen Einkommenssteuergesetz mit, er schulte auch die Steuerbeamten in seiner Anwendung. Die Kurse fanden im *Colegio Libre* statt, jener neuen Bildungseinrichtung, die ihn so sehr an sein Frankfurter Institut erinnerte.[268] Für die Steuerbeamten in den Finanzbehörden war die Kursteilnahme Pflicht.[269] Die Praxis der Umsetzung des neuen Gesetzes wurde allerdings weniger streng und konsequent gehandhabt. So verwehrten die Gefrierkühlfirmen den neu geschulten Steuerbeamten Einsicht in die Firmenregister, ohne dass sich die Regierung zum Eingreifen genötigt gesehen hätte. Felix Weil machte die Rinderzüchter-Senatoren auch dafür verantwortlich, dass keine Neuausrichtung der argentinischen Wirtschaft gelang. Sogar Knebelverträge wie der Roca-Runciman-Vertrag (1933) wurden von ihnen akzeptiert, weil ihnen dieser schlechteste aller Verträge immer noch die Beibehaltung ihrer eigenen gesellschaftlichen Privilegien garantierte. Privilegien, die mit dem wirtschaftlichen Profit im Fleischhandel verknüpft waren.[270] Um zu verstehen, wie die Rinderzucht-Senatoren selbst von dem äußerst restriktiven Kühlfleisch-Export profitierten und die Durchsetzung der neuen nationalen Steuerpolitik konterkarierten, bedarf es eines Blicks auf den 1933 abgeschlossenen Vertrag, der nach seinen beiden Unterzeichnern benannt war – dem argentinischen Vizepräsidenten Julio Roca und dem englischen Handelsgesandten Walter Runciman.

*

Nachdem Großbritannien und die Länder des Empire auf der Konferenz von Ottawa 1932 eine Art privilegierte Wirtschaftszone mit Schutzzöllen beschlossen hatten, musste Argentinien um seine Fleischwirtschaft fürchten. Denn mit Großbritannien, das nun infolge der protektionistischen Handelspolitik den Ländern des Commonwealth im Handel mit Nahrungsmitteln und Rohstoffen den Vorzug einräumen musste, drohte der wichtigste Abnehmer wegzubrechen. Deshalb war Argentinien, das bereits einer auf hochwertiges Kühlfleisch beschränkten und per Verrechnungsabkommen festgelegten Importquote für argentinisches Rindfleisch zugestimmt hatte, nach der Ottawa-Konferenz zu noch mehr Konzessionen bereit. So wurden 1933 im Roca-Runciman-Vertrag die Exportbeschränkungen für argentinisches Rindfleisch noch um die Bedingung ergänzt, dass 85 Prozent des Handels künftig durch britische Gefrierfleischfirmen zu erfolgen hätten. Damit stiegen die britischen *Frigorificos* zu ähnlichen Quasi-Monopolisten auf, wie es die Getreideexporteure waren. Und wieder – wie schon im Getreideexport – waren es die kleinen und mittelgroßen Produzenten, denen das Leben besonders schwer gemacht wurde. Denn die britische Importquote für hochwertiges, argentinisches Kühlfleisch wurde in der Regel durch Fleisch der großen Rinderzüchter ausgeschöpft, obwohl die Rinder-Estancias kleinerer und mittlerer Größe nicht weniger hochwertiges Fleisch produzierten. Allerdings mangelte es Letzteren an dem Einfluss, den die großen *ganaderos* besaßen, die ihre Geschäfte mit den Einkäufern der britischen Tiefkühlfirmen direkt auf ihren Estancias abwickelten. Die kleineren Züchter mussten ihr Vieh hingegen auf den Auktionen im Viehmarkt von Liniers im Schlachthofviertel von Buenos Aires anbieten. Während das Fleisch der Rinder, die direkt auf den Estancias eingekauft wurden, das Prädikat ›gefriergeeignet‹ erhielt, wurden Herden, die auf den Auktionen in Liniers die Besitzer wechselten, in der

Regel auch dann schlechter klassifiziert, wenn ihr Fleisch von vergleichbar guter Qualität war. Denn das Zertifikat ›gefriergeeignet‹ versprach 20 bis 25 Prozent höhere Preismargen.[271] Verständlich, dass die privilegierten Rinderbarone, die im Senat ihre Interessen verteidigten, kein Interesse daran hatten, ihre Fleischaufkäufer durch lästige Steuerprüfungen zu verärgern. Die Kühlfleischfirmen konnten den argentinischen Steuerbehörden jede Auskunft verweigern und kamen damit durch, weil auch das Finanzministerium eine Politik des Laisser-faire betrieb. Als Felix Weil das begriff, schmiss er seine Arbeit in der Kommission hin. »Und zwar mit ziemlichem Krach«, wie er Horkheimer am 13. Juli 1934 in einem Brief verriet.[272] Einzig dem Drängen von Senator Lisandro de la Torre war es zu verdanken, dass der Senat schließlich doch von einer Untersuchungskommission überprüfen ließ, in welchem Ausmaß die Gefrierfleischfirmen Steuerhinterziehung betrieben. Als der Direktor der weltweit größten Gefrierkühlfirma, der *Frigorifico Anglo*, die an einem einzigen Tag in ihrer Filiale in Buenos Aires 5000 Stück Rind verarbeitete, die Zusammenarbeit mit der Untersuchungskommission verweigerte, ließ ihn Lisandro de la Torre verhaften. Die Bücher mit den Bilanzen wurden anschließend bei einer Kontrolle auf einem Dampfer der Firma in Kühlcontainern mit der Aufschrift »Dosenfleisch« entdeckt, die bereits den Stempel der Zollbehörde trugen. Die Bücher sollten außer Landes geschmuggelt werden, und durch die Stempel war es offensichtlich, dass die Zollbehörde mit der Firma unter einer Decke steckte. Die von Lisandro de la Torre geleitete Untersuchungskommission brachte noch viel mehr zutage. Von zwölf untersuchten Export-Gefrierfleischfirmen zahlte nur eine einzige Firma Steuern. Firmen wie die *Frigorifico Anglo* vermieden Steuern, indem sie die Gewinne, die sie in ihrer Filiale in Buenos Aires erwirtschafteten, mit den andernorts erlittenen Verlusten verrechneten. So hatte die Anglo Einnahmen in Höhe von 75.000 Pesos deklariert, aber in den vergangenen drei Jahren in Wirklichkeit knapp 38 Millionen Pesos allein in Buenos Aires verdient.[273] Im großen Stil hatten die Firmen eine von der argentinischen Regierung geduldete Steuerhinterziehung betrieben. Als Lisandro de la Torre im Mai 1935 die Ergebnisse der Untersuchung dem Senat präsentierte, warf er namentlich den Ministern des Landwirtschafts- und des Finanzministeriums vor, sich zu Komplizen der englischen Kühlfleischfirmen gemacht zu haben. Landwirtschaftsminister Duhau hatte als einer der größten Rinderzüchter Argentiniens der Frigorifico Anglo seine Rinder zu überteuerten Preisen verkauft. Finanzminister Pinedo hatte sich durch Nichtstun des Amtsmissbrauchs schuldig gemacht. Die Debatte zog sich über Tage hin. Die Stimmung wurde zunehmend explosiver. Duhau drohte dem Senator, er werde ihn zum Schweigen bringen, wenn er den Vorwurf der Korruption nicht zurücknehme. Pinedo forderte ihn anscheinend sogar zum Duell heraus. Es kam zu tumultartigen Szenen im Senat. De la Torre stürzte bei einer Rangelei zu Boden. Es fiel ein Schuss, der dem am Boden liegenden Senator galt, aber einen Banknachbarn und Parteifreund traf, der Lisandro de la Torre zu Hilfe geeilt war.

*

Menschenleben waren den Rinderzüchter-Senatoren offensichtlich kein zu hoher Preis, sobald sie ihre wirtschaftlichen Privilegien in Gefahr sahen. »Zwischen den großen Rinderzüchtern herrschte zwar Wettbewerb, aber es gab die Tendenz, sich gegenseitig gefällig zu sein«, resümierte Felix Weil. »Nach dem Motto *Ehrenmänner helfen sich* zogen sie, wenn es ihnen zum Vorteil gereichte, gemeinsam an einem Strang. Um einen unliebsamen Konkurrenten auszuschalten, zum Beispiel, oder um sich vor staatlichen Maßnahmen zu schützen, oder auch vor einer zu sehr erstarkenden Industrie, die sie als Bedrohung empfanden. So bildeten sie auch eine Einheitsfront gegenüber einem klugen Senator, der eine Untersuchung durchführen wollte. Er war für sie nur ein dreister Eindringling, der nicht begriffen hatte, wie die Dinge und die Geschäfte liefen.«[274]

Der Auftritt im Senat brachte Lisandro de la Torre den Titel ›Staatsanwalt der Nation‹ ein, doch der Tod des Parteifreundes erschütterte ihn nachhaltig. 1937 zog er sich ganz aus der Politik zurück. 1939 schoss er sich eine Kugel in die Brust.

Ein Zeppelin am Himmel über Buenos Aires

Im Juli 1934 lebte Felix Weil mit Margot Jacoby in der Avenida Corrientes im 18. Stockwerk des 88 Meter hohen Edificio Comega, dem ersten und bisher auch einzigen Hochhaus der Stadt. Doch zweihundert Meter weiter wurde in der gleichen Straße gerade ein zwei Meter höheres Gebäude fertiggestellt, auf einem Baugrundstück, das SAFICO gehörte. Mit diesem pyramidenförmig sich verjüngenden Art-Déco-Hochhaus schrieben sich die Erben von Hermanos Weil in die Silhouette von Buenos Aires ein. Zwei Jahre zuvor hatten sie den Bauauftrag in einem Architekturwettbewerb vergeben, den der Entwurf des Schweizer Ingenieurbüros Walter Möll gewann. Vom Fenster seines Appartements im Edificio Comega aus konnte Felix Weil verfolgen, wie der Stahlbetonbau in einer Rekordzeit von neun Monaten in die Höhe wuchs. Längs der Avenida Corrientes nahm die Fassade des Gebäudes die gesamte Breite ihres Baugrundstücks ein. Der eigentliche Turm dahinter war schmaler und wirkte durch seine zehn Stockwerke hohe Vorderfront wie durch ein Fort geschützt. Der Bau stand auf drei Untergeschoss-Ebenen. Zwei dieser Ebenen wurden zu Tiefgaragen ausgebaut. Auf der dritten Ebene kam die komplexe Haustechnik unter. Denn der Turm, der offiziell den Namen *Edificio Safico* trug, war nicht nur das höchste, sondern auch das modernste Appartement-Gebäude der Stadt. Wenn Felix Weil an die verschwenderisch großen Häuser dachte, in denen er Kindheit und Jugend verbracht hatte, erschien ihm das Edificio Safico wie das reinste Platzwunder. Auf nur einem Viertel jener Grundfläche, auf der ihr weitläufiges Frankfurter Villengrundstück angelegt war, wurden mitten im Stadtzentrum von Buenos Aires 107 modern ausgestattete Appartements errichtet. Die Triplex-Penthouse-Wohnung in der Turmspitze war für ihn selbst reserviert.[275]

In der Morgendämmerung des 30. Juni 1934 waren in den obersten Etagen des Edificio Comega trotz der frühen Uhrzeit alle Fenster mit

Schaulustigen besetzt, denn seit Tagen hatten die Zeitungen die Ankunft des LZ 127 ›*Graf Zeppelin*‹ angekündigt, dessen Konturen sich an diesem Morgen zum ersten Mal am Himmel über Buenos Aires abzeichneten. 34 Jahre kamen die Starrluftschiffe mittlerweile schon zum Einsatz und noch immer zogen die Himmelsgiganten dort, wo sie auftauchten, die Menschen in ihren Bann. Felix Weil musste beim Anblick eines Zeppelins normalerweise automatisch an seinen Vater denken. Solange es ihm sein Gesundheitszustand erlaubte, hatte Hermann Weil jede neue Flugroute ausprobiert, die für Passagiere freigegeben wurde. Die erste Transatlantiküberquerung im Jahr 1928 erlebte er allerdings nicht mehr. Zwischen Deutschland und Brasilien bestand seitdem ein regelmäßiger Luftschiffverkehr. Aber am Morgen des 30. Juni 1934 schwebte der Zeppelin zum ersten und einzigen Mal weit im Süden des Kontinents über der argentinischen Hauptstadt ein. Überall in der Stadt hatten die Zeitungen ihre Fotoreporter postiert, um die schönsten Bilder des Zeppelinfluges einzufangen. Ein besonders imposantes Motiv bot der Vorbeiflug am Edificio Safico. Für einen magischen Moment ließ die Macht des Fortschritts die *Porteños* die Auswirkungen der Weltwirtschaftskrise vergessen. Das zu diesem Zeitpunkt höchste Gebäude der Stadt und das größte Wunder der Technik majestätisch vereint in einem Bild für die Ewigkeit! Eindrucksvoller konnte nicht demonstriert werden, dass die von der Justo-Regierung getroffenen Maßnahmen zur Lösung der Krise erste Erfolge zeitigten. Um das Ereignis gebührend zu feiern, wurde das Luftschiff auf den letzten Kilometern zum Campo de Mayo, der Militärbasis dreißig Kilometer außerhalb der Stadt, von sieben Propellerflugzeugen des argentinischen Militärs begleitet. Felix Weil verließ seinen Fensterplatz. Auf den Heckflossen des LZ 127 Graf Zeppelin prangte unübersehbar ein Hakenkreuz. Die Inszenierung am Himmel geschah aus einem profanen außenpolitischen Anlass im Vorfeld der Unterzeichnung des ersten Verrechnungsabkommens, das Argentinien und Nazi-Deutschland schlossen. Aber die sich bessernde ökonomische Lage Argentiniens war nur zum Teil auf die Regierungsmaßnahmen zurückzuführen. Argentinien hätte vor allem einen ungeheuren Dusel gehabt, dass die amerikanische Ernte vertrocknet sei, so Felix Weils nüchterne Analyse, die von der wirtschaftsgeschichtlichen Literatur bestätigt wird.[276]

Der Erbstreit

Zwischen Mai und August 1934 klärte sich die Frage des Institut-Standorts. Der in New York aufgewachsene Julian Gumperz, der neben seiner Malik-Tätigkeit 1927 am Institut promoviert hatte und Pollocks Mitarbeiter wurde, als dieser den erkrankten Grünberg vertrat, wurde von Horkheimer auf eine Sondierungsreise in die USA geschickt, auf der er erste Kontakte zur Columbia University knüpfte. Daraufhin brach im April 1934 Horkheimer mit seiner Frau in die Staaten auf. Am 27. Mai schrieb er Pollock aus New York, dass für ruhiges, wissenschaftliches Arbeiten dieser Erdteil geeigneter sei als Europa. Zwar müsse auch in den USA mit einer weiteren Verschärfung der politischen und wirtschaftlichen Situation gerechnet werden, aber insgesamt schien ihm hier die Möglichkeit wissenschaftlichen Arbeitens noch gegeben zu sein, wovon seiner Einschätzung nach in Europa bald nicht mehr die Rede sein könne.[277] Die Wahl fiel aus praktischen Gründen auf New York, das Horkheimer damals günstiger als andere Städte erlebt hatte. Von der Columbia University wurde dem Institut ein Haus in der ›Institutszeile‹ im Stadtteil Morningside Heights überlassen. Einen etwaigen Umzug in eine kleinere, ruhigere Stadt zu einem späteren Zeitpunkt, wie er ihn 1941 mit seinem Umzug an die Westküste nach Los Angeles schließlich auch realisierte, schloss Max Horkheimer schon im Mai 1934 in seinem ersten Brief an Pollock nicht aus. Im August informierte er Felix Weil in Buenos Aires darüber, dass die Verhandlungen mit der Columbia University zum Abschluss gekommen waren. Bis sie richtig anfangen könnten, würden jedoch noch zwei Monate vergehen. »I hope sincerely that after we started, you will come and see how everything is going along«, schloss Horkheimer auf Englisch.[278] Das war eine freundschaftliche Einladung an den Stifter und Finanzier, sich selbst ein Bild von allem zu machen. Als Einladung zur inhaltlichen Mitarbeit war das nicht zu verstehen. Felix Weil lebte zu diesem Zeitpunkt schon seit fast sechs Jahren in räumlicher Entfernung zum Institut. Bisher hatte er nicht zu erkennen gegeben, dass er wieder mitmachen wolle. Bis vor kurzem hatte ihn in Buenos Aires die Arbeit ausgelastet. Dass er sämtliche Tätigkeiten in der Regierungskommission quasi über Nacht beendet hatte und auch nicht mehr im Colegio Libre unterrichtete, hatte Horkheimer erst im letzten Brief erfahren. »Das Abschütteln Deiner hohen Ämter hat seine guten und schlechten Seiten. Motte wird sich vermutlich freuen«, schrieb er dazu nur. Von Mitarbeit war auch hier noch nicht die Rede. Doch als Felix Weil und Motte im Frühjahr 1935 dem New Yorker Institut einen Besuch abstatteten, schien es in den Gesprächen mit Pollock und Horkheimer vor allem darum gegangen zu sein, wo nun eigentlich künftig der Platz ihres Finanziers wäre. Die Arbeit im Expertenrat des Finanzministeriums hatte ihn abgelenkt. Sie hatte ihm keine Zeit gelassen, darüber nachzudenken, dass alles, was er in Deutschland aufgebaut hatte, von den Nazis zerstört worden war. Das Ausmaß des Verlustes wurde ihm jetzt umso bewusster. Denn in Argentinien wartete seit seinem Rückzug aus der Regierungskommission keine Aufgabe mehr auf ihn, die ihn geistig ausfüllte, worunter anscheinend auch schon seine Ehe litt. Margot Jacoby äußerte Horkheimer gegenüber, dass sie die Vorstellung, Lix könnte ohne eine wissenschaftliche Beschäftigung nach Buenos Aires zurückkehren, in Katastrophenstimmung versetze. Sie schlug vor, er solle erst einmal länger bei ihnen in New York am Institut bleiben und dann nur mit einer – wie von ihr etwas flapsig formuliert – »Schulaufgabe, deren Ablieferungstermin feststeht« nach Buenos Aires reisen.[279] Horkheimer gab ihr Recht, schränkte jedoch ein, dass sie mit Lix, bevor er selbst eine wissenschaftliche Arbeit beginnen könne, unbedingt noch eine Reihe theoretischer Gespräche haben müssten. Dann erst könne man planen.[280] Für eine Mitarbeit an den als Gemeinschaftsprojekt konzipierten interdisziplinären Studien über Autorität und Familie war es zu spät.

Die Studien waren 1935 schon zu weit fortgeschritten. Vor allem jedoch musste zunächst geprüft werden, ob sich Felix Weil nach sechs Jahren wissenschaftlicher Abstinenz in das am Institut unter Horkheimers Leitung herausgearbeitete Forschungsprogramm eingliedern ließe. Der Anspruch der Einheit von Praxis und Theorie, der das Institut vom ersten Tag an bestimmt hatte, wurde inzwischen durch methodische Miteinbeziehung empirischer Sozialforschung wissenschaftlich umgesetzt. Derart von Empirie durchdrungen, ließen sich in ihren theoretischen Studien nicht nur die ökonomischen, sondern auch die ideengeschichtlichen und die sozialpsychologischen Dimensionen der gegenwärtigen Ideologie im Verhältnis von Autorität und Familie kritisch umreißen. Noch wurde im Institut der Terminus materialistische Theorie verwendet. Der Terminus ›Kritische Theorie‹ sollte sich erst nach Horkheimers Aufsatz über *Traditionelle und kritische Theorie* (1937) etablieren.

Während also Pollock, Horkheimer und Weil zu dritt in New York zusammensaßen und sich über die Kontinuität ihrer bisherigen Rollenaufteilung unter komplett veränderten Bedingungen Gedanken machten, kündigte sich auf dramatische Art und Weise eine Intensivierung ihrer Zusammenarbeit an, die so keiner von ihnen im Sinn gehabt haben konnte.

Anita Weil war im Sommer 1934 mit ihren beiden Kindern in Buenos Aires eingetroffen. Fedor Phillip Gonzala, den Vater ihrer inzwischen vierjährigen Tochter, hatte sie in Europa zurückgelassen, nachdem auch die zweite Ehe mit ihm in die Brüche gegangen war. Anita blieb freilich in Buenos Aires nicht lange alleine. Herbert Hofmann, ein Cousin zweiten Grades, wich bald nicht mehr von ihrer Seite. Von Beruf Arzt, mit gut laufender Praxis, außerdem Apotheker, schaffte er es, sich bei Anita schnell so unersetzlich zu machen, dass sie ihn ein paar Monate nach ihrer Ankunft heiratete. Wie eine Bombe schlug in New York nun die Nachricht ein, dass Anita ihre Zahlungen an die SIRES einstellen wollte. Sie vertrat den Standpunkt, dass sie zu den jährlichen Zuwendungen nur verpflichtet gewesen sei, solange es die Gesellschaft für Sozialforschung gegeben hätte.

Von Zahlungen an die SIRES sei im Testament ihres Vaters keine Rede gewesen.[281] Man musste nicht lange überlegen, um darauf zu kommen, dass ihr das nur ihr neuer Mann eingeredet haben konnte. Hofmann hatte sich von Anita nach der Hochzeit alle Vollmachten über ihre Konten geben lassen. Um gleich klarzustellen, dass nun ein neuer Wind wehte, brachte er seine Anwälte in Stellung und reiste im April 1935 mit Anita nach Rotterdam zu ROBEMA. Dort trafen etwa zur gleichen Zeit Fritz Pollock und Felix Weil aus New York ein. Zwar ließ sich schnell klären, dass Anita die Rechtskräftigkeit der neuen Schenkungsvereinbarung mit SIRES im März 1933 bestätigt hatte und Nadel von ihr bevollmächtigt worden war, von den Dividenden ihrer Aktiengewinne die Verpflichtungen gegenüber der SIRES zu erfüllen.[282] Da Hofmann jedoch auf keinen Fall alles beim Alten belassen wollte, dauerte es Wochen, bis sie sich auf einen Vergleich geeinigt hatten. SIRES sollte von Anita einmalig 2.660.000 Schweizer Franken erhalten. Im Gegenzug wurde sie von allen weiteren finanziellen Verpflichtungen befreit. Die Zahlung sollte am 1. Januar 1937 erfolgen. Für das Jahr 1936 bliebe die bisherige Regelung in Form der jährlichen Schenkung weiter bestehen.[283] Doch Horkheimer hatte seine Zweifel, dass Pollock und Felix Weil sich in diesem Streit durchsetzen konnten. »Wenn man solchen Herrschaften gegenüber sich nicht von vorneherein hundertprozentig entschlossen zeigt, ist man schon verkauft.«[284] Er sollte Recht behalten. Anita und ihr neuer Mann hielten sich nicht an die getroffenen Vereinbarungen. Weils Schwester blieb die Zahlung für das Jahr 1936 schuldig. Da Hofmann in der Zwischenzeit Anitas Vermögen auf ein Konto, das er Nadel für sich einrichten hieß, verschoben hatte, gab es auf ihrem Konto nichts zu holen.[285]

*

Jeder, der mit Herbert Hofmann näher zu tun hatte, fragte sich, warum eine amüsante und geistreiche Frau wie Anita einen so schrecklichen Menschen heiraten konnte.[286] Ihrer Tochter Iris fiel bei dem Gedanken an ihren Stiefvater noch Jahrzehnte später als besonders herausstechendes Merkmal seine tenorale Sprechstimme ein, mit der er stundenlang schreien konnte. Die Verwandten seiner Frau waren in seinen Augen samt und sonders Diebe, Verbrecher, Deserteure und Idioten.[287] Dass sich ihre Mutter von diesem Menschen angezogen fühlte, erklärte sich Iris als erwachsene Frau damit, dass diese eine Schwäche für gewalttätige Männer gehabt habe. Erich Arthur Nadel hatte eine andere Erklärung. Während der Verhandlungen war ihm aufgefallen, dass Anita immer wieder völlig unmotiviert in Gelächter ausbrach. Gegenüber seiner Sekretärin äußerte er den Verdacht, dass Hermann Weils Tochter unter Drogeneinfluss stand. Für eine Opiumsucht sprach seiner Ansicht nach, dass sie durch die Heirat mit dem Arzt und Apotheker Hofmann, leichter in den Besitz der gewünschten Mengen an Opium und Morphium käme.[288] Felix Weil sorgte sich freilich weniger um seine Schwester. Dass Anita dem Institut ganz ohne Not Schaden zugefügt hatte, »das führte zu einem Bruch zwischen uns Geschwistern, der erst 1951, kurz vor ihrem Tode, beigelegt wurde«, hielt Felix Weil in seinem Lebensbericht fest.[289] Der Erbstreit zwang ihn, das Finanzierungsmodell der Stiftung zu überdenken. In Europa befand sich der Faschismus auf dem Vormarsch. Der Sitz des Instituts war in die Vereinigten Staaten verlegt worden. Er selbst lebte in Argentinien. Das Vermögen wurde von Rotterdam aus verwaltet. Wollte er mit Pollock und Horkheimer etwas persönlich besprechen, mussten riesige Distanzen überwunden werden. Was würde aus dem Institut, wenn er plötzlich verstarb? Wer das Stiftungstestament anfechten wollte, fände in dieser unübersichtlichen Gemengelage immer etwas, das anfechtbar war. Die SIRES hätte durch die gegenwärtige Regelung nicht die Mittel, einen langwierigen juristischen Kampf durchzustehen. Deshalb ging Felix Weil daran, der SIRES durch die Stiftung einer ausreichend großen Kapitaldecke finanzielle Unabhängigkeit zu verschaffen. Im Oktober 1935 verfügte er, dass sein auf dem SIRES-Konto deponierter Vermögensfonds, der der Hermann-Weil-Familienstiftung entstammte, in vollem Umfang an die SIRES überging. Bisher erhielt sie aus diesem Fonds nur die jährliche Dividende. Die Schenkung Felix Weils über 883.000 Dollar[290] entsprach in der Höhe etwa der Kapitalstiftung, mit der sich Anita im Januar 1937 von allen weiteren Verpflichtungen gegenüber SIRES freikaufte.[291] Doch Felix Weil ging weiter. Noch im gleichen Monat überschrieb er der SIRES auch sein ganzes restliches Vermögen – insgesamt 770.000 Dollar.[292] Davon 110.000 Dollar als sofortige Schenkung und die restlichen 660.000 Dollar in Form einer bedingten Schenkung, deren Wirksamkeit erst nach seinem Tod eintrat.[293] Auf 530.000 Dollar dieses Fonds hatte er lebenslang Zugriffsrechte. Klug angelegt, ließe sich von den Dividenden eine immer noch üppige Lebensrente beziehen.

Eine für alle Beteiligten schauerliche Geschichte

Während Felix Weil in Genf sein Vermögen der SIRES überschrieb, braute sich in Buenos Aires über seinem Kopf eine Intrige zusammen. Werner Jacoby, der Bruder seiner Frau, der sich als Filmproduzent versuchte, hatte das ihm gewährte Darlehen längst in einem immer noch nicht fertiggestellten Film versenkt. Die sichere Pleite vor Augen, zog sich sein Partner aus der Geschäftsführung zurück und überließ die kaufmännische Haftung ihm. Werner Jacoby hoffte darauf, dass ihm der Mann seiner Schwester aus der Patsche half – was Felix Weil auch tat. Er meldete eine zweite Filmfirma an, stellte einen Fachmann aus der Filmbranche ein und erwarb von seinem Schwager den noch nicht fertigen Film, um zu retten, was noch zu retten war.[294] Bis hierhin hatte sich alles im Rahmen normaler, wenn auch recht stümperhafter Geschäfte bewegt. Nun aber mischte sich Hofmann ein, und das Ganze wuchs sich zu einer für Felix Weil unangenehmen ›Affäre‹ aus. Hoffmann hatte Werner Jacobys ehemaligem Partner eingeredet, er sei über den Tisch gezogen worden, und ihn dann überredet, Felix Weil wegen Unterschlagung von Geldern bei Gericht anzuzeigen. Fritz Pollock in New York mochte kaum glauben, was er aus Buenos Aires erfuhr, und war entsetzt über die Art und Weise, in der sich der leichtsinnige Lix von den Verwandten seiner Frau in fragwürdige Geschäfte hatte hineinziehen lassen. Felix Weil musste in einem institutsinternen Lagebericht den gesamten Hergang der Affäre protokollieren. Ans Licht kam ein grotesker, von Hofmann inszenierter Verleumdungsfeldzug, in dessen Verlauf dieser unter anderem die Behauptung in die Welt gesetzt hatte, aufgrund einer vom Vater übertragenen Lues sei Felix Weil nicht zurechnungsfähig.[295] Im Dezember 1935 floh Weil aus Argentinien in Richtung USA, um Abstand zu Hofmann zu bekommen. Dennoch ging er zu diesem Zeitpunkt noch davon aus, die Affäre wäre in ein paar Wochen wieder aus der Welt. Im März 1936 prasselte dann plötzlich eine Salve Klagen auf ihn ein, die von Hofmann bei den Gerichten in Genf, Rotterdam und Buenos Aires gegen ihn und die SIRES eingereicht worden waren. Hofmann forderte von ihnen Zahlungen zurück, die Anita in die Grünberg-Pensionskasse geleistet hätte. Außerdem Goldbarren, deren Wert der ›neuen‹ Gesellschaft nach der Flucht aus Deutschland ausbezahlt worden sei. Ferner verlangte er per Gericht Rechenschaft über die Administration sämtlicher Gelder seit Auflösung der Hermann-Weil-Familienstiftung. Und weil die SIRES in Rotterdam inzwischen gerichtlich die Jahresrate 1936 einklagte, die Anita ihr schuldig geblieben war, hatte Hofmann im Gegenzug seinerseits die SIRES sogar in Buenos Aires angezeigt. Unter anderem behauptete er, die SIRES hätte SAFICO-Aktien unterschlagen.[296] Das in Buenos Aires anhängige Gerichtsverfahren war für die SIRES besonders unangenehm, da Hofmann seinen Heimvorteil nutzte, um den Ruf des Instituts zu desavouieren. Das Gerücht von der auch geistigen Erkrankung des Stifters gab einen Vorgeschmack.[297] Felix Weil wurde von Hofmanns Großoffensive während eines Klinikaufenthalts in New York überrascht. Er glaubte, an sich eine Lumbalpunktion vornehmen lassen zu müssen, um das von Hofmann in die Welt gestreute Gerücht zu widerlegen, er leide im fortgeschrittenen Stadium an einer Syphilis. Der ärztliche Befund war negativ. Doch statt erleichtert zu sein, war er nah am Nervenzusammenbruch. Denn in Buenos Aires hatte Werner Jacobys ehemaliger Geschäftspartner einen Haftantrag gegen ihn eingereicht. Und der Untersuchungsrichter in Buenos Aires wollte ihn nun doch zu der Filmproduktions-Affäre als Zeugen befragen, bevor er darüber entschied, ob die Sache eingestellt werden sollte oder nicht. Und Hofmann, in Buenos Aires als Arzt bestens vernetzt, wollte für den Fall seiner Rückkehr vorsorglich schon seine Entmündigung wegen geistiger Umnachtung beantragt haben. Keinen Fuß konnte Felix Weil unter diesen Umständen auf argentinischen Boden setzen. Denn entschlösse sich der Richter nach seiner Vernehmung zu einer Untersuchung des Falls, müsste er nach argentinischem Gesetz für die Dauer der Untersuchung ins Gefängnis und wäre dort Hofmann ausgeliefert. Dessen Drähte reichten inzwischen bis in die obersten Etagen der argentinischen Politik. Präsident Justo nämlich hatte eine Geliebte. Leonor, die Tochter des Bunge & Born-Hauptaktionärs Alfredo Hirsch und zufällig die beste Freundin von Anita.[298] Da der Präsident verheiratet und Argentinien sehr katholisch war, hatte Hofmann ihm seine Arztpraxis für die Schäferstündchen mit der Geliebten reserviert.[299] Wie Jago, der Intrigant aus Shakespeares *Othello*, schlüpfte auch Hofmann geschickt in die Rolle des Kupplers, damit sich mit dem Wissen um die sündige Schwäche des Präsidenten bei Gelegenheit auch ein gewisser Druck auf ihn ausüben ließ. Felix Weil jedenfalls geriet in helle Panik. Er reiste zunächst mit Pollock nach Genf, wo die Anwälte sie schon erwarteten. Kaum angekommen, schrieb er Horkheimer einen Brief, der zeigt, in welch aufgelöster Verfassung er sich inzwischen befand: »Es ist möglich, vielleicht sogar wahrscheinlich, dass der argentinische Untersuchungsrichter – ein wie es scheint, durchaus korrekter, aber eigensinniger Mensch – darauf bestehen könnte, mich zu vernehmen, – sei es, dass er den Fall einfach liegen lässt und mir eine Frist zur Rückkehr stellt, sei es, dass er mich vielleicht zu zwingen versucht, zurückzukehren, obwohl das auf dem Weg über Auslieferung nach den vorliegenden Verträgen mit den USA überhaupt nicht oder nur sehr schwer möglich wäre. Auf alle Fälle wird es also nützlich sein, dass man meinen Anwalt in die Lage versetzt, nachzuweisen, dass ich auf absehbare Zeit nicht kommen kann. Zu diesem Zweck begib Dich bitte gleich zu Dr. Roseneck und veranlasse ihn, ein Zeugnis auszustellen, in welchem mein

Gesundheitszustand so dunkel wie möglich gemacht wird; in welchem also etwa folgendes stehen sollte …« Und dann listete er die Symptome auf, die sein Arzt in das Gutachten aufnehmen sollte: »schwere nervöse Herzstörungen, hervorgerufen durch Aufregungen über seine Schwester und deren Gatten, die eine Art Nervenschock hervorgerufen haben, sodass Patient, wenn irgendetwas mit diesen Personen Zusammenhängendes an ihn herankommt, in hochgradige Erregung versetzt wird, die sich in Herzklopfen, Übelkeit, Schlaflosigkeit, Kopfweh, Zittern und dergleichen äußert.« Als Arzt schien Hofmann gespürt zu haben, dass Felix Weil früher oder später die Nerven verlieren musste. Nun war es tatsächlich so weit. In seiner Hilflosigkeit forderte Felix Weil seinen Hausarzt auf, gegen die ärztliche Schweigepflicht zu verstoßen und dem Richter Auskunft über seine neurotischen Symptome und einen bereits erlittenen Nervenzusammenbruch zu geben. »Es genügt meistens, dass ein Brief oder Telefonat aus Argentinien ihm zu Gesicht kommt, um die Neuroseattacken, die meist zwei bis drei Tage dauern, auszulösen«, fuhr er in seiner Selbstbeschreibung fort. »Patient fühlt sich besonders bedroht seitens seines Schwagers Dr. Hofmann, der ein argentinischer Arzt sein soll und offenbar versucht hat, Patient das Leben in Argentinien unmöglich zu machen durch systematische Angriffe und Erzählungen, die den Zweck haben, Patient in den Augen von Dritten herabzusetzen und auch die Frau des Patienten gegen denselben zu beeinflussen. So soll Dr. Hofmann zum Beispiel Zivil- und sogar Kriminalprozesse in Argentinien gegen den Patienten eingeleitet haben, was er vor Herrn Pedro Weil, einem Vetter des Patienten, zugegeben haben soll, und soll ihn bedroht haben, weitere Kriminal- und Zivilprozesse in Argentinien und anderen Ländern gegen ihn anstrengen zu lassen.« Felix Weil musste es bei dem Gedanken, wie angreifbar er in Hofmanns räumlicher Nähe wäre, geradezu geschwindelt haben, denn dieser hatte von Anita offenbar zu viel über ihn erfahren. Weil war sich sicher, dass Hoffman Präsident Justo gegenüber behauptet hatte, seiner Regierungskommission habe ein waschechter Kommunist angehört, der in Deutschland seiner linken Umtriebe wegen schon einmal in Abschiebehaft gesessen habe. Noch aber ahnte Hofmann nichts von seiner Verbindung zum Lateinamerika-Büro der Komintern, denn sonst hätte er diese Tatsache längst als Druckmittel eingesetzt. Fand er das aber auch noch heraus, hätte das Institut in New York ein Problem. Dessen Mitarbeiter nämlich hatten vom ersten Tag an unter Beobachtung gestanden. FBI-Chef Edgar Hoover hatte für sie den Begriff ›communazis‹ erfunden.[300] Man öffnete ihre Post, suchte in ihren Veröffentlichungen nach politisch radikalen Botschaften und hörte ihre Telefonate ab.[301] Die Vorstellung, Hofmann könnte irgendwie erfahren, dass er sogar noch in Argentinien bis vor wenigen Jahren in die Komintern-Tätigkeiten involviert war, musste für Felix Weil zur fixen Idee geworden sein, während er den Brief schrieb. Denn es ging immer weiter: »Außerdem hat Dr. Hofmann (gegenüber Freunden des Patienten) versichert, Patient leide an erblicher Lues in vorgeschrittenem Stadium – welche Behauptung er auch weiteren Personen in Argentinien und Holland gegenüber aufgestellt haben soll – und soll angedroht haben, Patienten in Argentinien auf Antrag von Frau Dr. Hofmann, des Patienten Schwester, entmündigen zu lassen.« Und dann: »Patient, der eine nicht gerade robuste Gesundheit hat und zu nervösen Erscheinungen neigt, ist von all den sich immer mehr verstärkenden Drohungen und Behauptungen so erschöpft worden, dass sich bei ihm die eingangs geschilderten neurotischen Symptome herausgebildet haben.«[302]

Horkheimer schüttelte den Kopf, als er diesen Brief las. Lix hatte allen Ernstes geschrieben, dass mit einer schweren, für sein weiteres Leben bedrohlichen Nervenzerrüttung zu rechnen sei, wenn er in den nächsten Monaten nach Argentinien führe oder sich auch nur mit seinen dortigen Angelegenheiten beschäftige.[303] Der Brief war so verwirrt, dass Horkheimer begann, sich tatsächlich ganz ernsthaft um die Gesundheit des Verfassers zu sorgen. »Hast Du den Entwurf des Gutachtens gelesen, das er von Roseneck ausgestellt haben will?«, erkundigte er sich bei Fritz Pollock. »Es kann ja gar keine Rede davon sein, dass ein gewissenhafter Arzt ein solches, ihn und seinen Patienten aufs tiefste kompromittierendes Gutachten ausstellt. Wenn er das täte, müsste das auf den *korrekten, aber eigensinnigen* Untersuchungsrichter, wie Lix ihn nennt – der Eigensinn pflegt ja nun einmal zu den Eigenschaften der Untersuchungsrichter zu gehören! – einen katastrophalen Eindruck machen. Ich bitte doch dringend, dafür zu sorgen, dass sich Lix nicht etwa ein solches Gutachten, das ihn und alle, die mit ihm zu tun haben, im weiteren Verlauf der Dinge nur aufs schwerste schädigen könnte, in Europa ausstellen lässt.«[304] Horkheimer sah, dass die ärztliche Bestätigung des Nervenzusammenbruchs ihres Stifters ihrem Gegner die willkommene Erklärung in die Hand liefern würde, »dass unser Stifter ein geistig minderwertiger Mensch ist. Wenn so etwas passierte, dann garantiere ich dafür, dass wir in den nächsten Jahren unsere Kräfte in höchst unerfreulichen Kämpfen mit diesem Herrn verausgaben können.« Es dürfe, wiederholte Horkheimer noch einmal eindringlich gegenüber Pollock, unter keinen Umständen von Psychose die Rede sein. Sollte sich herausstellen, dass Lix ein Zeugnis aus Europa bräuchte, schlug er als Grund für Weils Reiseunfähigkeit eine Erkrankung aus dem Bereich der inneren Medizin vor. »Auch ein Beinbruch wäre ein verständlicher und ehrenwerter Entschuldigungsgrund, nicht aber Zittern und Herzklopfen! Die Verfassung, in der sich Lix, nach seinem Brief zu urteilen, gegenwärtig befindet, lässt es übrigens als ganz untunlich erscheinen, dass Du ihn etwa bei Deiner Abfahrt in Europa zurücklässt«. Horkheimer ärgerte sich. »Er ist ein solcher Jämmerling und Konfusionsrat, dass er unter Aufsicht bleiben muss, wenn er nicht die größten Dummheiten machen oder ein bloßer Spielball in den Händen der dortigen Intriganten bilden soll. Bringe ihn also auf jeden Fall wieder mit.«[305]

Die Angelegenheit war leider nicht auf die leichte Schulter zu nehmen, da ja auch gegen die Stiftung diverse Gerichtsverfahren anhängig waren. Am meisten beunruhigte ihn Buenos Aires. Horkheimer hatte aus diesem Grund einen Anwalt in New York engagiert, einen Spezialisten im argentinischen Strafrecht, der schon auf dem Weg nach Buenos Aires war.[306] Da dieser Anwalt zugleich auch ein persönlicher Freund des argentinischen Untersuchungsrichters war, der über das Verfahren im Fall der Filmproduktions-Affäre entschied, ging Horkheimer davon aus, dass sich nun hoffentlich auch diese lästige Sache aus der Welt schaffen ließ. Weils Entschluss, auf keinen Fall nach Argentinien zurückzukehren, solange sich die Folgen für ihn nicht abschätzen ließen, stellte seiner Meinung nach ein eindeutiges Schuldbekenntnis dar. »Nachdem Lix die Lage in Argentinien aufgrund seiner unüberlegten Handlungsweise so versaut hat, hielte ich es für einen Mangel an Solidarität, wenn er jetzt nicht genauestens unsere Ratschläge befolgte«, schloss er den Brief an Pollock.[307] Er hoffte, dass Felix Weils persönliches Erscheinen bei Gericht in Buenos Aires den Ausgang der Verfahren beschleunigen würde. Aber dessen schwaches Nervenkostüm hatte tatsächlich auch noch andere Gründe. Am 27. November 1935 war in Brasilien der kommunistische Aufstandsversuch gegen die Regierung von Getúlio Vargas gescheitert. Arthur Ewert, Luis Carlos Prestes und die deutsche Berufsrevolutionärin Olga Benario waren im März 1936 verhaftet worden. Felix Weil wollte es vermutlich nicht riskieren, in einem Moment nach Argentinien zurückzukehren, in dem im Lateinamerika-Büro der Komintern Schuldige für das Scheitern des Aufstands gesucht wurden. Er konnte nicht noch mehr Probleme gebrauchen. Sein Cousin hatte sich bei Flegenheimer in Rotterdam beschwert, dass sein Ruf in Buenos Aires durch Strafprozesse leide, deren Protagonisten bedauerlicherweise beides Vettern von ihm seien. »Kannst du Felix dazu bewegen, nicht diesen Mist noch länger hinauszuziehen, sondern dich zu autorisieren, ihn zu erledigen?«, fragte er bei Julius Flegenheimer in Rotterdam an. Er hatte seinem Brief eine Liste mit Vorschlägen beigelegt, mit denen sich seiner Meinung nach eine außergerichtliche Einigung mit Hofmann erzielen ließe. Unter anderem folgende Friedensempfehlung: »Felix und seine ganzen Konsorten verpflichten sich, nie mehr etwas gegen Herbert Hofmann oder Anita zu tun.«[308] Flegenheimer reichte alles an Pollock weiter. »Fauler Vergleich ausgeschlossen«, kabelte dieser sofort zu Pedro zurück. Er pochte auf ›Lixens restloser Reinwaschung‹, bezeichnete sie sogar als ›lebensnotwendig‹.[309] Schließlich hinge von der Integrität des Stifters die seiner Stiftung ab. Als Pedro wissen wollte, was an dieser Stiftung so wichtig sei, dass deshalb der Name Weil in Buenos Aires durch den Dreck gezogen werden müsse, trat Felix Weil als SAFICO-Direktor zurück und trennte sich von den noch in seinem Besitz befindlichen SAFICO-Aktien.[310] Das Wohl des Instituts stand für seinen Stifter an oberster Stelle. Dafür nahm er einen Streit mit seinem Cousin, das zerrüttete Verhältnis zu seiner Schwester und das Ende seiner Ehe mit Margot Jacoby in Kauf. In dem von ihm aufgesetzten Entwurf des ärztlichen Gutachtens hatte er unter den argentinischen Angelegenheiten, die von dem Patienten unbedingt ferngehalten werden müssten, auch die eigene Gattin aufgeführt.[311]

*

Horkheimer sah durch die Prozesse in Buenos Aires das Schicksal der Kritischen Theorie am seidenen Faden einer würdelosen Familienfehde hängen. Es war sein Wille, dass ein Vertreter des Instituts alles vor Ort genau verfolgte. Da sich Felix Weil dazu nicht in der Lage sah und Fritz Pollock in New York unabkömmlich war, musste der gerade erst aus London eingetroffene Rechtsphilosoph und Ökonom Franz Neumann als Prozessbeobachter nach Buenos Aires weiterreisen. Er war davon wenig begeistert. »Drei Jahre habe ich darauf gehofft, ›normal‹ arbeiten zu können. Kaum bietet sich die Gelegenheit, muss ich diese für alle Beteiligten schauerliche Geschichte bearbeiten.«[312] Horkheimer holte ihn zwar sechs Monate später, im Oktober 1936, wieder ans New Yorker Institut zurück, aber die Prozesse zogen sich noch ein weiteres Jahr hin. Erst im September 1937 wurde in Buenos Aires das Verfahren gegen die SIRES eingestellt.[313]

Für Felix Weil war der Albtraum sogar erst am 30. Juni 1938 vorbei. An diesem Tag wurde Anitas Vermögen endgültig der Verwaltung durch die ROBEMA entzogen und an den treuhänderisch tätigen Juristen Diego Hofmann übertragen, der als Bruder Herbert Hofmanns dessen Vertrauen genoss. Damit herrschte zwischen den Parteien erst einmal Waffenstillstand.[314] Die Hofmann-Affäre hat keinen Eingang in Felix Weils spät geschriebene Memoiren gefunden. Vielleicht war ihm die Vorstellung, dass sein den großen gesellschaftlichen Fragen gewidmetes Dasein in den Morast eines Intrigenspiels hineingezogen werden konnte und Züge einer billigen Posse annahm, während die Welt dem politischen Abgrund entgegentrieb, so unerträglich, dass er dieses Kapitel bewusst dem Vergessen anheimgeben wollte. Da aber die Hofmann-Affäre der Auslöser für die Abtretung seines gesamten Vermögens an die Stiftung war, wodurch Felix Weil freiwillig die Freiheit eines wirklich reichen Menschen aufgab und zu einem von der SIRES apanagierten Stifter wurde, ohne sich selbst in einer Klausel auch nur das geringste Recht auf Mitsprache über das überschriebene Vermögen eingeräumt zu haben, bliebe die Wirtschaftsgeschichte des Frankfurter Instituts ohne das Hofmann-Kapitel voller weißer Flecken. Der Satz »das Institut konnte das Stiftungsvermögen vor 1933 rechtzeitig ins Ausland bringen«, mit dem allgemein nur gesagt wird, dass das Institut für Sozialforschung die Nazizeit im Exil finanziell durchhalten konnte, bis es 1950 wieder nach Frankfurt zurückkehrte, ohne dass erklärt würde, wie dies geschah, gleicht dem visuellen Stopptrick des Filmpioniers Georges Méliès, bei dem für einen Moment die Kamera angehalten und etwas im Bild hinzugefügt oder entfernt wird, bevor die Kamera wieder weiterläuft.

*

Anfang Juli 1938 hielt sich Felix Weil zum ersten Mal seit Ausbruch der Erbstreitigkeiten mehr als drei Jahre zuvor kurz wieder in Buenos Aires auf.[315] Zu den Angelegenheiten, die er dort erledigen wollte, gehörte auch eine Aussprache mit seinem Cousin, der ihn inzwischen als SAFICO-Direktor abgelöst und nun auch das schon länger leerstehende Penthouse im Edificio Safico übernommen hatte. Denn Motte Jacoby war bereits 1937 in die Vereinigten Staaten gezogen und lebte seitdem an der Westküste in der deutschen Emigrantengemeinde von Los Angeles.[316] Zum Lateinamerika-Büro der Komintern bestand kein Kontakt mehr. In Russland hatte im Herbst 1936 der Große Terror begonnen, mit öffentlichen Schauprozessen und Massenterror im Geheimen. 1937 wurde Moskau von Fritz Glaubauf, dem Verbindungsmann in Montevideo, über Felix Weils Nähe zur KP-Opposition informiert. Aber Felix Weil war nie Mitglied der Kommunistischen Partei und konnte infolgedessen auch nicht zur Strafe aus ihr entfernt werden. Seine Ächtung erfolgte also nur symbolisch und wurde von ihm vermutlich nicht einmal bemerkt.

Wachsende Abhängigkeiten

Im April 1936, als sie sich wegen der Prozessangelegenheiten am Stiftungssitz in Genf aufhielten, richteten Weil und Pollock unter der treuhänderischen Verwaltung des SIRES-Vorsitzenden Pollock einen Fonds für Frank, Felix Weils Sohn aus erster Ehe ein, worüber Weils erste Frau, die jetzige Baronin von Hirsch, sehr erleichtert war. »Wenn, wie Lix sagte, Frank bei seiner Mündigkeit in den Genuss dieses Vermögens kommen wird, wird er Dir und Fritz zu dem größten Dank verpflichtet sein«, schrieb sie Horkheimer.[317] Das klang, als wäre ihr erster Mann von alleine nicht auf die Idee gekommen, an die Zukunft des eigenen Sohnes zu denken. Wie ein Fels bürgerlicher Solidität wirkte Max Horkheimer in dieser Zeit neben dem nervenschwachen Stifter.

Felix Weil, der auch im Sommer des darauffolgenden Jahres aufgrund der Hofmann-Prozesse wieder in Genf und Rotterdam zu tun hatte, nutzte 1937 die Zeit, um zum ersten Mal seit der Emigration aus Deutschland Ferien mit seinem Sohn zu verbringen. Bei dieser Gelegenheit stellte er zu seinem Entsetzen fest, dass auf Frank die katholische Internatserziehung, die er in Italien erhielt, stark abgefärbt hatte. Der 13-jährige betete eifrig, wollte sonntags in die Messe und aß an Freitagen kein Fleisch. Käte von Hirsch maß dem nicht allzu viel Bedeutung bei und empfahl ihrem Ex-Mann, Franks momentane Entwicklung einfach zu ignorieren. In ein paar Jahren ginge das alles wieder vorbei. Doch Felix Weil wollte sich mit dieser Erklärung nicht abfinden und sandte ihren Brief mit ein paar Zeilen an Horkheimer weiter: »Ich fände es nett von dir, wenn du bei Käte (…) dieses Thema berühren wolltest. Dies ist nämlich ihre Antwort darauf, dass ich ihr mitteilte, der Bub habe bereits feste Ansichten darüber, dass Anarchisten, Bolschewisten und Kommunisten erschossen werden müssen.«[318] Der psychisch angeschlagene Weil hatte es sich, auf der Höhe der Hofmann-Affäre, angewöhnt, Horkheimer und Pollock sogar zu persönlichen Angelegenheiten hinzuzuziehen. Seit die beiden sorgsam darauf achteten, dass Lix unter Aufsicht blieb, damit er keine Dummheiten machte, nahmen sie ihm ab, was ihn belastet hätte, und förderten, was ihm Erleichterung verschaffte. So hatte Weil es letztlich auch Horkheimer zu verdanken, dass er nach der Trennung von Motte Jacoby nicht lange allein blieb, denn der hatte ihn mit Lucille bekannt gemacht. Lucille hieß eigentlich Lucy und war die Tochter von Stefan Jakobowicz, dem einstigen Inhaber der Württembergischen Privatbank, der schon Horkheimers Vater in Bankangelegenheiten beraten hatte. Jakobowicz hatte im August 1936 Horkheimer von Luzern aus um den großen Freundschaftsdienst gebeten, sich seiner Tochter Lucy anzunehmen, die seit ein paar Monaten alleine in New York sei und trotz einer Ausbildung zur Sekretärin noch keine richtige Arbeit gefunden hätte. Sie hatte bei ihrer Einreise in die Vereinigten Staaten, wie viele andere Emigranten auch, eine Namensänderung vorgenommen und hieß jetzt Lucille Jackson.[319] Horkheimer vermittelte ihr eine Anstellung in ihrem erlernten Beruf bei Felix Weil, der bald mehr als nur berufliches Interesse an ihr zeigte. Doch die Entscheidung, ob er zum jetzigen Zeitpunkt schon wieder eine ernsthafte Beziehung beginnen sollte, machte er in dieser labilen Phase davon abhängig, dass seine Freunde am Institut die junge, attraktive, aber auch etwas oberflächliche Frau an seiner Seite akzeptierten. »Wenn sie dich nicht mögen, müssen wir uns wieder trennen«,[320] erklärte er Lucille und fragte auch hier wieder Max Horkheimer um Rat, was der von Lucilles Wesen und Charakter hielt.[321] Horkheimer empfahl ihm, die Liaison zu genießen. »Gewiss wäre es schade, wenn Deine Anstrengung, etwas aus ihr zu machen, schließlich vergeblich bliebe. Aber angesichts der Beschaffenheit des weitaus größten Teils der Menschen wäre dies jedoch wahrhaftig kein Grund zu einem vertieften Minderwertigkeitskomplex. Dann hast Du eben, sei es bloß wegen der Untauglichkeit des Objekts, sei es aus Mangel an psychologischer Erfahrung oder aus irgendwelchen anderen Gründen, diesen Menschen nicht verändern können, und die letzten Monate waren bloß eine gründliche und notwendige Ausspannung, die immerhin dadurch etwas weniger eintönig gewesen ist. Auch wenn es mit L. nichts war, hat Dir das Zusammensein mit ihr manches erleichtert. Du wirst nachher Deinen Weg weitergehen und hoffentlich auch in dieser Hinsicht mehr Glück haben. Sollte L. sich dagegen als ein Mensch erweisen, mit dem es sich auch weiterhin lohnt zusammen zu sein, tant mieux.«[322]

Der große Sozialphilosoph war kein Verfechter der Frauenemanzipation. Die junge Frau strengte sich an, ihnen zu gefallen. Insofern kostete es weder ihn noch Pollock Überwindung, die Tochter von Stefan Jakobowicz, ganz nebenbei eine Augenweide, zu akzeptieren.

Die Finanzen

»Diktatur des Direktors« hatte einer der Grundsätze am Institut für Sozialforschung gelautet; ein Begriff, den erstmals Carl Grünberg in seiner Antrittsrede 1924 geprägt hatte. Die Vorgaben des Direktors wurden nicht diskutiert. Doch da sich Carl Grünberg als Historiker verstand und Felix Weil sich vor allem für marxistische Theorie interessierte, kamen sich Institutsgründer und Stiftungsvorsitzender nie in die Quere, auch dann nicht, wenn Felix Weil inhaltliche Vorschläge machte. Die Rollen des Instituts- und Stiftungsdirektors gingen 1930 bzw. 1933 an die lebenslangen Freunde Max Horkheimer und Friedrich Pollock über, die sich in allem so ergänzten, dass Stiftung und Institut auch im Exil stets ein geschlossenes Ganzes bildeten, obwohl die Aufteilung zwischen administrativem und wissenschaftlichem Verantwortungsbereich strikter als vorher eingehalten wurde. Wie sich seitdem das Verhältnis Felix Weils zum Institut konkret definierte, konnten selbst langjährige Mitarbeiter und Wegbegleiter nicht sagen. Auf Karl Korsch, der 1936 aus Großbritannien in die USA emigrierte und im Rezensionsteil der *Zeitschrift für Sozialforschung* mitarbeitete, machte Felix Weil, wenn er ihn am Institut in New York antraf, immer einen freundlichen, aber doch auch unverbindlichen Eindruck.[323] Dass er kaum noch etwas mitzureden hatte, las Korsch daraus zu diesem Zeitpunkt noch nicht heraus, weil das für alle, die seine Position am Frankfurter Institut in den zwanziger Jahren kannten, schwer vorstellbar war. Auch Karl August Wittfogel, der wie Korsch schon zu Gründungszeiten 1923 an der EMA teilgenommen hatte und mit dem Institut in die USA emigriert war, musste 1936 von Pollock erst darauf hingewiesen werden: »Wenn Ihnen Felix Weil und ich, soweit das Institut infrage kam, als verantwortlich für die materielle Seite erscheinen mochten, so durfte Ihnen nicht entgehen, dass die entscheidende Frage unserer Zusammenarbeit stets aufgrund der wissenschaftlichen Linie erfolgte, für die Horkheimer verantwortlich ist.«[324]

Den *Studien über Autorität und Familie*, jenem interdisziplinären Gemeinschaftswerk, das 1936 in Paris als Sammelband erschien, war die Widmung *Felix Weil, dem treuen Freunde* vorangestellt. Nur dem, der Kenntnis von der Höhe der kurz vorher erfolgten Kapitalstiftung hatte, erschloss sich der Sinn dieser Worte ganz. Aber außer den Direktoren Horkheimer und Pollock hatte kein weiterer Mitarbeiter am Institut Kenntnis davon. Weder Marcuse noch Wittfogel oder Fromm. Nicht einmal Löwenthal, der in New York Trustee von einem der drei Stiftungstrusts war, kannte die Genese des Stiftungsvermögens. Noch 1980 nahm er an, die Gesellschaft für Sozialforschung sei von Hermann Weil seinerzeit mit einem Grundstockvermögen ausgestattet worden, das Horkheimer und Pollock zwischen 1931 und 1933 von dem Konto der Stiftung bei der Deutschen Bank aus Deutschland abgezogen und in den Niederlanden angelegt hätten.[325] Der Einzige, der außer den beiden Direktoren in einem bestimmten Moment noch Einblick in die Konten besaß, war ROBEMA-Direktor Erich Arthur Nadel, der zwischen 1936 und 1939 schrittweise das von ROBEMA verwaltete SIRES-Vermögen aus Europa abzog und es in die Vereinigten Staaten transferierte, wo es auf drei US-amerikanische Trusts verteilt wurde: die *Kurt Gerlach Memorial Foundation*, die *Social Studies Association* und die *Hermann Weil Memorial Foundation*, in der die *SOCRES Corporation* und *SIRES Realty Corporation* untergebracht waren. Die SIRES Reality Corporation betrieb als Kapitalgesellschaft zwei große Projektentwicklungsgesellschaften: die *Greyrock Park on Sound, Inc.* und die *Alden Estates, Inc.*, die Gebiete in Port Chester, einer Ortschaft im Westchester County im Bundesstaat New York, für den Bau von Siedlungen erschließen sollten.[326] Die im Dezember 1935 gegründete SOCRES Corporation verwaltete die Mittel für das Institut und die Mitarbeitergehälter. Ihr Vize-Vorsitzender war Erich Arthur Nadel. Ihm gegenüber ließ Horkheimer im Oktober 1937 die Bemerkung fallen, dass ihre finanzielle Lage nicht gerade erhebend sei.[327] Hatte die SIRES am 1. Januar 1937 noch ein Vermögen von 4.560.000 Schweizer Franken aufgewiesen, waren es ein Jahr später nur noch 3.560.000 Schweizer Franken.[328] Die Million, die in den Bilanzen fehlte, hatte sich beim Börsencrash 1937 in Luft aufgelöst, der seinerseits die Folge einer plötzlichen Wirtschaftsrezession war. Die Kurse an der New Yorker Börse halbierten sich und erholten sich bis zum Jahresende 1937 nicht mehr. Pollock, der bis zum Schluss auf eine Kurserholung hoffte, hielt die Aktien zu lange. Am Ende hatten sie 75 Prozent ihres Werts verloren.[329] Angesichts der schmelzenden Kapitaldecke fing Pollock bereits im April 1938 an, laut darüber nachzudenken, ihrer ›bedingten Schenkung‹ schon jetzt Kapital zu entnehmen. Im Notfall sei das vom Stifter genau so beabsichtigt.[330] Und tatsächlich griff Felix Weil noch einmal tief in seinen Fonds und stiftete der SIRES im Sommer 1939 zur sofortigen Verwendung weitere 130.000 Dollar.[331] Der Fonds war noch auf dem europäischen SIRES-Konto untergebracht – nicht mehr in Rotterdam, sondern am Genfer Stiftungssitz, da die neutrale Schweiz mittlerweile sicherer als die Niederlande schien.

Jakobowicz und der polnische Oberst

Auf der im Sommer 1939 erfolgten letzten Reise nach Genf zur Regelung der Schenkungsangelegenheit wurde Felix Weil von Lucille, seiner Frau, begleitet. Sie hatten im März 1939 in den Vereinigten Staaten geheiratet. In Genf trafen sie Lucilles Vater. Stefan Jakobowicz lebte zu diesem Zeitpunkt in Paris im Exil. Sie wollten von Genf aus gemeinsam an die bretonische Küste fahren, wo auch Frank zu ihnen stoßen sollte. Käte und ihr Mann, Donald von Hirsch, waren 1938 aus Meran zu ihrer nächsten Exilstation nach Surrey im Süden Englands weitergezogen und Frank besuchte seitdem ein schottisches Internat. Felix Weil freute sich auf einen langen Sommer mit seinem Sohn am Meer in Hossegor. Lucille freute sich auf die gemeinsamen Wochen mit dem Vater. Doch dann kam im Radio die Nachricht, dass Krieg mit Nazi-Deutschland bevorstünde. Unverzüglich wurden die Ferien abgebrochen. Felix Weil beeilte sich, seinen Sohn nach Schottland zurückzubringen, solange noch Fähren in Betrieb waren. Lucille und Stefan Jakobowicz brachen ins baskische Saint Jean-de-Luz an der spanischen Grenze auf, wo sich Lucille von ihrem Vater verabschiedete. Sie reiste von hier nach Lissabon weiter und von dort mit dem Schiff nach New York. Stefan Jakobowicz kehrte nach Paris zurück. So lang es möglich war, zog er Frankreich dem Exil in den Vereinigten Staaten vor. Er sprach kein Wort Englisch und sah ganz realistisch, dass er es in seinem Alter auch nicht mehr lernen würde. In Paris hielt er sich mit Schmuckverkäufen auf Kommissionsbasis über Wasser.[332] Erst als im Juni 1940 die deutschen Panzerdivisionen auf die französische Hauptstadt zurollten, verkaufte er alles, was noch ein paar Francs brachte, und erwarb von dem Erlös ein altes Auto. Weil er nicht selbst fahren konnte, bot er den Platz hinter dem Steuer einem polnischen Oberst an, der ebenfalls aus der Stadt herauszukommen versuchte. Während die Deutschen von Norden her in Paris eindrangen, flüchteten Jakobowicz und der polnische Oberst in südlicher Richtung aus der Stadt.[333] In Lourdes trennten sich ihre Wege. Der Oberst wollte sich von hier aus weiter nach London durchschlagen, während Jakobowicz auf Anweisungen seines neuen Schwiegersohns wartete, der ihm ein Visum zu besorgen versuchte. In Lourdes lernte Jakobowicz Franz Werfel und seine Frau Alma Mahler kennen, die ebenfalls auf die Fortsetzung ihrer Flucht warteten. Während der gemeinsamen Wartezeit unterhielt er sie mit der Schilderung der Odyssee, die er mit dem steifen und etwas bornierten polnischen Oberst auf der gemeinsamen Flucht aus Paris erlebt hatte. Trotz ihrer bedrohlichen Lage wusste er das komische Element dieser Flucht so anschaulich zu schildern, dass Werfel immer wieder schallend lachen musste und Jakobowicz versprach, dass er aus seinen Fluchterlebnissen mit dem Oberst eines Tages ein Theaterstück schreiben werde.[334] Es war kein leeres Versprechen: 1945 feierte *Jakobowsky und der Oberst*, eine ›Komödie der Tragödie‹, wie Werfel das Stück im Untertitel nannte, große Erfolge auf der Bühne. Das Stück war zwei Jahre lang allabendlich auf dem Broadway ausverkauft. 1958 wurde es unter dem Titel *Me and the Colonel* mit Danny Kaye als Jakobowsky und Curd Jürgens als Oberst Stjerbinsky von Peter Glenville verfilmt.[335]

Stefan Jakobowicz konnte im Januar 1941 in die Vereinigten Staaten einreisen.[336]

Fietje Kwaak

In einem Gespräch mit dem Historiker Martin Jay sagte die Soziologin Alice Maier, die am New Yorker Institut Horkheimers Sekretärin war, Ende der dreißiger und Anfang der vierziger Jahre hätte sämtliche Mitarbeiter am Institut bis hin zu den Sekretärinnen vor allem der Gedanke beflügelt, auch durch die von ihnen geleistete Arbeit würden Hitler und der Faschismus am Ende besiegt.[337] Eine der Sekretärinnen, die von dieser Mission erfüllt war, arbeitete allerdings nicht in New York, sondern bei ROBEMA in der Rotterdamer Gedempte Glashaven 17. Die 1901 geborene

Sophie Louisa ›Fietje‹ Kwaak, eine Landarbeiterstochter, hatte mit Hilfe eines Begabtenstipendiums eine Lehrerinnen-Ausbildung absolviert, bevor sie Stenotypistin und schließlich Sekretärin wurde und 1933 bei ROBEMA zur Chefsekretärin aufstieg. Für ihren Chef Nadel organisierte sie diesseits des Ozeans alles Notwendige für jenseits des Ozeans, wozu nicht nur die Bearbeitung von Überweisungen nach New York gehörte, sondern auch die Versorgung der zum Kreis des Instituts zählenden Wissenschaftler mit allem Nötigen für die Emigration. Sie ließ den Adressaten auch die Barschecks zukommen, mit denen Felix Weil unter anderem George Grosz, Eduard Fuchs und John Heartfield nach ihrer Flucht aus Deutschland unterstützte.[338] Bevor Erich Arthur Nadel im März 1939 eine Geschäftsreise in seiner Funktion als SOCRES-Vizevorsitzender nutzte, um in den USA zu bleiben, ernannte er Fietje Kwaak zu seiner Stellvertreterin und stattete sie mit allen Vollmachten aus. Auch Julius Flegenheimer emigrierte 1939, nachdem er den Geschäftsbetrieb in der niederländischen Getreidefirma *Hermanos Weil* eingestellt hatte. Er ging nach Argentinien. Vor seiner Abreise übertrug er der niederländischen Regierung im Auftrag von dem schon länger in Buenos Aires lebenden Sigismundo Edelstein dessen Den Haager Anwesen *Huis ten Vijver* in Scheveningen für die Nutzung als deutsch-jüdisches Kinderflüchtlingsheim. 150 Kinder fanden Zuflucht in der riesigen Villa, die noch vom Reichtum der Getreideära zeugte. Ein Jahr später aber waren schon die Nazis im Land. Im Mai 1940 ließen die deutschen Besatzer das Haus räumen. 1943 wurde die Villa abgerissen, um Platz für den Atlantikwall zu schaffen.[339]

Fietje Kwaak hielt nun bei ROBEMA alleine die Stellung. Da sie weisungs- und zeichnungsbefugt war, überwies sie bis Mai 1940 insgesamt noch 85.000 Gulden in die Vereinigten Staaten.[340] Als die Deutschen am 14. Mai Rotterdam bombardierten, ging das ROBEMA-Büro in Flammen auf. Die beiden Firmensafes schmolzen, die in den Safes deponierten Dokumente verbrannten. Fietje Kwaak nutzte diesen Umstand, um nun auch jene Unterlagen und Zettelkästen zu vernichten, die Hinweise auf die Identität der Kontoinhaber geliefert hätten und die sie deshalb vorsichtshalber bei sich zuhause aufbewahrt hatte. Im November 1940 erreichte sie vom deutschen Reichskommissariat die schriftliche Anfrage, ob ROBEMA unter jüdischem Einfluss stünde. In ihrem Antwortschreiben stellte sich Fietje Kwaak dumm und fragte ihrerseits nach, was sie unter jüdisch zu verstehen hätte. Die Familienchronik des Direktors sei ihr unbekannt. Auch die Frage, wem die ROBEMA-Aktien gehörten, könne sie nicht beantworten, da die Aktien ›auf den Inhaber‹ lauteten. Wer die jeweiligen Inhaber seien, wüsste nur der Direktor. Doch der Direktor sei während einer Geschäftsreise in den Vereinigten Staaten vom Kriegsausbruch überrascht worden. Mit Verweis auf die beiden geschmolzenen Firmensafes konnte sie belegen, dass von den Firmenunterlagen nichts übrig geblieben war. Da bei der Bombardierung des Stadtzentrums auch das Price-Waterhouse-Büro zerstört worden war, gab es dort ebenfalls kein ROBEMA-Dossier mehr.[341] Fietje Kwaak legte ihrem Antwortschreiben eine derart ausgedünnte finanzielle Vermögensbilanz der Firma bei, dass dem Reichskommissariat eine rasche Bearbeitung der ungeklärten Fragen nicht mehr dringlich erschien. 22.000 jüdische und deutschfeindliche Firmen mussten in den Niederlanden abgewickelt werden. Man wandte sich nun zunächst jenen Fällen zu, die sich eindeutig jüdischen Eigentümern zuordnen ließen. Zum Beispiel die stillgelegte niederländische *Hermanos Weil* & Cie. Während hier das Reichskommissariat schon im Juli 1941 einen externen Verwalter einsetzte, geschah dies bei ROBEMA erst 1944. Das ROBEMA-Dossier konnte nicht rekonstruiert werden. Im Dezember 1941 war der Briefverkehr zwischen den Niederlanden und den USA eingestellt worden. Weder kam man der Identität der Konten-Inhaber auf die Spur noch der jüdischen Herkunft des ROBEMA-Direktors. Damit ließ sich die Firma nicht enteignen.

Das New Yorker Institut

Das Institut für Sozialforschung unterstützte in den Jahren der Verfolgung über zweihundert emigrierte Wissenschaftler. Das ist die Zahl, die der Historiker Martin Jay nennt.[342] Die meisten von ihnen, wie Karl Korsch und Julian Gumperz, lebten im Exil davon, dass sie regelmäßig für den Rezensionsteil der *Zeitschrift für Sozialforschung* schrieben, die noch bis 1942 erschien. Aber das Institut zahlte den Mitarbeitern nicht nur die Zeitschriftenbeiträge, es half ihnen schon bei der Durchführung ihrer Emigration, indem es sogenannte Affidavits – beglaubigte Bürgschaftserklärungen – ausstellte und zum Teil auch die Kosten der lebensrettenden Aufenthaltspapiere und der zu horrenden Preisen gehandelten Schiffsbillets übernahm, die die Betroffenen alleine nicht hätten zahlen können: »5000 Dollar, irrer Credit, auszahlbar bei Ankunft und $ 400,– Spesen und Schmiergeld pro Nase«, notierte Felix Weil in einem Schreiben an Horkheimer, in dem er im August 1940 die Modalitäten der Visa für Elly Bruecker, Leo Borochowicz – beides Mitglieder der KPD-O und Freunde von Eduard Fuchs – und für ›die Füchsin‹, Eduard Fuchs zweite Frau Margret, beschrieb.[343] Eduard Fuchs, der mit ihr seit 1933 in Paris lebte und sich 1939 entschloss, in die USA zu emigrieren, hatte das Institut um eine Einladung anlässlich der New Yorker Weltausstellung 1939/40 gebeten. Horkheimer kam seinem Wunsch sofort nach. Doch Eduard Fuchs selbst konnte die Reise nicht mehr antreten. Er war Ende 1939 an einer Lungenentzündung erkrankt und im Januar 1940 in Paris gestorben.

Am New Yorker Institut gab es einen Stamm fester Mitarbeiter, zu dem, neben den beiden Direktoren Pollock und Horkheimer, laut Institutsbericht aus dem Jahr 1938 noch Marcuse, Neumann, Grossmann, Wittfogel, Gumperz, Löwenthal, Adorno und Fromm zählten. Um diesen festen Stamm sammelten sich zahlreiche Forschungsassistenten und Doktoranden. Martin Jay nennt eine Zahl von insgesamt 116 Doktoranden und 14 Forschern, die Institutsstipendien erhielten.[344] Neben Sekretärinnen und Übersetzern waren monatlich außerdem die wechselnden Mitarbeiter der *Zeitschrift für Sozialforschung* zu zahlen. Für diesen Institutsapparat fielen beträchtliche Fixkosten an. Obwohl Felix Weil 1939 noch einmal 130.000 Dollar aus dem eigenen Fonds hinzugeschossen hatte, musste Pollock als Institutsverwalter ständig Maßnahmen treffen, damit das Stiftungsvermögen nicht allzu schnell schrumpfte. Doch mit den Sorgen der um ihre finanzielle Existenz und oft genug ums nackte Leben kämpfenden Flüchtlinge aus Nazi-Deutschland waren die finanziellen Sorgen des Instituts dennoch nicht vergleichbar. Keinem Mitarbeiter konnte entgehen, was für Prachtautos die – wie Korsch sie nannte – ›Institutsleute‹ fuhren, was bei ihnen das Gefühl hinterließ, dass der innere Kreis des Instituts – Horkheimer, Pollock, Löwenthal – für sich selbst die Schäfchen ins Trockene gebracht hatte, während bei ihnen die existentielle Unsicherheit wuchs.[345] Eine Unsicherheit, die sich durch die widersprüchlichen Signale, die Horkheimer und Pollock aussendeten, nochmals verstärkte. Während Pollock Gehälter kürzte und die Mitarbeiter anhielt, Lehrangebote von Universitäten oder andere Stellen anzunehmen, betonte Horkheimer gegenüber den gleichen Mitarbeitern, wie wichtig gerade ihr Beitrag für das Institut sei. So wurde Herbert Marcuse von ihm immer wieder die Mitarbeit an der Dialektik-Studie in Aussicht gestellt, von der seit 1938 die Rede war. Zugleich aber drängte ihn Pollock, der Verwaltungsdirektor der Stiftung, er müsse sich nach einer anderen Stelle umsehen, weil dem Institut das Geld ausging. 1942 nahm Marcuse eine Stelle im *Office of Strategic Services* in Washington an, dem Nachrichtendienst der US-Armee. Besonders fragwürdig war der Fall des niederländischen Arbeitssoziologen Andries Sternheim, der die Genfer Zweigstelle weiterführte, nachdem Horkheimer, Pollock und die anderen in die Vereinigten Staaten emigriert waren. 1938 wurde dem Vater von zwei Kindern von Pollock mit Verweis auf die schlechte finanzielle Lage des Instituts die Rückkehr nach Amsterdam nahegelegt. Hier sollte er mit nunmehr reduziertem Gehalt weiter für das Institut arbeiten.[346] Da das geschrumpfte Institutsgehalt nicht für den Lebensunterhalt der vierköpfigen Familie ausreichte, hatte Sternheim in Amsterdam neben seinen Forschungen zusätzlich als Leiter eines Steuerberaterbüros gearbeitet. Doch Sternheim war Jude. Als die Deutschen die Niederlande besetzten, verlor er im November 1940 aus ›rassischen‹ Gründen seine Stelle. Ausgerechnet jetzt wurde ihm, weil er kaum noch für das Institut tätig war, sein ohnehin schon gekürztes Gehalt von Pollock noch einmal um die Hälfte reduziert. In seinem letzten Brief an Horkheimer nennt Sternheim die Halbierung seiner Einkünfte in einem Moment, in dem er als Jude keine Chance mehr auf eine Anstellung hatte, den schrecklichsten Schlag, der ihm jemals versetzt worden sei.[347] Der niederländische Soziologe Bertus Mulder, der neben der Biografie über Fietje Kwaak auch eine über Andries Sternheim verfasst hat, fand in den Dokumenten keine Hinweise darauf, dass das Institut versucht hätte, für Sternheim und dessen Familie die Ausreise zu organisieren. Fietje Kwaak war über Sternheims Schicksal offenbar nicht unterrichtet. Im März 1944 wurden der ehemalige Leiter der Genfer Zweigstelle und seine Frau nach Auschwitz verschleppt und ermordet. Auch die beiden Kinder des Ehepaars überlebten den Holocaust nicht.

*

Im Anschluss an seinen letzten Europa-Aufenthalt, der im September 1939 mit dem überstürzten Aufbruch in Hossegor endete, reiste Felix Weil mit Lucille nach einem nur kurz währenden New Yorker Zwischenaufenthalt im November 1939 an Bord der *Brazil* nach Buenos Aires weiter.[348] Aus Pollocks Korrespondenz mit Horkheimer ist zu erfahren, dass Weils Argentinien-Aufenthalt seit dem Sommer geplant und notwendig geworden war.[349] Die Gründe sprach Pollock nicht an. In Buenos Aires begann Felix Weil wieder am *Colegio Libre* zu unterrichten. Thema des Kurses: Die deutsche Kriegswirtschaft. Der Unterricht bereitete ihm Freude. Er stellte fest, dass er durchaus Talent zur Lehre besaß. »Ich wäre vielleicht noch für einen weiteren Kurs dageblieben«, schrieb er in seinen Lebenserinnerungen, »wenn mich nicht im November 1940 das *Latin American Economic Institute* in New York, an dem ich 1935 bis 1939 gutbesuchte Kurse über

Argentinien abgehalten hatte, telegrafisch gebeten hätte, zurückzukommen.«[350] Hier täuschte ihn sein Gedächtnis. Das New Yorker Latin American Economic Institute (LAEI) wurde erst Monate nach seiner Rückkehr aus Buenos Aires im Oktober 1940 gegründet. Und vermutlich war Felix Weil selbst einer der Gründer. Die Vortragsreihe, die er am LAEI hielt, fand in den Jahren 1940 bis 1945 statt. Aber mit Sicherheit stand er während seines Aufenthalts in Buenos Aires schon mit dem Ökonomen J. F. Normano in Kontakt, der später Forschungsdirektor am LAEI wurde. Der mögliche Grund, weshalb er mit Lucille im Februar 1940 nach New York zurückkehrte, könnten die folgenden Zeilen aus einem Brief Horkheimers gewesen sein, der ihn im Dezember 1939 in Buenos Aires erreicht hatte: »Du weißt, dass wir gerade eine Reihe von Studien zur Wehrwirtschaft begonnen haben, bei denen dein Rat von größtem Wert wäre. Wir brauchen für diese Studien dringend einen Geschäfts- und Finanzexperten und es wäre wirklich unmöglich für Dich, uns zu helfen, wenn Du nur ein paar Wochen hierbleiben würdest. Du müsstest Dich in die Materie einarbeiten, ohne durch Anderes abgelenkt zu werden. Wäre es Dir möglich, dich für einen längeren Zeitraum von Deinen vielen Aktivitäten zu befreien?«[351] Horkheimer hatte in der Vergangenheit bereits öfter verlangt, Weil müsse sich endlich wieder mehr den wissenschaftlichen Arbeiten am Institut zuwenden.[352] Allerdings war in diesen Appellen zur Zeit der Hofmann-Prozesse vor allem die moralisch aufmunternde Intention herauszuhören, damit sich Felix Weil von der Situation, in der er sich befand, nicht vollends zermürben ließe und seinen Arbeitsmut verlöre. Nun aber bezog sich die Anfrage auf ein konkretes Projekt und war klar umrissen. Im Februar 1940 reiste Felix Weil mit einem längeren Besuchervisum in die Vereinigten Staaten ein. Seit Jahren hatte er nur noch in Hotelzimmern und möblierten Appartements gelebt, ganz zuletzt in Buenos Aires in einem möblierten Appartement im Edificio Safico. Hier in New York bezog er im März 1940 zum ersten Mal seit langem wieder eine eigene Wohnung.[353] Kurze Zeit später traf auch sein Sohn Frank aus England ein, der bei ihm wohnen sollte, bis ein Internatsplatz für ihn gefunden sei.[354]

Käte beendete in England eine Ausbildung zur Sprachtherapeutin und würde mit dem jüngeren Sohn aus zweiter Ehe bald nachkommen.[355] Sie reiste ohne ihren Mann. Donald von Hirsch war, da deutscher Staatsbürger, 1940 noch in einem Lager in England interniert.[356] Im Sommer 1940 zeichnete sich das Ende von Felix Weils dritter Ehe ab. Er unternahm zwar einen etwas exzentrischen Rettungsversuch und bat Fritz Pollock, sich mit der Geduld und Rücksicht um Lucille zu kümmern, die er selbst nicht aufbringen konnte. Als das aber in einer Dreiecksbeziehung endete, begann sich Felix Weil nun seinerseits neu zu orientieren und freundete sich mit Helen Knoping an, einer Amerikanerin. Die Lösung, die er gefunden hatte, um die aus dem Ruder gelaufene Rettungsaktion zu beenden, gefiel allerdings Fritz Pollock nicht. Er beendete seine Affäre mit Lucille und schlug Lix vor, vorübergehend wieder zu ihr zurückkehren, bis er eine passendere Frau für sich gefunden hätte. Solange würde er, Pollock, warten, um Lucille anschließend zu heiraten.[357] Sollten bei Pollock echte Gefühle für Lucille vorhanden gewesen sein, so waren sie nicht frei von taktischen Zügen, anscheinend eine Art *déformation professionelle* bei ihm. Er hatte sich ausgemalt, dass sich Lix über Lucille noch besser von ihm steuern ließe als ohnehin schon. Auf einem handschriftlichen Zettel, den er im Juni 1941 Horkheimer zukommen ließ, stand: »Ich kann wahrscheinlich (durch Lucille) relativ leicht erreichen, dass Lix seine Westpläne für diesen Sommer aufgibt.« Falls es Horkheimer also lieber sehe, Lix käme nicht nach Pacific Palisades, wo er zu diesem Zeitpunkt schon lebte, sollte er das im nächsten Brief durch den Satz signalisieren: »Sehr schade, dass er nicht kommt.« Die Frage hingegen ›Wird Lix kommen?‹ hieße, er hätte sich noch nicht entschieden.[358] Ein freundschaftlicher Ton in ihrer Korrespondenz war also nicht unbedingt ehrlich gemeint. Die erotischen Verstrickungen, in die sich Pollock und Weil verstiegen, empfand Horkheimer als ihrer unwürdig. Nicht aus moralischen Gründen, sondern weil sie einen Beleg lieferten, dass die sachlichen Interessen, die ihnen gemeinsam aufgegeben waren, nicht mit der Entschiedenheit verfolgt würden, wie es ihre Lage erfordere.[359] Auch die neue Lebensgefährtin des Stifters sah er mit Skepsis. Helen Knoping war Amerikanerin. Sie käme aus einer von der ihrigen allzu verschiedenen Welt. Das ließ er Felix Weil wissen, als der sich auch jetzt wieder den Segen von ihm zu seinem privaten Glück holen wollte.[360] »Dein Glück hängt«, entgegnete ihm Horkheimer, »mindestens so sehr davon ab, dass Du an einer regelmäßigen und in unserem Sinne bedeutungsvollen Arbeit teilnimmst.«[361] Felix Weils wissenschaftliche Ausbeute dieser Jahre beschränkte sich bis dahin auf knapp zwei Dutzend kurze Buchbesprechungen, die zwischen 1936 und 1941 in der institutseigenen *Zeitschrift für Sozialforschung* erschienen. Erst als im Januar 1941 aus seinem Besuchervisum ein unbefristetes Aufenthaltsvisum wurde, änderte sich sein Status am Institut[362] und er wurde in den Kreis der ständigen Mitglieder aufgenommen. Horkheimer gratulierte ihm.[363] Er selbst war gerade im Begriff, seinen Wohnsitz an die Westküste zu verlegen. Der schon lang geplante Umzug war seit Ende 1938 auch in der Korrespondenz mit Motte Jacoby Thema.[364] Felix Weils zweite Frau hatte von Hollywood aus bei der Suche nach einem geeigneten Ort mitgeholfen. Schließlich entschieden sich Max und Maidon Horkheimer für ein Haus in Pacific Palisades in der unmittelbaren Nachbarschaft von Thomas Mann und Lion Feuchtwanger. Von der Distanz zum New Yorker Institutsbetrieb versprach sich Horkheimer die Ruhe, die nötig war, damit er sich ungestört und mit ganzer Energie der – inzwischen von der traditionellen auch im Terminus unterschiedenen – kritischen Theorie widmen konnte, die sich nun auf das Dialektik-Projekt konzentrierte, an dem neben Adorno ursprünglich auch Marcuse mitarbeiten sollte. Jetzt versuchte Horkheimer hingegen, mit Pollock und Weil zwei Ökonomen am Institut zur Mitarbeit zu gewinnen.[365] Was ihm realisierbar zu sein schien, da Felix Weil nun zu den festen Mitarbeitern im Institut gehörte und das Projekt ganz wesentlich auch von konkreten Einsichten in die neueste ökonomische Entwicklung abhing, die sein und Pollocks Spezialgebiet waren. »Mein Gedanke dabei war, dass Fritz und Du in Zukunft mindestens vier oder fünf Monate jedes Jahr hier und den Rest des Jahres in New York arbeiten sollt und zwar so, dass auch dieser größere Rest zur Durchführung des theoretischen Programms verwendet wird«, schrieb er Felix Weil im März 1942. »Hier sollt Ihr an der Festlegung und Ausgestaltung der prinzipiellen Partien teilnehmen, dort sollt Ihr die ökonomischen Teile im einzelnen durcharbeiten, damit nach ein paar Jahren unsere Deutung der gegenwärtigen Phase vorliegt. Es ist ja Unsinn, dass ich, wenn auch mit Teddie (Adorno) gemeinschaftlich, der Arbeit die notwendige Präzision und Konkretheit verleihen könnte. Sie muss mit historischem und ökonomischem Material bis zum Platzen gefüllt sein, sonst wirkt sie als Raisonnement.«[366] Dass sich Felix Weils wissenschaftliche Arbeiten bis dahin auf die Publikation von Sammelrezensionen beschränkte, war für ihn kein Grund, die Zusammenarbeit mit ihm nicht zumindest zu versuchen. »Gegenüber der theoretischen Aufgabe, die uns zufällt, einfach, weil fast niemand anders da ist, erscheinen unsere Kräfte und Begabungen ohnehin wie eins zu unendlich.«[367] Auch Pollock gegenüber äußerte sich Horkheimer ähnlich. Es koste zwar viel Mühe und sei das erste Mal, dass er sich auf einen solchen Versuch einlasse. Aber er wolle nicht schon schwarz sehen, bevor er es nicht zumindest versucht hätte. Doch, fügte Horkheimer hinzu, dafür bräuchte er ihn. Denn ohne ihn, Pollock, wäre die Zusammenarbeit mit Lix unmöglich.[368] Horkheimers Anstrengungen, die beiden vom Sinn ihrer Mitarbeit zu überzeugen, fruchteten nicht. Bekanntlich blieben Horkheimers und Adornos Dialektik-Essays *Philosophische Fragmente*. Unter diesem Titel erschien 1944 die als theoretisches Grundlagenwerk der kritischen Theorie betrachtete Gemeinschaftsarbeit im Institut, bevor sie 1947 in der endgültigen Fassung im Amsterdamer Querido-Verlag den Titel *Dialektik der Aufklärung* erhielt.

*

Im Rückblick auf sein Leben sinnierte Felix Weil, er sei nie ein Mann plötzlicher Ideen gewesen. Sein Denken habe eher langsam funktioniert. Manchmal arbeite es sehr lange in ihm, ehe er eine Entscheidung treffe. Aber wenn ihn die Logik einer Sache überzeugt habe, sei er nicht mehr zu bremsen gewesen.[369] Nun war es die Logik, die in der Idee eines Instituts als einem Ort lag, an dem der faschistischen Geisteshaltung getrotzt wurde, die ihn überzeugte. Mochte in Deutschland das Institutsgebäude samt Inventar enteignet worden sein, das Institut als Kreis Gleichgesinnter, die mit ihren Worten und Ideen den Faschismus bekämpften, lebte in New York weiter. Deshalb sah Felix Weil jetzt das Wesentliche auch seiner Arbeit darin, dass der Institutskreis zusammengehalten werden müsse. Für die Bewältigung dieser Aufgabe, die Teil des Kampfes gegen den Faschismus war, hatte er 1935 der SIRES sein gesamtes Vermögen gestiftet. Doch diesen Kampf – so erschien es ihm zumindest im März 1942 – drohten sie, trotz aller Anstrengungen, gerade zu verlieren. Denn der äußere und innere Zusammenhalt begann sich nicht erst durch Horkheimers räumliche Distanzierung aufzulösen. »Erst brach Fromm aus, dann Gumperz, dann Wittfogel«, konstatierte er niedergeschlagen, »dann fing Grossmann an und jetzt steht uns, nach der Kostprobe, die wir neulich hatten, einige Enttäuschung mit Neumann bevor.«[370] Horkheimer widersprach vehement. Der einzige Wechsel in ihrem Kreis hätte darin bestanden, dass an die Stelle Erich Fromms inzwischen Herbert Marcuse getreten sei. »Sonst sind wir nach diesen zehn Jahren noch alle beisammen und dürfen sagen, dass wir in der Zwischenzeit einiges gemacht haben, was vielleicht bestehen wird. Welche Gruppe kann das noch behaupten?«[371]

Das argentinische Rätsel

1941 belief sich der liquide Teil des Stiftungsvermögens, der nicht die Grund- und Boden-Investitionen umfasste, auf rund 220.000 Dollar,[372] während der Felix Weil'sche Spezialfonds – in den Dokumenten als ›*fondation conditionnee*‹ vom restlichen Stiftungsvermögen unterschieden – immer noch 688.000 Dollar schwer war. Lix war für seine Freunde gut einzuschätzen. Wie sie betrachtete auch er seinen Fonds als Notfallreserve.[373] Doch nun war mit Helen Knoping zum ersten Mal eine Frau an seiner Seite aufgetaucht, die den Zugang zu ihm erschwerte. Pollock hielt sogar in einem der institutsinternen Memoranden fest, dass er bei Horkheimers Geburtstagsfeier am 14. Februar 1945 beobachten konnte, wie Helen Knoping ihren Mann von seiner ersten Frau Katharina von Hirsch, die mit zum Horkheimer'schen Freundeskreis gehörte, und von den übrigen Gästen ferngehalten hätte, indem sie keinen Schritt von seiner Seite gewichen sei.[374] Sie hätte ihn nur seines Geldes wegen geheiratet, behauptete er noch in dem Gespräch, das er zwanzig Jahre später mit Ernst Herhaus führte.[375] Horkheimer drückte es 1942 gegenüber Lix eleganter aus. »Die einzige ernsthafte Furcht, die ich hege, ist die, dass Du nach dem Verschwinden der Verliebtheit über ihre in jeder Hinsicht prosaische Persönlichkeit tief deprimiert sein wirst.«[376]

In Oscar Wildes Erzählung *Das Gespenst von Canterville* wird dem nächtlichen Spuk in einem englischen Schloss von dessen neuen Bewohnern – einer amerikanischen Familie – durch den Einsatz moderner Haushalts- und Putzmittel ein Ende gesetzt. Ähnlich pragmatisch ging die Amerikanerin Helen Knoping vor, um ihren Mann von dem Gefühl der inneren Lähmung zu befreien, das daher rührte, dass er auf dem Feld der kritischen Theorie reüssieren zu müssen glaubte, die Horkheimer 1942 in dem Dialektik-Projekt in philosophischen, ökonomischen und historischen Essays umzusetzen plante. Helen Knoping schien ihrem Mann recht eindringlich zugeredet zu haben, die Arbeit zu schreiben, die er schreiben wolle, und nicht die, die seine Freunde von ihm erwarteten. Denn statt an dem Dialektik-Projekt mitzuarbeiten, nahm Felix Weil jetzt plötzlich jene Arbeit in Angriff, die er bereits 1923 im letzten Satz seiner Studie über die argentinische Arbeiterbewegung angekündigt hatte: Die Untersuchung der spezifischen Zusammenhänge zwischen Industrialisierung und soziopolitischer Entwicklung in Argentinien. Mit zwanzig Jahren Verspätung ging er das Thema an, bei dem ihm die Idee der Institutsgründung gekommen war. Was er schrieb, konnte insofern als Ergebnis einer Langzeitstudie betrachtet werden, die zugleich sehr aktuell Argentiniens wirtschaftliche Situation aufzeigte, wenige Jahre vor Peróns Machtantritt. Konkret ging Felix Weil der Frage nach, ob Argentiniens

Industrialisierung an eine Modernisierung der argentinischen Gesellschaft geknüpft war. Das Ergebnis stellte die erste große wissenschaftliche Arbeit des Stifters am New Yorker Institut dar, zu der er von Max Horkheimer immer wieder ermuntert worden war. Und daher verwundert es, dass *Argentine Riddle* ohne ein Geleitwort von ihm erschien. Felix Weil widmete das Buch Helen Knoping, ohne die es – wie er hervorhob – nie geschrieben worden wäre. Seine Frau spürte die Reserviertheit, die dem Werk am Institut entgegenschlug, und stellte Pollock zur Rede. Er spreche dem Buch keineswegs ab, dass es gut geschrieben sei, erklärte ihr Pollock, aber es sei nun einmal kein wissenschaftliches Lehrbuch. Im Übrigen könne kein Buch, das sich mit gesellschaftlichen Gegenwartsprozessen auseinandersetze, die wissenschaftlichen Standards eines Lehrbuchs erfüllen. Denn dafür müsste mit Quellenmaterial gearbeitet werden, das während des Entstehungsprozesses eines solchen Werkes noch gar nicht zur Verfügung stünde.[377] *Argentine Riddle* grenzte sich von den übrigen Institutsveröffentlichungen auch dadurch ab, dass es ein Land an der Peripherie unter die Lupe nahm, das zwar in regelmäßigen Abständen von Militärputschen und Staatsstreichen heimgesucht wurde, aber trotzdem bisher nicht der Affinität zu Führerfiguren erlegen war, wie zahlreiche europäische Länder im Zeitalter des Faschismus. Auch war die argentinische Ausprägung des Antisemitismus nicht mit dem mörderischen Judenhass im nationalsozialistischen Deutschland zu vergleichen. Interessant sind die Stellen im Buch, an denen Felix Weil auf das Phänomen zu sprechen kam, trotzdem. In ihnen zeichnet sich der Einfluss des im Frühjahr 1943 am Institut angelaufenen Antisemitismus-Projekts ab, bei dem es mit dem *American Jewish Committee* (AJC) zusammenarbeitete. Zu dem vom Institut ans AJC abgelieferten Bericht gehörte auch ein Abschnitt über die wirtschaftlichen Faktoren ›jüdischer Vulnerabilität‹.[378] Was Felix Weil über den argentinischen Antisemitismus schrieb, ist einer der Praxisbelege für die in dem Bericht aufgestellte These, dass die Juden den ausgebeuteten Massen in ihren Berufen als Händler und Kaufleute als unmittelbare Ursache ihres Elends erschienen. »Es gibt circa 360.000 Juden in Argentinien«, so Felix Weil in *Argentine Riddle*, »die 2,5 Prozent der gesamten Bevölkerung ausmachen. Ein großer Anteil davon Ausländer, viele wohlhabend, einige sehr reich. Zwei der größten Getreideexportgesellschaften (...) sind in ausländischer Hand und vermutlich das, was man als jüdisch bezeichnet; zumindest sind die meisten ihrer Angestellten, Manager und Direktoren Juden. In einem überwiegend agrarisch geprägten Land bieten die jüdischen Getreideexporteure eine natürliche Zielscheibe für Unzufriedenheit, unterdrückte Aggressionen und einen durch wirtschaftliche Faktoren genährten Hass. Sie, *die Juden*, sind das ›Kapital ohne Seele oder Gott‹, das sich auf Kosten der Armen und Unterdrückten bereichert, sind die ›verfluchten Ausländer‹, die die einheimischen Bauern ausbeuten. (...) Am 20. April 1944 wurden alle Getreidesilos und Kornspeicher unter direkte Regierungskontrolle gestellt. Die Gründe mochten rein handelspolitischer Natur sein. Aber für viele Argentinier war das eine weitere symbolträchtige Einlösung des Versprechens der Konservativen, hart gegen die ›jüdischen Ausbeuter‹ vorzugehen ...«[379] Europäisch an Felix Weils Argentinien-Analyse war seine methodologische Vorgehensweise, die sich aus dem historischen Materialismus speiste. Während ihm 1924 in Deutschland eine sozialistische Umwälzung greifbar nah erschienen war, kam er zwanzig Jahre später in *Argentine Riddle* für Argentinien zu dem Schluss, dass sich hier sogar der geschichtlich längst überfällige Entwicklungsschritt zu einer modernen, demokratischen Gesellschaft weiter verzögern würde. Stattdessen prophezeite er das Auftauchen eines ›starken Mannes‹, der mit Unterstützung der Oligarchie die Industrialisierung des Landes unter Umgehung seiner gesellschaftlichen Modernisierung vornähme. Das war überaus weitsichtig gedacht, denn nur zwei Jahre nach Erscheinen seines Buches wurde Juan Perón argentinischer Präsident. *Argentine Riddle* war für ein US-amerikanisches Publikum geschrieben worden. Auf eine spanische Übersetzung musste länger als fünfzig Jahre gewartet werden. Als sie 2010 in Argentinien erschien, wurde das Buch unter dem Titel *El enigma argentino* in die ›Klassiker‹-Reihe der argentinischen Nationalbibliothek aufgenommen.

*

Im Vorwort von *Argentine Riddle* bedankte sich Felix Weil bei J. F. Normano, dem Forschungsdirektor des *Latin American Economic Institute* (LAEI), das neben der *John Day Company* die Herausgeberschaft übernommen hatte. Interessanterweise war das LAEI im Gebäude des Instituts für Sozialforschung untergebracht. Bindeglied zwischen beiden Institutionen war Felix Weil. Seit Oktober 1940 fungierte er als Direktor dieser kleinen Denkfabrik, die der US-amerikanischen Regierung wissenschaftlich fundierte Politikberatung im Bereich ›Wirtschaftskooperationen und Lateinamerika‹ anbot.

Treibende Kraft am LAEI war bereits erwähnter J. F. Normano, der seine akademische Laufbahn ein Vierteljahrhundert früher in Petersburg, dort noch unter dem Namen Isaak Iljitsch Lewin, begonnen hatte. Nach einer Kritik an Lenins Wirtschaftspolitik musste er Russland verlassen. Er ging nach Berlin, wo er sich als Bankier etablierte. Zunächst beriet er russische Landsleute in Geldanlagen, dann eröffnete er für kleine Provinzbanken eine Gemeinschaftsniederlassung in Berlin und schließlich erwarb er die Privatbank G. Löwenberg & Co. Allerdings geriet er in den Sog der Bankenkrise und wurde 1929 der Wechselfälschung überführt.[380] Lewin floh erneut. Er flüchtete – dieses Mal vor strafrechtlicher Verfolgung – nach Amerika, wo seine zweite wissenschaftliche Karriere als J. F. Normano begann. Mit Talent zur Selbstvermarktung ausgestattet, schaffte er es in kürzester Zeit in die Leitungsebene des *Instituts für Lateinamerikastudien* an der Harvard University. Als in dieser herausgehobenen Position seine wahre Identität aufflog und Deutschland ein Auslieferungsgesuch stellte, wurde vor dem Hintergrund des sich allmählich artikulierenden Protestes gegen die antisemitische deutsche Politik dem Antrag nicht stattgegeben.[381] Seinem Ruf als Wirtschaftswissenschaftler hatte der Skandal nicht geschadet. An der Havard University konnte er zwar nicht bleiben, dafür stieg das Stehaufmännchen nun zum Politikberater auf. Mit Felix Weil teilte J. F. Normano den panamerikanisch ausgerichteten Denkansatz, dessen Ursprünge im 19. Jahrhundert lagen und der angesichts der Bedrohung durch Hitler-Deutschland und Japan Ende der dreißiger Jahre wieder in Mode kam. Aus unterschiedlichen Gründen waren sowohl Normano als auch Weil überzeugt, dass die Zukunft des Kontinents in einer Intensivierung der wirtschaftlichen Beziehungen der USA zu ihren südlichen Nachbarn läge. Normano sah auf diesem Weg die Vorrangstellung der USA auf dem Kontinent gesichert; Felix Weil wiederum erblickte darin für den Süden des Kontinents die Chance zur Befreiung aus semikolonialen Abhängigkeiten. Die Gründung des LAEI im Oktober 1940 war Ergebnis der Havanna-Konferenz, auf der die USA im Sommer 1940 eine engere wirtschaftliche Zusammenarbeit mit ihren südlichen Nachbarn angekündigt hatten.[382] Unter den Wissenschaftlern, die auf den Veranstaltungen des LAEI auftraten, befanden sich namhafte Demokraten, Stuart Chase zum Beispiel, der 1932 das Buch *A New Deal* verfasst hatte, auf dessen Grundlage Franklin Delano Roosevelt seine erste Präsidentschaftskampagne aufbaute. Oder Kirtley Fletcher Mather, der nicht nur ein prominenter Wissenschaftler an der Harvard-Universität war, sondern auch ein populärer Kritiker des McCarthyismus wurde. Was ihre Tätigkeiten für das LAEI betraf, blieb es bei Vorträgen, zu denen Normano ins Hotel Roosevelt oder in den *Men's Faculty Club* der Columbia University einlud.

Bekanntlich erfolgte der erwartete Angriff Japans am 7. Dezember 1941 vom Pazifik aus und traf kein Land in Südamerika, sondern Pearl Harbor auf Hawaii. Damit verloren im weiteren Kriegsverlauf die südlichen Nachbarländer der USA wieder an strategischer Bedeutung. 1942 tauchte unter der Adresse des Sozialforschungsinstituts ein weiteres, noch kleineres, noch kurzlebigeres Institut auf: das *Russian Economic Institute* (REI).[383] Wie schon im LAEI vernetzten sich auch am REI Persönlichkeiten, die als Wissenschaftler dem Politikbetrieb oft näher als der akademischen Welt standen. So traten im Rahmen des REI unter anderem der Volkswirtschaftler Oscar Lange auf, der 1945 Botschafter der Volksrepublik Polen in Washington wurde. Und der in Kiew geborene Soziologe

Eugen M. Kulischer, der den Begriff der *Displaced Persons* prägte.[384] Die letzte Konferenz, auf der Normano selbst eine Rede hielt, fand am 29. März 1945 im Hotel Roosevelt statt. Der Wirtschaftswissenschaftler sprach über die zukünftige industrielle Entwicklung Brasiliens.[385] Vier Wochen später starb er. Nach Normanos Tod verschwanden das LAEI und das REI so unauffällig und beiläufig aus dem Umfeld des Instituts für Sozialforschung, wie sie sich dorthin verirrt hatten.

*

Peróns Wahlsieg 1946 empfand Felix Weil als Angriff auf die Demokratie in der westlichen Hemisphäre.[386] Er entwickelte sich zum entschiedenen Anti-Perónisten, sprach auf Argentinien bezogen von Faschismus sui generis und riet Marc Neven DuMont im Mai 1946 sogar von einer Auswanderung nach Argentinien ab.[387] Während des Wahlkampfes hatte er die Initiative des US-Botschafters in Buenos Aires, Spruille Braden, unterstützt, der den Bewerber um das höchste Amt in Argentinien dadurch zu diskreditieren versuchte, dass er ihn mit Nazi-Kollaboration in Verbindung brachte. Mit dieser Einmischung in den argentinischen Wahlkampf hatte Braden die Wähler allerdings erst recht ins Perón-Lager getrieben.[388] Nach dem Sieg Peróns wurde Felix Weil US-amerikanischer Staatsbürger. Argentinien besuchte er nie wieder.

Bei seiner Einbürgerung in die Vereinigten Staaten im Jahr 1946 ließ er den dritten Vornamen Lucio aus den Dokumenten streichen. In seinen Memoiren gab er sich überzeugt, den Namen in seinem ganzen Leben nicht ein einziges Mal benützt zu haben.[389] Sein Gedächtnis hatte anscheinend das Kapitel Komintern erfolgreich verdrängt.

Zum Abschied ein Geschenk

Horkheimer hatte am 6. April 1945 eine gute Nachricht für Adorno: »Lix hat sich wieder als der aufrichtige Freund erwiesen, der er stets für uns gewesen ist.« Und er nannte den Grund: »Heute kann ich Ihnen vertraulich die angenehme Mitteilung machen, dass Lix eine neue Stiftung von $100.000,– fürs Institut gemacht hat. Sie ist in Hinblick darauf getroffen, dass in Zukunft das Institut sich nicht mehr auf einen großen Betrieb einlassen, sondern sich auf die entscheidenden Arbeiten konzentrieren soll.«[390] Noch brauchte man den Betrieb. Das Institut hatte gerade seine Zusammenarbeit mit dem American Jewish Committee erneuert und konnte das Antisemitismus-Projekt fortsetzen. Doch die 100.000 Dollar würden erst in drei Jahren ausgezahlt, wenn das Antisemitismus-Projekt abgeschlossen wäre und ein Schrumpfinstitut übrig bliebe. Das Geld würde also in erster Linie Horkheimer und Adorno die Konzentration auf die entscheidenden Arbeiten sichern. »Lix ist sich bewusst, dass heute dies nur möglich ist, wenn die paar Menschen, die das Institut ausmachen, auf eine Reihe von Jahren hinaus relativ gesichert sind«, schrieb Horkheimer.[391] Bereits 1942 hatte er Felix Weil daran erinnert, dass das Institut von ihnen stets nur als Mittel betrachtet worden sei, als Maßnahme, damit die Theorie kompromisslos weitergeführt werden könnte.[392] Schon damals – ein Jahr nachdem sein Umzug an die Westküste erfolgt war – klang durch, dass die Fortführung dieser Theorie in nicht mehr allzu ferner Zukunft kompromissloser ohne den Institutsbetrieb gelänge. In einem Brief zum Jahreswechsel 1945/46 konnte er Felix Weil schließlich mitteilen, dass der Rückzug aus dieser Sphäre der Betriebsamkeit dank seiner erneuten 100.000 Dollar-Schenkung im nächsten Jahr endlich wahr werden sollte. »Dass Du selbst die Idee dieser Gestaltung unserer Existenz mit solcher Konsequenz vertrittst und durchführst, dafür danke ich Dir besonders. Schon seit dem Frühjahr ist Dir unsere Tätigkeit für die Juden (gemeint ist die Tätigkeit für das American Jewish Committee, J. E. H.) zu lang geworden und stets wäre Dir bei dieser Geschäftigkeit ein Ende mit Schrecken lieber gewesen als ein Schrecken ohne Ende.«[393] Aber hatte Felix Weil seine Schenkung wirklich als private mäzenatische Förderung von zwei herausragenden Gelehrten begriffen? Aus dem Brief zum Jahreswechsel geht nicht hervor, dass sich der von Horkheimer verwendete Plural, wenn er von ›Gestaltung unserer Existenz‹ sprach, auf den winzig kleinen Kreis Wissenschaftler bezog, der im Grunde nur noch aus ihm selbst, Adorno und Pollock bestand. Felix Weil könnte sich genauso vorgestellt haben, dass mit den 100.000 Dollar – die heute immerhin einem Wert von 1.341.000 Dollar entsprächen – die vom offiziellen Wissenschaftsbetrieb (zu dem auch das American Jewish Committee zählte) losgelöste Unabhängigkeit des Instituts fürs Erste wiederhergestellt wäre. Zumindest bis dieses wieder über eigene liquide Mittel verfügte. Denn finanziell war seine Lage weit weniger düster als von Pollock und Horkheimer gezeichnet. Da gab es ja noch die beiden Grund- und Immobilien-Gesellschaften Greyrock Park on Sound, Inc. und Alden Estates, Inc., die in Port Chester Siedlungen vom Reißbrett errichteten. Projektleiter war der Frankfurter Architekt Ferdinand Kramer, ein Jugendfreund Theodor Adornos.[394] Mit dem Verkauf der Einfamilienhäuser wollte man jedoch warten, bis in den USA der Nachkriegsboom auf dem Grundstücks- und Immobilienmarkt einsetzte. Vor diesem Hintergrund leistete Felix Weil seine letzte Stiftung und war ferner bereit, der ›conditioned foundation‹ jährlich nicht mehr als 25.000 Dollar zu entnehmen, damit von der Stiftung in dem Zeitraum, der bis zum Verkauf der Grundstücke überbrückt werden musste, notfalls auch auf den Rest seines Fonds zurückgegriffen werden konnte.[395]

*

Im Rahmen des Antisemitismus-Projekts kam es zu einer Kooperation mit der University of California, aus der die Studie über die *Authoritarian Personality* hervorging, die wiederum eine der später unter dem Titel *Studies in Prejudice* zusammengefassten Studien war. Felix Weil war bei der Studie über die *Authoritarian Personality*, die von Adorno in Kooperation mit dem Sozialpsychologen R. Nevitt Sanford von der University of California sowie Else Frenkel-Brunswik und Daniel Levinson geleitet wurde, redaktionell eingebunden. Deshalb plante er 1945 ebenfalls den Umzug nach Los Angeles und kaufte ein Haus in Santa Monica. Horkheimer äußerte sich in dem erwähnten Brief zum Jahreswechsel 1945/46 recht freundlich zu Felix Weils Plänen, sich mit Helen Knoping in seiner Nähe niederzulassen. »Ich hoffe aufrichtig«, schrieb er, »dass Helen mit der Zeit die Angst verlieren wird, die ihren inneren Widerstand verursacht hat. Sie hat wahrlich keinen Grund zur Angst, denn wir wollen alles so gestalten, dass sie sich wohlfühlen kann.«[396] Doch das Verhältnis zu Helen Knoping, das – soweit es Pollock betraf – von Anfang an spannungsgeladen war, ließ sich nicht mehr verbessern.[397] Inzwischen waren die Auseinandersetzungen von ihrer Seite aus in einen Kampf gegen das Institut umgeschlagen, bei dem sie nur verlieren konnte. 1947 ließ sich Felix Weil schließlich auch von seiner vierten Frau scheiden, was Pollock dazu brachte, an ihm eine ›Heirats- und Scheidungsmanie‹ zu konstatieren.[398] Pollock selbst, der Ende der dreißiger Jahre Witwer geworden war, hatte nach der Affäre mit Lucille im Jahr 1946 Carlotta Weil, die Cousine Felix Weils, geheiratet. Durch die Heirat mit der SAFICO-Aktionärin war er von da an wirtschaftlich wesentlich besser gestellt als der Financier der Stiftung, die er leitete.

*

Im Oktober 1946 erreichten Felix Weil an seine private Anschrift in Santa Monica adressierte, aber ans Institut für Sozialforschung gerichtete Schreiben des Frankfurter Universitätskuratoriums, der wirtschafts- und sozialwissenschaftlichen Fakultät sowie des Rektors der Frankfurter Universität, Walter Hallstein.[399] Alle drei Stellen luden das Institut ein, nach Frankfurt zurückzukehren. Als sich Felix Weil jedoch danach erkundigte, ob die Löschung der Gesellschaft für Sozialforschung aus dem Vereinsregister bereits rückgängig gemacht, das Gebäude in der Viktoria-Allee an sie rückübertragen und schon Schritte unternommen worden seien, die Bücher der 1933 enteigneten und zerstörten Institutsbibliothek– soweit vorhanden – wiederzuerlangen, erhielt er vom Kuratorium ein Antwortschreiben, dessen amtlicher Ton nicht erkennen ließ, dass man sich für den Wiederaufbau des Instituts besonders stark engagieren würde.[400] So kehrte Horkheimer erst 1948 zum ersten Mal nach Frankfurt zurück. Im Sommer 1949 kam er noch einmal in Begleitung Pollocks. Nach dem Aufruf einer internationalen Gruppe von Wissenschaftlern, die die Wiedererrichtung des Frankfurter Instituts für Sozialforschung forderten, begann es sich in alter Form mit Anbindung an die Universität erneut abzuzeichnen.[401]

Da sich der Wiederaufbau des alten Institutsgebäudes, von dem nur noch eine Kriegsruine übrig geblieben war, als zu aufwendig erwies, erhielt das Institut ein Gebäude auf der anderen Straßenseite der früheren Viktoria-Allee und jetzigen Senckenberganlage.[402] Für die Wiederaufnahme des Institutsbetriebs stiftete der amerikanische McCloy-Fonds 236.000 Mark, den Rest der benötigten Mittel stellten, neben der wiedergegründeten Gesellschaft für Sozialforschung, die Stadt Frankfurt und private Geldgeber.[403] Horkheimer wurde auf den alten Lehrstuhl berufen. Im Wintersemester 1949 vertrat ihn Adorno. Als Horkheimer im Februar 1950 dann selbst nach Frankfurt aufbrach, waren gerade die *Studies in Prejudice* erschienen, die das Institut im Moment seines Weggangs in den Vereinigten Staaten bekannt machten. Felix Weil nahm 1951 in Frankfurt an der feierlichen Eröffnung des neuen Instituts teil und kehrte anschließend wieder in die USA zurück. Denn weder besaß er im neuen Institut eine offizielle Funktion noch die finanziellen Mittel der Vorkriegszeit, die es ihm ermöglicht hätten, in Berlin die Soziologische Verlagsanstalt oder ganz generell seine mäzenatische Tätigkeit weiterzuführen – selbst wenn er das gewollt hätte. Er half zwar weiterhin Freunden und Bekannten, die sich mit Bitte um Unterstützung an ihn wandten.[404] Und er war auch in den Vereinigten Staaten kulturvermittelnd aktiv.[405] Aber sein im großen Stil betriebenes Mäzenatentum hatte sich mit dem Ende der Hitlerzeit allmählich dem Ende entgegengeneigt. Die dritte Rate seiner letzten 100.000 Dollar-Schenkung an das Institut für Sozialforschung wurde kurz vor dessen Rückkehr nach Deutschland überwiesen.

1950–1975

Die letzten 25 Jahre

Wie diverse Tagebucheinträge Thomas Manns zeigen, verkehrte Felix Weil gesellschaftlich in der Westküsten-Emigrantengemeinde. Die Feuchtwangers und Manns verbrachten den Abend ebenso in seinem Haus wie Hanns Eisler, William Dieterle sowie Charly Chaplin und seine Frau.[406] Über die Verbindung zu Hollywood muss Weil dann auch irgendwann in den 1940er Jahren der Frau begegnet sein, mit der er sein restliches Leben verbringen sollte: Anne Dacharry. Sie stammte aus Frankfurt, war zufällig eine Jugendfreundin seiner Schwester Anita und arbeitete bei *Columbia Pictures* als Übersetzerin.[407] So war sie die erste berufstätige Frau an Felix Weils Seite, für den 1950, als das Institut nach Frankfurt zurückkehrte, ebenfalls ein neuer Abschnitt begann. Er unterschrieb seinen ersten bezahlten Arbeitsvertrag, wurde Mitglied in der Demokratischen Partei und dort Sachverständiger für Fragen des öffentlichen Haushalts. Nebenbei publizierte er journalistisch zu Steuerthemen. *Tax Facts*, seine wöchentliche Kolumne, erreichte in ihren besten Zeiten die Leser von rund zwei Dutzend amerikanischen Zeitungen.[408] 1950, als das Institut nach Frankfurt zurückkehrte, zählte er offiziell zu den fünf verbliebenen *senior members*. Drei von ihnen – Horkheimer, Pollock und Adorno – hatten sich für die Rückkehr nach Deutschland entschieden. Der fünfte war der 1939 in die USA emigrierte Soziologe Paul Massing, der seit den *Studies in Prejudice* zum engeren Institutskreis gehörte und ebenfalls in den Vereinigten Staaten blieb, wo er seit 1948 an der Rutgers University lehrte.[409] Aus diesem recht exklusiven Kreis der senior members war Felix Weil also der Einzige, der nach 1950 noch in Los Angeles lebte. Deshalb fühlte er sich 1952 berufen, im *Evening Outlook* aus Santa Monica einige Artikel über das bis vor zwei Jahren in der direkten Nachbarschaft angesiedelte Institut zu schreiben, dessen Bekanntheitsgrad durch die gerade veröffentlichten *Studies in Prejudice* erheblich gestiegen war. Allerdings hatte er das vorab nicht mit Horkheimer besprochen. Entsprechend heftig fiel dessen Reaktion auf die Zeitungsausschnitte aus, die ihm Felix Weil nach Frankfurt sandte. Er fühlte sich gezwungen, ihn daran zu erinnern, dass sie ihm den Titel ›Mitglied des amerikanischen Instituts‹ ausschließlich als Zeichen der Anerkennung seiner finanziellen Unterstützung und Loyalität verliehen hätten. Wenn er sich nun jedoch anmaßte, nach außen hin das jetzige Institut zu vertreten, in dessen Organisation er weder finanziell noch administrativ irgendeine Rolle spielte, überschritte er seine Kompetenzen. Denn seine Veröffentlichungen über Lateinamerika, seine Buchbesprechungen in den Zeitschriften des Instituts und seine Mithilfe beim Korrekturlesen von *The Authoritarian Personality* – so unermüdlich sie auch war – rechtfertigten keinesfalls seine Behauptung, dass die Veröffentlichungen des Instituts stets das Ergebnis der Gemeinschaftsarbeit der ganzen Gruppe gewesen seien, wenn die Artikel den Eindruck erweckten, diese Gruppe hätte in erster Linie aus Horkheimer, Adorno, Pollock und ihm, Felix Weil, bestanden. »Aus den vielen Jahren, die wir miteinander verbunden sind, weißt Du, wie schmerzhaft bewusst ich mir der Verantwortung bin, die mit schreiben und sprechen einhergeht. Worte sind für mich nicht einfach praktische Zweckmäßigkeit, sondern Ausdruck von Wahrheit. (…) deshalb muss ich dich wissen lassen, dass Geist und Sprache dieser Artikel weit von dem entfernt sind, was ich für die wahre Geschichte des wissenschaftlichen Lebens und der praktischen Organisation des Instituts halte, für das ich die Verantwortung trage. Ich wünschte, Du hättest Dir nicht angemaßt, dass Du als dessen Sprecher auftreten könntest.«[410] Sollte Horkheimers strenge, ja geradezu harte Reaktion Ausdruck eines Abnabelungsprozesses von der Stifterfigur gewesen sein, so kam es dadurch zwischen ihnen nicht zum Zerwürfnis. Denn letztlich bewegte sich auch diese Reaktion in den gewohnten Bahnen jener Logik, für die Felix Weil schon immer empfänglich war: Jeder missverständliche Satz fiel auf das Institut zurück. Er war bis zum Schluss der festen Überzeugung, dass es auch ein Triumph Hitlers gewesen wäre, wenn er, der Stifter, sich in den Jahren der Verfolgung in irgendeinem Moment in irgendeiner Form vom Institut distanziert hätte. In seinen Memoiren hat Felix Weil seine Beziehung zum Institut mit der Beziehung von Eltern zu einem Kind verglichen. Eltern unterstützten ein Kind selbst dann, wenn es sich nicht so entwickle, wie sie es sich vorgestellt hatten.[411] Seine Verbindung zum nun wieder in Frankfurt angesiedelten Institut riss nie ab.

1953 übersetzte er bei sich zuhause in Santa Monica für das Institut in Frankfurt *Rehearsal for Destruction*, Paul Massings historische Studie über den Antisemitismus im deutschen Kaiserreich, die ebenfalls im Rahmen der *Studies in Prejudice* entstanden war.[412] Im amerikanischen Original 1949 herausgegeben, von Felix Weil 1953 ins Deutsche übersetzt, erschien Massings Werk in Deutschland dann erst 1959 unter dem Titel *Vorgeschichte des politischen Antisemitismus*.

Bei politisch und ideologisch sensiblen Themen herrschte weiterhin Übereinstimmung zwischen Stifter und langjährigem Direktor. Wie Horkheimer lehnte auch Felix Weil den Titel *Permanent Exiles* ab, den der amerikanische Historiker Martin Jay seiner Biografie über die Frankfurter Schule ursprünglich geben wollte.[413] An dem Titel missfiel ihm, dass damit auf ihre sogenannte gemeinsame ethnische Herkunft angespielt wurde, von der man allgemein annahm, sie hätte ihre Art zu denken beeinflusst. Durch die Betonung, so Felix Weils Argumentation, würde dieses Missverständnis im Buchtitel nochmals verstärkt, wodurch dieser – konsequent weiter gedacht – retroaktiv sogar die Angriffe auf das Institut und die Frankfurter Schule rechtfertige: »Dass wir nämlich als heimatlose Außenseiter gar keinen Grund und kein Recht gehabt hätten, deutschen Studenten ›undeutsche‹ Gedanken einzuflößen.«[414] Martin Jays 1973 erschienene Biografie, die im Original schließlich den Titel *The dialectical imagination* erhielt, entstand im zeitlichen Kontext der Studentenbewegung. Als die Studenten im Januar 1969 das Institut für Sozialforschung besetzten, das Adorno durch die Polizei räumen ließ, war Felix Weil gerade erst wieder in Deutschland eingetroffen. Die APO hatte seine Dissertation über den Sozialisierungs-Begriff in der Berliner Untergrund-Presse als Raubdruck neu aufgelegt. Und während eine 1921 geschriebene Sozialisierungs-Arbeit revoltierenden Studenten im Jahr 1969 Munition gegen die USA und den Kapitalismus lieferte, fuhr ihr Verfasser zu seinem neuen Arbeitsplatz auf das Gelände der US-Air-Base in Ramstein. Dort nämlich sollte er die nächsten vier Jahre als Dozent im Rang eines Majors Soldaten der US-Air-Force mit Abendkursen über Steuerwesen und kommunale Haushaltsfragen auf den Einstieg ins Zivilleben vorbereiten.[415]

In den vier Jahren, die Felix Weil auf der Ramsteiner Air-Base als Lehrer arbeitete, besuchte er kein einziges Mal das Mausoleum in Waibstadt, das sein Vater 1927 der Stadt gestiftet hatte. Denn das stark beschädigte Gebäude stand leer. Die Urnen seiner Eltern waren seit den Novemberpogromen 1938 verschwunden. Sein Sohn Frank, der nach dem Krieg als amerikanischer Offizier durch Waibstadt gekommen war, hatte das in Erfahrung gebracht. Ein Bekannter der Familie hätte die Urnen von Hermann und Rosa Weil noch rechtzeitig retten können und in einem Feldacker vergraben. Wo genau, konnte Frank allerdings nicht herausfinden.[416]

*

Zu seinem 65. Geburtstag am 8. Februar 1963 wurde Felix Weil von Adorno, der seit Horkheimers Emeritierung 1959 Institutsleiter war, in herzlichen Worten gedankt für alles, was er unternommen hatte, damit sie während der Zeit der Verfolgung frei von Konzessionen ›überwintern‹ konnten.[417] Dem Institutsstifter zu Ehren wurde ein Bronzerelief mit seinem Porträt in der Eingangshalle des Instituts angebracht. Außerdem veranlassten Horkheimer, Pollock und Adorno, dass ihm an seinem Wohnsitz – er war mittlerweile von Santa Monica nach Pacific Palisades umgezogen – vom deutschen Konsul die Ehrenplakette der Stadt Frankfurt verliehen wurde. 1969, als Felix Weil ein letztes Mal nach Deutschland zurückkehrte, lebten Horkheimer und Pollock schon seit Jahren zurückgezogen im Tessin in

Montagnola. Adorno, den Felix Weil bei seiner Ankunft im Januar noch am Institut angetroffen hatte, starb im August des gleichen Jahres. Im Dezember 1970 starb auch Fritz Pollock.

Die Memoiren

Auf den Nachruf, der in der *Frankfurter Allgemeinen Zeitung* erschien, reagierte Weil empfindlich. Etwas störte ihn. »Haben Sie den Nachruf auf Pollock in der FAZ geschrieben, oder wer ist ›F.‹?«, fragte er den Politologen und Marxforscher Iring Fetscher, mit dem er sich in dem Jahr, das er nun schon in Deutschland verbrachte, angefreundet hatte. »Der ist nämlich historisch unrichtig, wo er schreibt: *Damals hat Pollock in einem kleinen Kreis von Freunden den Plan einer von den Fakultäten unabhängigen Forschungsstätte entwickelt* … Das war nämlich ich und nicht er oder Max … Fred hat dann später bei dem Einrichten und Organisieren entscheidend geholfen, aber er war immer der geborene Zweite.« [418]

Pollocks Tod zum Anlass nehmend schrieb Felix Weil nun auch dem Institutsdirektor Ludwig von Friedeburg. Der Tod Pollocks hätte ihn dazu gebracht, sich darüber Gedanken zu machen, ob er an seinem vor Jahren geschriebenen Testament Änderungen vornehmen solle. Dass er damals alles dem Institut vermachen wollte, geschah unter der Annahme, dass es in der alten Tradition weitergeführt würde. »Aber«, so fragte er Ludwig von Friedeburg, »stimmt diese Annahme noch?«[419] Er hatte den Brief an Friedeburg am 8. Februar, seinem 73. Geburtstag, verfasst. Es schien ihm also ein großes Anliegen zu sein, in der Rolle des Stifters abzutreten. Zugleich konnte er es sich nicht verkneifen, Friedeburg darauf hinzuweisen, dass der Schreiber des Nachrufs auf Pollock offenbar glaubte, er, Felix Weil, sei nur der Geldgeber gewesen. Da Fetscher nicht der Nachrufschreiber war, ging Felix Weil nun davon aus, dass das F, mit dem der Verfasser den Nachruf zeichnete, für Friedeburg stand. »Dass das nicht stimmt, wird meine Autobiographie zeigen, an der ich jetzt arbeite«, fügte er hinzu.

1970, in Pollocks Todesjahr, waren die *Notizen während der Abschaffung des Denkens* von Ernst Herhaus erschienen, die das im Dezember 1965 auf Tonband aufgenommene Gespräch mit Fritz Pollock enthielten, in dem dieser sehr freimütig über Felix Weil sprach. Nachdem das Institut fertig gewesen sei, hätte der wie ein gewöhnlicher Mitarbeiter einzelne Themen bearbeiten und beim Aufbau der Bibliothek helfen wollen. Das hätte ihm dann aber doch keinen Spaß gemacht.[420] Er hätte sich aber immer ein freundliches Interesse am Institut bewahrt und noch 1935 eine größere Stiftung gemacht. 1935 war das Jahr, in dem Felix Weil der Stiftung sein gesamtes Vermögen überschrieb. Pollocks Anspruch auf Eigentum an der Institutsidee war mit dem Ruhm des Instituts gewachsen. Das wusste Felix Weil schon länger. Ihm war nicht entgangen, wie Pollock gegenüber Dritten über ihn redete: »Gewiss, ich hätte das erste Institut gestiftet, aber das hätte jeder mit so viel Geld gekonnt. In New York, die großen Bildersammler können auch nicht malen. Es genügt, wenn einer seinen Namen unter einen Scheck malen kann.«[421] Doch wie bisher alles bei Pollock war vermutlich auch diese Absetzbewegung von der Stifterfigur institutspolitisch motiviert. Indem er Felix Weil als reichen Erben darstellte, entpolitisierte er die Gründerfigur, die seiner Ansicht nach zu unvorsichtig agierte. Als Weil zum 65. Geburtstag die Ehrenplakette der Stadt Frankfurt überreicht wurde, schrieb ihm Pollock: »Da die Beziehungen zur Stadtverwaltung äußerst heikel sind (sie sitzt mit drei Vertretern in unserem Vorstand und ist sich sehr bewusst, dass sie ein Budget von vielen hundert Millionen Mark hat), müssen wir Dich bitten, dass Du Deinen eventuellen Dankbrief nicht direkt schickst, sondern ihn erst Max lesen lässt. Denn ein unvorsichtiges oder saloppes Wort in diesem Brief könnte große Ressentiments hervorrufen und das Institut erheblich schädigen.«[422] Das Institut war drei Jahre nach Verkünden der Truman-Doktrin, die 1947 die Phase des Kalten Kriegs einleitete, in der BRD wiedererrichtet worden. Als die Sowjetunion ihrem 1944 in Japan gehängten Spion Richard Sorge, dessen Funkspruch, dass Japan nicht die Sowjetunion angreifen werde, kriegsentscheidend war, im Jahr 1964 posthum den Titel ›Held der Sowjetunion‹ verlieh und

1965 mit einer Sonderbriefmarke ehrte, war es zwar Pollock, der den in den USA lebenden Felix Weil auf die Marke mit dem Porträt des Mitbegründers des Instituts aufmerksam machte, nicht aber, ohne ihn sogleich auch zur Zurückhaltung zu mahnen: »Bitte mache keine Reklame damit«, bat er besorgt. »Es würde Dir und dem Institut schaden.«[423]

1971 begann Felix Weil seine Version der Geschichte der Institutsgründung niederzuschreiben. Er wollte eine autobiografische Sicht auf die Vorgänge liefern, die nicht vom Erfolg der späteren Frankfurter Schule überdeckt wurde. Für die historische Rekonstruktion des Kapitels der Gründungsverhandlungen standen ihm genügend schriftliche Dokumente zur Verfügung. Anders sah es aus, sobald er sich von diesem Kapitel weg bewegte. Hier war er inzwischen auf die Erinnerungen von anderen angewiesen. Als er zu rekonstruieren versuchte, wie er Großaktionär bei Malik geworden war, wandte er sich wieder an Wieland Herzfelde in Ostberlin. Wenn ihm Namen von politischen Weggefährten nicht mehr einfielen, lieferte ihm diese Josef ›Jola‹ Lang in Frankfurt, seine Gedächtnisstütze. Die letzten Jahre seines Lebens saß er, wann immer es ihm seine Zeit als Dozent erlaubte, an der Niederschrift seiner Memoiren. Aus seinen Erinnerungen schöpfte er auch bei zwei Vorträgen, die er in Frankfurt hielt. Der erste, am 21. Mai 1970, wurde von Iring Fetscher im Senckenberg Naturmuseum organisiert.[424] Der zweite, am 14. Mai 1973, sollte ursprünglich im Institut für Sozialforschung stattfinden, musste aber des großen Andrangs wegen in einen Seminarraum ins Hauptgebäude der Universität verlegt werden.[425] Vor seiner jungen Zuhörerschaft ließ der grau gewordene Felix Weil noch einmal die wichtigsten Episoden aus der Gründungsphase des Instituts passieren. Dazu gehörte auch die 1923 mit Karl Korsch organisierte Erste Marxistische Arbeitswoche. Als er die Teilnahme des marxistischen Theoretikers Fukumoto Kazuo erwähnte, horchte einer seiner Zuhörer auf. Kiichiro Yagi, der 1973 in Frankfurt Wirtschaft studierte, stammte ebenfalls aus Japan. Nach seiner Rückkehr in die Heimat stattete er Fukumoto Kazuo 1974 einen Besuch ab. Der Gelehrte konnte sich nach so langer Zeit inhaltlich nur noch an Georg Lukács' Referat über Geschichte und Klassenbewusstsein erinnern. Aber die Gespräche mit Felix Weil, die hatte er nicht vergessen: »Er redete über seinen Plan, ein Institut zu etablieren und ich über meinen Plan, Gesellschaftsforschung zu betreiben.«[426]

Im Juli 1973 beendete Felix Weil den letzten Kurs an der Ramsteiner US-Air-Base und kehrte in die Vereinigten Staaten zurück. Davor kam es in Zürich noch zu einem letzten Treffen mit Max Horkheimer. Dass dieser nur wenige Tage danach starb, erfuhr er aus dem *L'Express*, den er vor dem Abflug in einem Kiosk in Paris gekauft hatte. Wieder in den USA setzte er sich sofort mit Alice Maier, Horkheimers ehemaliger New Yorker Sekretärin, in Verbindung und teilte ihr mit, dass er Horkheimer noch zum Zug begleitet hätte, da dieser seinen Arzt in Nürnberg konsultieren wollte.[427]

Letzte Station im Leben Felix Weils war Dover, Delaware. Er schrieb auch dort an seinen Memoiren weiter und kämpfte dagegen an, dass sich die Erinnerungen wie Kondensstreifen am Himmel auflösten, bevor sie sich zu Papier bringen ließen. Am 29. April 1975 schrieb er Wieland Herzfelde, dass ihm der Fischer Verlag auf Grundlage dessen, was er bereits geschrieben hätte, einen Verlagsvertrag zugesendet hätte. Allerdings war zu diesem Zeitpunkt erst das halbe Manuskript fertig.[428] Angetrieben von dem Wissen um die verrinnende Lebenszeit, schrieb Felix Weil die übrigen Ereignisse aus seinem Leben so hin, wie sie sich vor seinem geistigen Auge abspulten. Auch die am Ende ambivalenten Gefühle gegenüber den beiden Freunden, mit denen ihn ein Leben lang das Schicksal des Instituts verband, sparte er nicht aus. Aber die Zeit reichte nicht mehr, um die meist weit zurückliegenden und aus dem Gedächtnis wiedergegebenen Episoden einer prüfenden Überarbeitung zu unterziehen. Am 18. September 1975 erlag Felix Weil einem Herzinfarkt. Der Nachruf auf ihn wurde von dem mit Alice Maier verheirateten Soziologen Joseph Maier verfasst und erschien am 10. Oktober im *Aufbau*, der New Yorker deutsch-jüdischen Zeitung: »Er war«, schrieb Maier, »bei aller Voreingenommenheit für den Marxismus als Philosophie und Heilslehre, doch niemals ein Parteimann.«[429]

*

Wieland Herzfelde hatte über Anne Dacharry vom Tod Felix Weils erfahren. Sie hatte ihrem Mann bei der Niederschrift seiner Memoiren geholfen. Nach seinem Tod tippte sie alles noch einmal ab und sendete die ins Reine gebrachte Version des Manuskripts an den Fischer Verlag. Am 1. Oktober 1975 musste auch sie ins Krankenhaus, wo sie am 4. Oktober ebenfalls an Herzversagen starb. Als Herzfelde noch einmal Kontakt zu ihr aufnahm, um sich nach dem Manuskript zu erkundigen, meldete sich Felix Weils Sohn bei ihm und gab ihm die Information des Verlags weiter, dass sich die Überarbeitung des Manuskripts vermutlich noch bis Frühjahr 1977 hinziehen werde.[430] Am Ende allerdings war dem Verlag der Aufwand der Überarbeitung doch zu groß.[431] In seinem Antwortschreiben erwähnte Frank Weil das interessante Detail, dass er die Durchschriften des Manuskripts zusammengesammelt und ungeordnet in eine Aktentasche gesteckt hätte.[432] Der Erste, der den Inhalt dieser cognacbraunen Ledertasche bei einem Besuch in Washington zu sehen bekam, war der Kulturhistoriker Wolfgang Schivelbusch, der zu jener Zeit an seinem Essayband *Intellektuellendämmerung* über die Lage der Frankfurter Intelligenz in den zwanziger Jahren arbeitete. Er fertigte von Auszügen des Manuskripts, die ihm für seine Arbeit brauchbar erschienen, Kopien an, die er 1984 in Frankfurt der Bibliothek übergab. Heute liegen diese Dokumente im Frankfurter Stadtarchiv. Die cognacfarbene Ledertasche in Washington war auch das Pilgerziel des Tübinger Journalisten und Heimatkundlers Helmuth R. Eisenbach. Ihm lieferte sie die Grundlage für einen Aufsatz über die Tübinger Studienzeit Felix Weils. Eisenbach brachte von seinem Besuch bei Frank Weil das ganze Manuskript samt Aktentasche nach Deutschland mit und bewahrte beides bis zu seinem Tod 2011 auf dem Speicher seines Hauses auf.[433]

Ein glückliches Leben oder nur Glück gehabt?

1973 erhielt Wieland Herzfelde in Ostberlin unerwartete Post von Felix Weil aus den USA: »Ich brauche Geld«, gestand ihm der ehemalige Malik-Hauptaktionär. »Daher möchte ich mein Portrait, von Böff (George Grosz) gemalt, gerne verkaufen. Die amerikanische Galerie Parke-Bernet in New York schätzt, es werde circa 10.000 Dollar bringen.«[434] Herzfelde reagierte verblüfft. Dann stimmte also, was man sich erzählte. Lix war kein Krösus mehr. Das unvorstellbar große Vermögen, von dem in den zwanziger Jahren die linke Kulturszene Berlins profitiert hatte und dem ein inzwischen weltbekanntes Forschungsinstitut seine Gründung und seine Existenz in schwierigen Zeiten verdankte, war aufgebraucht. Die einfachen Verhältnisse, in denen der Gründer des Instituts im Alter lebte, waren auch Iring Fetscher bei einem Besuch in Ramstein ins Auge gestochen. Irritiert vertraute er Horkheimer an: »Er macht (absichtlich?) den Eindruck vollständiger Verarmtheit, was ich aber doch nicht ganz glauben kann, ist aber sonst guter Dinge.«[435]

Wenngleich nicht völlig verarmt, so lebte Felix Weil während seiner letzten Lebensjahre doch äußerst sparsam, um nicht noch die eiserne Reserve angreifen zu müssen, die er als letzte Stiftung vorgesehen hatte. Als die Gesundheit schwächer, die Klinikaufenthalte häufiger und die Arztrechnungen teurer wurden, trennte er sich lieber von dem Porträt, das George Grosz 1926 von ihm gemalt hatte. Aber es erwies sich als schwer verkäuflich. »Mein Portrait kommt im Mai bei der Sotheby Parke Bernet Gallery in N. Y. wieder zu Versteigerung. Mit einem Minimum von 6000 Dollar«, informierte er Wieland Herzfelde 1974. Während seiner Zeit in Ramstein hatte er das Portrait vergeblich westdeutschen Museen angeboten. Jetzt kam er auf die Idee, Herzfelde, der in Ostberlin Mitglied der Akademie der Künste war, zu fragen, ob sich vielleicht ein DDR-Museum für Groszs Bild interessieren könnte. Im Juli 1974 erhielt Herzfelde tatsächlich Bescheid, dass sich das Puschkin-Museum für einen Ankauf des

Bildes interessierte.[436] Doch die Nachricht kam vier Wochen zu spät. Im Juni wurde das Bild von einem Kunsthändler für 9000 Dollar ersteigert.[437] Heute befindet es sich im Los Angeles County Museum of Art (LACMA). Felix Weil war kein Krösus mehr. Jetzt ging es ihm wie jedem, der knapp bei Kasse war. Er musste ein wertvolles Bild unter Preis verscherbeln. Vielleicht hatte er in seiner Schulzeit am Frankfurter Goethe-Gymnasium Herodots *Orientalische Königsgeschichten* gelesen, in denen es zu einem Gespräch zwischen dem sagenhaft reichen König Krösus und dem weisen Solon kam. Solon sollte unter dem Eindruck des Reichtums, den er im Palast des Krösus gesehen hatte, dessen Frage beantworten, wen er für den glücklichsten Menschen hielte. Zu Krösus Verwunderung nannte Solon den Namen von völlig Unbekannten, die zudem bereits verstorben waren, da sich die Frage, ob ein Mensch glücklich zu nennen sei, erst ganz am Ende seines Lebens beantworten ließe. Drei Tage vor seinem Tod – er lag bereits in der Klinik – war Felix Weil so weit, Antwort auf die Frage geben zu können, die Krösus von Solon zu früh beantwortet haben wollte. War sein Leben glücklich zu nennen?

Als bald nach dem deutschen Überfall auf die Sowjetunion am 22. Juni 1941 die ersten Meldungen über deutsche Massenmorde, Deportationen und Pogrome an osteuropäischen Juden an die Öffentlichkeit drangen, war er unter dem Eindruck der schrecklichen Vorgänge in Europa zu der Überzeugung gekommen, dass sich der Siegeszug des Faschismus nicht aufhalten ließe. »Gerade, wenn die Bücher fertig sein werden«, schrieb er Horkheimer im März 1942, als dieser ihn für das Dialektik-Projekt zu gewinnen versuchte, »werden sie direkt von der Druckerei zum Scheiterhaufen gebracht werden müssen«.[438] Horkheimer hielt in diesen defätistischen Momenten stets dagegen: »Angesichts dessen, was uns inmitten dieses Weltuntergangs an glücklichem und produktivem Leben geschenkt war, erscheint mir Deine Mutlosigkeit als krasse Undankbarkeit gegen das Schicksal.«[439]

Als später in den sechziger Jahren dann das ganze Ausmaß der stalinistischen Säuberungen bekannt wurde, erfuhr Felix Weil, dass sich unter den Opfern auch zwei seiner Tübinger Studienfreunde befanden. Heinrich Süßkind, mit dem er 1919 in Württemberg in Abschiebehaft gesessen hatte, und Karl Schmückle, der 1926 auf seine persönliche Empfehlung hin im Moskauer Marx-Engels-Institut zu arbeiten angefangen hatte.[440] Vielleicht hatte er in diesem Moment noch einmal über Horkheimers Worte nachgedacht. Er war aus den Strudeln, in die sie die politischen Ereignisse gerissen hatten, wieder herausgekommen. Anderen war das nicht gelungen. Mit seiner Schwester Anita zum Beispiel hatte er sich 1951 ganz am Ende wieder ausgesöhnt. Sie war da schon längst von ihrem schrecklichen Mann geschieden, aber seelisch und gesundheitlich so zerrüttet, dass sie sich 1953 das Leben nahm.[441]

Am 15. September 1975 nahm Felix Weil ein letztes Mal Stift und Papier zur Hand und wählte die Worte mit Bedacht, als er niederschrieb: »Meine Frau hat mit mir aus einer verwirrten Vergangenheit eine Gegenwart, auf die ich stolz bin, geschaffen.«[442] Das Fundament dafür hatte er jedoch selbst schon früh gelegt. Denn was ihn in jungen Jahren ein Institut gründen ließ, war der feste Glaube an eine ›wirkliche Erziehung‹. Eine Erziehung, die – so seine eigenen Worte – nicht Wege zurück in die Vergangenheit wies, sondern breite Straßen nach vorne eröffnete.[443] Und er wollte es nicht dem Zufall überlassen, dass Menschen zusammenkamen, die in ihren geistigen Produktionen politisch links Stellung zu den großen gesellschaftlichen Fragen bezogen. Nach 1933 trug er, der Argentinier, mit intellektuell redlicher Großzügigkeit dazu bei, dass diese zu Emigranten und Flüchtlingen gewordene Gruppe auch im Exil aus der für ihre Produktivität notwendigen Position der Unabhängigkeit heraus arbeiten konnte.

Ungeachtet seiner 75 Jahre legte Felix Weil am Ende seines Lebens im US-amerikanischen Dover noch einmal die Uniform der US-Air-Force an, um auf der riesigen Dover Air-Base *Geschichte der Luftfahrt* zu unterrichten.[444] Kurz vor seinem Tod hatte er tatsächlich wieder zu seiner uralten, aus Kindheitstagen in Frankfurt stammenden Leidenschaft für das Fliegen zurückgefunden, die sich bei ihm noch vor der Leidenschaft für den Marxismus herausgebildet hatte. Die Vorstellung, dass 1975 ein Marxist in der Verkleidung eines US-Offiziers den jungen Kadetten der Civil Air Patrol die durch Weltkriege und Kalten Krieg ausgelösten globalen politischen Verschiebungen am Beispiel der Luftfahrtgeschichte erklärte, gehört zu den Eigentümlichkeiten dieser ideologiegetränkten Zeit und ist das passende Schlussbild am Ende eines widersprüchlichen Lebens.

Anmerkungen

1 Grosz 1974: 187
2 Na 1; Weil an Braines. Brief vom 10.1.1971. Signatur: 257
3 Na 1; Weil an Spiegel, 12.9.1973. Signatur: 267
4 Worrell 2006
5 Weil: unveröffentlichte Aufzeichnungen: 5. Stadtarchiv Frankfurt
6 Appenzeller 2012
7 Deutschland: 357.022 qkm; mittlere Pamparegion: 831.500 qkm (Quelle: Schmidt 1920)
8 Papierpeso war gängige Binnenwährung, deren Wert inflationsbedingt geringer als die des Goldpesos war
9 Schmidt 1920: 10
10 Schmidt 1920: 127f.
11 Appenzeller 2012
12 Weil: unveröffentlichte Aufzeichnungen: 6. Stadtarchiv Frankfurt
13 Stadtarchiv Frankfurt; Felix-Weil-Mappe
14 Situation beim Termingeschäft, in der auf Baisse spekuliert und mehr verkauft wurde, als zum Verkaufstermin an börsengängigem Material zur Verfügung steht. Am Erfüllungstag muss dann jeder geforderte Preis bezahlt werden.
15 Jöhlinger 1917: 110
16 Weil: unveröffentlichte Aufzeichnungen: 12. Stadtarchiv Frankfurt
17 Jöhlinger 1917: 112; Weil: unveröffentlichte Aufzeichnungen: 12. Stadtarchiv Frankfurt
18 Jöhlinger 1917: 105f.
19 wörtlich zitiert aus Weil: unveröffentlichte Aufzeichnungen: 15. Stadtarchiv Frankfurt
20 wörtlich zitiert in Weil: unveröffentlichte Aufzeichnungen. Stadtarchiv Frankfurt
21 Weil: unveröffentlichte Aufzeichnungen: 19. Stadtarchiv Frankfurt
22 Weil: unveröffentlichte Aufzeichnungen: 14. Stadtarchiv Frankfurt
23 Weil: unveröffentlichte Aufzeichnungen: 17. Stadtarchiv Frankfurt
24 zur Geschichte des Goethe-Gymnasiums siehe: www.gg-ffm.de
25 Weil: unveröffentlichte Aufzeichnungen: 216. Stadtarchiv Frankfurt
26 Weil: unveröffentlichte Aufzeichnungen: 34. Stadtarchiv Frankfurt
27 Rapoport 2014
28 Weil: unveröffentlichte Aufzeichnungen: 36 (229). Stadtarchiv Frankfurt
29 Weil: unveröffentlichte Aufzeichnungen: 42 (235). Stadtarchiv Frankfurt

30 Weil: unveröffentlichte Aufzeichnungen: 43 (236). Stadtarchiv Frankfurt
31 siehe Weil: unveröffentlichte Aufzeichnungen: 37ff. (230ff.)
32 Weil: unveröffentlichte Aufzeichnungen: 38 (231)
33 Weil: unveröffentlichte Aufzeichnungen: 37 (230); 44 (237)
34 Weil: unveröffentlichte Aufzeichnungen: 32 (225)
35 Weil: unveröffentlichte Aufzeichnungen: 50 (243)
36 aus der Stuttgarter Zeitung *Der Beobachter*, 24.10.1919; zit. in Eisenbach 1987: 203
37 Der gesamte Vorgang ausführlich in Eisenbach 1987
38 siehe Brunner 1992: 73
39 siehe Jahrbuch 1913 der Schulanstalten der Frau Dr. Phil. Eugenie Schwarzwald
40 siehe Brendel 1999
41 Brendel 1999
42 Weil: unveröffentlichte Aufzeichnungen: 68 (261). Stadtarchiv Frankfurt
43 Weil: unveröffentlichte Aufzeichnungen: 26 (Teil 2)
44 Weil: unveröffentlichte Aufzeichnungen: 25 (Teil 2)
45 Weil 1923: 42
46 Weil 1923: 44f.
47 Weil 1923: 47
48 Weil: unveröffentlichte Aufzeichnungen: 13. Stadtarchiv Frankfurt
49 Jeifets, Lazar und V. Jeifets 2015: 696
50 Jeifets, Lazar und V. Jeifets 2015: 674
51 Jeifets, Lazar und V. Jeifets 2015: 742
52 Siehe Felix-Weil-Chronik. Stadtarchiv Frankfurt
53 Jeifets, Lazar und V. Jeifets 2009: 140
54 Siehe hierfür ausführlicher: Jeifets, Lazar und V. Jeifets 2009
55 Jeifets, Lazar und V. Jeifets 2009: 142
56 Jeifets, Lazar und V. Jeifets 2009: 140
57 Weil 1923: 41f.
58 Weil: unveröffentlichte Aufzeichnungen: 82 (275). Stadtarchiv Frankfurt
59 Weil 1923: 44
60 Weil 1923: 47
61 siehe Meyer-Leviné 1977: 33f.
62 Meyer-Leviné 1977: 34
63 Weil: unveröffentlichte Aufzeichnungen: 87 (280). Stadtarchiv Frankfurt
64 siehe Migdal 1981; siehe auch Weil: unveröffentlichte Aufzeichnungen: 87 (280). Stadtarchiv Frankfurt
65 Korsch 2001: 932
66 siehe Buckmiller 1988; siehe Weil: unveröffentlichte Aufzeichnungen: 95 (288); 97 (290)
67 siehe Rein 1976: 166f.
68 siehe Wiggershaus 2015: 79
69 Abromeit 2011: 55
70 Herhaus 1970: 42
71 Der in Buenos Aires ansässige Historiker Mario Rapoport, der in der Vergangenheit noch Gelegenheit hatte, mit Personen aus Felix Weils argentinischem Freundes- und Verwandtenkreis zu sprechen, behauptet, Felix Weil hätte seinen Freunden Pollock und Horkheimer das Geld für den Erwerb des Hauses in Kronberg gegeben. Siehe Rapoport 2014: Position 3436.
72 Rein 1976: 176f.
73 Rein 1976: 177
74 Migdal 1981: 30
75 siehe Meyer-Leviné 1977: 100

76 siehe Wiggershaus 2015: 61
77 siehe Migdal 1981: 51
78 Die Denkschrift wird in großen Auszügen in Weils unveröffentlichten Aufzeichnungen zitiert: 89 (282)ff.; siehe auch Migdal 1981: 43
79 Weil: unveröffentlichte Aufzeichnungen: 91 (284)f. Stadtarchiv Frankfurt
80 Name im Original: Shakai Mondai Kenkyu; siehe Yagi 2011: 319
81 Die wirtschafts- und sozialwissenschaftliche Fakultät hatte Anfang Januar 1923 einstimmig beschlossen, dem Minister die Berufung Grünbergs vorzuschlagen; siehe Wiggershaus 2015: 32
82 siehe Wiggershaus 2015: 30f.
83 Wiggershaus 2015: 31
84 siehe zu dem durch Frankfurter Stiftungen geprägten intellektuellen Leben der Stadt: Schivelbusch, 1985
85 Döring 2014: 150
86 siehe Appenzeller 2012: 66
87 zit. in Herhaus 1970: 42f.
88 Weil: unveröffentlichte Aufzeichnungen: 44 (257). Stadtarchiv Frankfurt
89 siehe Buckmiller 1988: 164
90 Pläne im Archiv der MEGA; Dank für Einsicht an Rolf Hecker
91 Migdal 1981: 108
92 siehe Brief Fogarasi an Rjazanov vom 20. 2. 1924 in Hecker 2000: 138
93 zit. nach Migdal 1981: 78
94 Weil: unveröffentlichte Aufzeichnungen: 175 (65). Stadtarchiv Frankfurt
95 siehe Migdal 1981: 78
96 Weil an Wissenschaftsministerium, 1. 11. 1929; zit. in Weil: unveröffentlichte Aufzeichnungen. Stadtarchiv Frankfurt
97 Korn 1975: 152
98 Weil: unveröffentlichte Aufzeichnungen: 100 (293); Stadtarchiv Frankfurt
99 siehe Hecker 2000
100 Brief MEAV (Dr. F. Weil) an MEI (Rjazanov), 20. 9. 1924; in: Hecker 2000: 144
101 Brief MEAV an MEI, 14. 10. 1924; in: Hecker 2000: 144
102 zit. in Weil: unveröffentlichte Aufzeichnungen: 111 (297); siehe auch Migdal 1981: 100
103 zit. in Migdal 1981: 99
104 Migdal 1981: 100
105 siehe Hecker 2000: 49
106 siehe Hecker 2000: 40
107 Weil: unveröffentlichte Aufzeichnungen: 110 (296). Stadtarchiv Frankfurt
108 Hecker 2000: 45
109 Brunner 1992: 65
110 BA, Na Eduard Fuchs. Gesellschaft für Sozialforschung an Fuchs; Sign. N/2085/Blatt Nr. 65; Brief G. f. S. an Eduard Fuchs, 6. 1. 1926
111 Jung 1987: 67f.
112 Brendel 1999
113 geht hervor aus: BA; Na Eduard Fuchs; Sign. N/2085/Blatt Nr. 65; G. f. S. an Eduard Fuchs, 6. 1. 1926
114 für eine ausführliche Biografie über Eduard Fuchs: Huonker 1985; Weitz 2014
115 siehe BA; Na Eduard Fuchs; Sign. N/2085/Blatt Nr. 202; Felix Weil an Eduard Fuchs, 4. 6. 1926
116 AdK; Wieland-Herzfelde-Nachlass; Weil an Herzfelde, 9. 11. 1971
117 zit. nach Brunner 1992: 65
118 Dass Eduard Fuchs am 22. 6. 1924 im Institut war, geht aus Grünberg-Verhörprotokoll hervor; BA, Na Eduard

Fuchs; Sign. N72085/Blatt Nr. 90; Protokoll Carl Grünberg, 16.12.1925

119 Geht aus Verhörprotokoll hervor; BA, Na Eduard Fuchs; Sign. N72085/ Blatt Nr. 90; Protokoll Carl Grünberg; 16.12.1925

120 BA, Na Eduard Fuchs; Sign. N/2085/Blatt Nr. 75; IfS (Grünberg) an Fuchs, 23.6.1924

121 Brief Fuchs an Weil vom 6.6.1924 zit. in Brunner 1992: 65

122 siehe Weitz 2014: 273

123 BA, Na Eduard Fuchs; Sign. N/2085/Blatt Nr. 55; Eduard Fuchs an Felix Weil, 23.9.1924

124 siehe Weitz 2014: 274; BA, Na Eduard Fuchs; Sign. N/2085/2/Bl. Nr. 58, Weil an Fuchs, 25.8.1924

125 BA, Na Eduard Fuchs; Sign. N/2085/2/Bl. Nr. 75, IfS an Fuchs, 23.6.1924

126 siehe hierzu ausführlich Brunner 1992

127 BA Na Eduard Fuchs; Sign. N/2085/8; Fuchs an Pollock, 3.11.1925

128 Brunner 1992: 65

129 Brunner 1992: 72

130 Brunner 1992: 73

131 russischer Fachbuchverlag in Leipzig

132 Weil an Czóbel, 5.8.1926, zit. in Hecker 2000: 279

133 Weil an Czóbel, 5.8.1926, zit. in Hecker 2000: 278f.

134 siehe unter anderem Migdal 1981: 39; Wiggershaus erwähnt hier Peter von Haselberg in Wiggershaus 2015: 24

135 siehe Heubaum 2001

136 zit. in Weil: unveröffentlichte Aufzeichnungen: 83 (276). Stadtarchiv Frankfurt

137 Eisenbach 1987: 207

138 Berliner Verein zur Förderung der MEGA-Edition e. V. Brief Stein an Weil, 26.9.1926

139 Weil an Rjazanov, 18.10.1926, zit. in Hecker 2000: 309

140 Weil an Czóbel, zit. in Hecker 2000: 315

141 siehe Hecker 2000: 30

142 Bertolt Brecht: Arbeitsjournal, Frankfurt a. M. 1973; Bd. 1, S. 443 zit. nach Weil: unveröffentlichte Aufzeichnungen: 204 (95). Groß und Kleinschreibung nach Weil

143 zit. nach Appenzeller 2012: 58

144 Na 2, Weil an Fischi (Neffe), 17.8.1965. Signatur: XXIII 31 59

145 Weil in Appenzeller 2012: 97

146 Was 1924 einer jährlichen Schenkung von 120.000 Mark und nach heutigem Wert einer jährlichen Schenkung in Höhe von 420.000 Dollar entsprach.

147 Zu den Bereichen historischer Materialismus und philosophische Grundlagen des Marxismus; theoretische Nationalökonomie und planwirtschaftliche Probleme; die Lage der arbeitenden Klassen in Vergangenheit und Gegenwart; Soziologie und Geschichte der sozialistischen Lehrmeinungen und Parteien (siehe Migdal 1981)

148 Weil an den Kultus- und Wissenschaftsminister, 1.11.1929; zit. in Weil: unveröffentlichte Aufzeichnungen: 107. Stadtarchiv Frankfurt

149 Weil an den Kultus- und Wissenschaftsminister, 1.11.1929; zit. in Weil: unveröffentlichte Aufzeichnungen: 107. Stadtarchiv Frankfurt

150 siehe Wiggershaus 2015: 71ff.

151 Weil: unveröffentlichte Aufzeichnungen: 174. Stadtarchiv Frankfurt

152 siehe Grosz 1974: 187; zu den biografischen Angaben Marc Neven DuMonts siehe Grosz 1992: 220

153 Grosz 1974: 187

154 siehe Grosz 1974: 188

155 siehe Grosz 1992; darin Brief an DuMont vom 28.9.1923

156 Weil: unveröffentlichte Aufzeichnungen: 175. Stadtarchiv Frankfurt

157 Weil: unveröffentlichte Aufzeichnungen: 174. Stadtarchiv Frankfurt

158 Grosz 1992: 96; Brief an Mark Neven DuMont vom 20.3.1927

159 Hier irrt sich F.W. im Datum. Er lernte Grosz im Sommer 1923 kennen. Siehe Grosz 1992

160 Weil: unveröffentlichte Aufzeichnungen: 176f. Stadtarchiv Frankfurt

161 Na 1; Motte Jacoby an Maidon Horkheimer, 26.11.1939; Signatur: 182

162 Na 1; Motte Jacoby an Maidon Horkheimer, 26.11.1939; Signatur: 182

163 Weil: unveröffentlichte Aufzeichnungen: 34 G (48). Stadtarchiv Frankfurt

164 Herzfelde in: Der Malik-Verlag, 1967: 37.

165 Siehe AdK, Wieland-Herzfelde-Nachlass; Sign. 1597; Korrespondenz mit Weil, 25.11.1971

166 Siehe Brief Weil an Czóbel, 5.8.1926, zit. in Hecker 2000: 279

167 AdK, Wieland-Herzfelde-Nachlass; Sign. 1597; Korrespondenz mit Weil, 29.10.1971; aus dem Brief geht auch hervor, dass Felix Weil vor dem Kauf der Aktien auch bei Clara Zetkin Rat gesucht hatte

168 Sinclair, Herzfelde, Zur Mühlen 2001: 339f.

169 Danzer 2012: 169

170 zit. in Sinclair, Herzfelde, Zur Mühlen 2001: 337

171 Börsenverein des Deutschen Buchhandels 2012: 44

172 Huonker 1985: 310

173 Die Ausstellung fand von Dezember 1966 bis Januar 1967 statt.

174 AdK, Wieland-Herzfelde-Nachlass; Sign. 1597; Korrespondenz mit Weil, 25.11.1971

175 AdK, Wieland-Herzfelde-Nachlass; Sign. 1597; Korrespondenz mit Weil; Brief Lix an Herzfelde, 9.11.1971

176 AdK, Wieland-Herzfelde-Nachlass; Sign. 1597; Korrespondenz mit Weil; Brief Lix an Herzfelde, 9.11.1971

177 AdK, Wieland-Herzfelde-Nachlass; Sign. 1597; Korrespondenz mit Weil, 25.11.1971

178 AdK, Wieland-Herzfelde-Nachlass; Sign. 1597; Korrespondenz mit Weil, 25.11.1971

179 AdK, Wieland-Herzfelde-Nachlass; Sign. 1597; Korrespondenz mit Weil, 25.11.1971

180 AdK, Wieland-Herzfelde-Nachlass; Sign. 1597; Korrespondenz mit Weil, 13.12.1971

181 AdK, Wieland-Herzfelde-Archiv; Sign. 1597; Korrespondenz mit Weil, 25.11.1971
182 AdK, Wieland-Herzfelde-Archiv; Sign. 1597; Korrespondenz mit Weil, 9.11.1971
183 AdK, Wieland-Herzfelde-Nachlass; Sign. 1597; Korrespondenz mit Weil
184 Blätter der Piscator-Bühne. Tai Yang erwacht: 22. 1931
185 Schneede 1975: 108.
186 siehe Weil: unveröffentlichte Aufzeichnungen: 253 (145). Stadtarchiv Frankfurt
187 AdK, Wieland-Herzfelde-Archiv; Sign. 602; Weil an Grosz, 10.9.1929
188 Informationen aus einem Vortrag von Torsten Blume in der Volksbühne: Raumapparate, Moholy-Nagy und das Theater der Totalität
189 Bernhard Diebold: »Piscator-Premiere« 7. September 1929. Zit. in Weitz 1995: 330ff.
190 Herbert Ihering: Eröffnung der Piscator-Bühne. Walter Mehrings ›Kaufmann von Berlin‹. In: Der (rote) Tag. Zit. in Weitz 1995: 326f.
191 AdK, Wieland-Herzfelde-Archiv; Sign. 602; Weil an Grosz, 10.9.1929
192 Hans Knudsen: »Mehrings ›Kaufmann von Berlin‹. Der Regisseur als Maschinist.« In: Rheinisch-Westfälische Zeitung, 9.9.1929; zit. in Weitz 1995: 351
193 Grosz 1992: 143
194 für die ausführliche Biografie siehe Gross 1991
195 Gross 1991
196 Weil: unveröffentlichte Aufzeichnungen: 249 (141). Stadtarchiv Frankfurt
197 Gross 1991: 149
198 Gross 1991: 267
199 Weil: unveröffentlichte Aufzeichnungen: 250 (142). Stadtarchiv Frankfurt
200 Filmblatt Goergen 2001: 8
201 Filmblatt Goergen 2001: 8
202 siehe Weitz 2014: 307
203 Jeifets, Lazar und V. Jeifets 2015
204 Weil: unveröffentlichte Aufzeichnungen: 241 (133). Stadtarchiv Frankfurt
205 Weil: unveröffentlichte Aufzeichnungen: 235 (126). Stadtarchiv Frankfurt
206 Nach julianischem Kalender begann die Revolution am 23. Februar 1917, nach gregorianischer Zeitrechnung am 8. März 1917.
207 Grosz 1992: 159; Brief an Mark Neven DuMont vom 25.4.1930
208 Grosz 1992: 159; Brief an Mark Neven DuMont vom 25.4.1930
209 Grosz 1992: 106, 159
210 Appenzeller 2012
211 Weil: unveröffentlichte Aufzeichnungen: 11 (17). Stadtarchiv Frankfurt
212 Gropius 1913: 21
213 Appenzeller 2012
214 Mulder 2015: 85
215 Dialog zitiert wie in Weil: unveröffentlichte Aufzeichnungen (Teil 2). Stadtarchiv Frankfurt
216 Weil: unveröffentlichte Aufzeichnungen: 16 (Teil 2). Stadtarchiv Frankfurt
217 Weil: unveröffentlichte Aufzeichnungen: 3 (Teil 2). Stadtarchiv Frankfurt
218 Weil: unveröffentlichte Aufzeichnungen: 68 (Teil 2). Stadtarchiv Frankfurt
219 Mulder 2015: 76

220 Nach heutiger Kaufkraft etwa 27,5 Millionen Euro. Mulder 2015: 86

221 Allerdings scheint F. W. seine nach 1930 fortgesetzten Reisen nach Rotterdam wohl auch für Abstecher nach Berlin genutzt zu haben. Schließlich gab es noch Dinge wie Wohnungsauflösung etc. zu erledigen. Auf einen Berlin-Aufenthalt nach 1930 weist zum Beispiel das Coverbild des Malik-Buches *So macht man Dollars* von Upton Sinclair hin, auf dem Felix Weil als Kapitalist in weißen Gamaschen zu sehen ist und das bei Malik erst 1931 erschien. Vgl. Weil: unveröffentlichte Aufzeichnungen: 242. Stadtarchiv Frankfurt; vgl. auch AdK, Wieland-Herzfelde-Nachlass; Sign. 1597; Korrespondenz mit Weil, 13.12.1971.

Dass er nach April 1930 auch mindestens noch einen Aufenthalt in Frankfurt eingelegt hat, würde Leo Löwenthals (1926 Stipendiat im Institut; ab 1929 Mitarbeiter) Äußerung in einem mit dem Soziologen Helmut Dubiel geführten Gespräch erklären, der zufolge Weil bei der Besprechung dabei war, in der nach der Reichstagswahl im September 1930 im Institut auf Verwaltungsebene der Entschluss zu emigrieren gefallen sei. Siehe Dubiel 1980: 67

222 Faludi 2013: 19

223 Wiggershaus 2015: 129

224 siehe Korn 1975: 151f.

225 siehe Mulder 1991

226 zu Andries Sternheims Biografie siehe Mulder 1991

227 Wiggershaus 2015: 128f.

228 Mulder 2015: 87f.

229 Mulder 2015

230 siehe Vertrag in Spiegelschrift vom 18.10.1935; Fietje-Kwaak-Archiv, International Institute of Social History, Amsterdam

231 Mulder 2015: 89

232 Na 1, Signatur: 248

233 siehe: Fietje-Kwaak-Archiv, International Institute of Social History, Amsterdam

234 Mulder 2015: 89

235 Wiggershaus 1986: 126; in der E-Book-Version Wiggershaus 2015: 128

236 siehe Schivelbusch 1985: 120

237 Weil: unveröffentlichte Aufzeichnungen: 99 (292). Stadtarchiv Frankfurt

238 für den gesamten Hergang siehe Schivelbusch 1985: 120ff.

239 Schivelbusch 1985: 126

240 Schivelbusch 1985: 127

241 Brunner 1992: 74

242 Na 1; Memorandum über den Bericht von F. P. an die Gäste des Instituts of Social Research, 14.7.1949; Signatur: 248

243 siehe Eisenbürger 1991: 56–57

244 persönliche Information von Roberto Alemann (Sohn Ernesto Alemanns)

245 FBI Case Report on Felix Weil …, September 9, 1942, Federal Bureau of Investigation, Freedom of Information Act; zit. nach Andrew 2012: 74

246 Jeifets, Lazar und V. Jeifets 2015: 649

247 Weil: unveröffentlichte Aufzeichnungen: 55 g (Teil 2). Stadtarchiv Frankfurt

248 Mayer 1993: 340f.

249 Wolfgang Kraushaar zit. in Eisenbach 1987: 207
250 Weil: unveröffentlichte Aufzeichnungen: 20f. (Teil 2). Stadtarchiv Frankfurt
251 Weil: unveröffentlichte Aufzeichnungen: 24 (Teil 2). Stadtarchiv Frankfurt
252 Weil: unveröffentlichte Aufzeichnungen: 24 (Teil 2). Stadtarchiv Frankfurt
253 Weil: unveröffentlichte Aufzeichnungen: 80 (Teil 2). Stadtarchiv Frankfurt
254 Weil: unveröffentlichte Aufzeichnungen: 42 (Teil 2). Stadtarchiv Frankfurt
255 Na 1; Weil an Horkheimer, 13. 7. 1934; Signatur: 312
256 siehe Curriculum in: Frank Jacoby Nelson Collection in Leo Baeck Institute New York
257 siehe Curriculum in: Frank Jacoby Nelson Collection in Leo Baeck Institute New York
258 Dubiel und Löwenthal 1980: 71
259 Wiggershaus 2015: 151
260 Na 1; »Notes on Organisations which were frequently mentioned in Connection with the Institute of Social Research«; Signatur: 248
261 Weil: unveröffentlichte Aufzeichnungen: 85 (Teil 2). Stadtarchiv Frankfurt
262 siehe Biagini und Roig 2006: 606
263 Weil 2010: 239
264 Weil 2010: 239
265 Rapoport 2014: Position 5307
266 Weil 2010: 243f.
267 siehe Brunner 1992: 63; Fußnote 6
268 Richter-Ibañez 2014: 42
269 Rapoport 2014: Position 5578
270 Weil 2010: 220
271 Weil 2010: 179f.
272 Na 1; Brief Weil an Horkheimer, 13. 7. 1934; Signatur: 312
273 siehe Pigna 2006
274 Weil 2010: 180
275 Weil: unveröffentlichte Aufzeichnungen: 67 (Teil 2). Stadtarchiv Frankfurt
276 Na 1; Weil an Horkheimer, 13. 7. 1934; Signatur: 312; siehe Waldmann 2010
277 zit. in Wiggershaus 2015: 170f.
278 Na 1; Horkheimer an Weil, 4. 8. 1934; Signatur: 309
279 Na 1; Motte Jacoby an Horkheimer, 10. 5. 1935; Signatur: 308
280 Na 1; Horkheimer an Motte Jacoby, 20. 5. 1935; Signatur: 307
281 Arthur E. Nadel: Case History – ROBEMA, 27. 12. 1961; siehe: Fietje-Kwaak-Archiv, International Institute of Social History, Amsterdam
282 siehe: Fietje-Kwaak-Archiv, International Institute of Social History, Amsterdam
283 Mulder 2015: 91
284 Na 1; Max Horkheimer an Motte Jacoby de Weil, New York, 20. 5. 1935; Signatur: 307
285 Na 1; Streng vertraulich; Bericht über die bisherigen Besprechungen mit dem für die Vertretung der SIRES-Interessen in Rotterdam ausgewählten Anwalt; Signatur: 36–38
286 Brendel 1999
287 Brendel 1999

288 zit. in Mulder 2015: 92
289 Weil: unveröffentlichte Aufzeichnungen: 106 g (Teil 2). Stadtarchiv Frankfurt
290 Heutiger Wert knapp 16 Millionen Dollar. In den Dokumenten werden die Vermögenswerte der Stiftung, je nachdem ob sie im SIRES-Jahresbericht, der ROBEMA-Korrespondenz oder SOCRES bzw. Hermann-Weil-Memorial-Foundation-Berichten genannt werden, in Dollar, Schweizer Franken oder Gulden angegeben; siehe hier Na 1; Signatur: 248
291 siehe F. W. Bericht »Fondation Conditionee« in Na 1; Signatur: 248; Mulder (2015) gibt im Fall Anita Weils eine Kapitalstiftung in Höhe von 1 Mio. Dollar an (heutige Kaufkraft: 17.580.510 $); siehe Mulder 2015: 95
292 siehe F. W. Bericht »Fondation Conditionee« in Na 1; Signatur: 248; Diese 750.000 Dollar entsprächen inflationsbereinigt gegenwärtig 13.185.383,21 Dollar
293 siehe F. W. Bericht »Fondation Conditionee« in Na 1; Signatur: 248
294 die gesamte »Affäre Pohly« siehe Na 1; Felix Weils Memorandum vom 21./ 22. Januar 1936; Signatur: 298–306
295 Na 1; Weil an Horkheimer, 14. 4. 1936; Signatur: 292
296 siehe Na 1; Auszug aus Peters (Peter Weil) Brief von 37. 3. 1936 an Jufle (Julius Flegenheimer) und Sigi (Sigismundo Edelstein); Signatur: 295; siehe auch Kabel vom 12/4. Signatur: 294
297 siehe Na 1; Auszug aus Peters (Peter Weil) Brief von 37. 3. 1936 an Jufle (Julius Flegenheimer) und Sigi (Sigismundo Edelstein); Signatur: 295
298 siehe hierzu: Federico Andahazi: Historia sexual de los Argentinos. Pecadores y Pecadoras. Buenos Aires, 2010; siehe auch Brendel 1999
299 Brendel 1999
300 Andrew 2012: 74
301 FBI Case Report on Felix Weil …, September 9, 1942, Federal Bureau of Investigation, Freedom of Information Act; zit. nach Andrew 2012: 74
302 Na 1; Felix Weil an Max Horkheimer, Genf, 14. 4. 36; Signatur: 292
303 Na 1; Felix Weil an Max Horkheimer, Genf, 14. 4. 1936; Signatur: 292
304 Na 1; Horkheimer an Pollock, New York, 22. 4. 1936; Signatur: 295–296
305 Na 1; Horkheimer an Pollock, New York, 22. 4. 1936; Signatur: 295–296
306 siehe Na 1; Pollock an Motte Jacoby, Ostersonntag 1936; Signatur: 282
307 Na 1; Horkheimer an Pollock, New York, 22. 4. 1936; Signatur: 295–296
308 siehe Na 1; Auszug aus Peters (Peter Weil) Brief von 27. 3. 1936 an Jufle (Julius Flegenheimer) und Sigi (Sigismundo Edelstein); Signatur: 295
309 Na 1; Pollock Kabel vom 12. 4. 1936; Signatur: 294; vgl. auch Fritz Pollock an Motte, Ostersonntag 1936; Signatur: 182–184
310 geht aus Nadels Brief an Horkheimer hervor vom 2. 12. 1935 in Na 1. Signatur: 39
311 Na 1, Felix Weil an Max Horkheimer; Genf, 14. 4. 1936; Signatur: 293

312 Na 1; Franz Neumann an Max Horkheimer, Buenos Aires, 5. 10. 1936; Signatur: 174
313 Na 1; Pollock Kabel; Signatur: 207
314 Mulder 2015: 94
315 Na 1; Horkheimer an Nadel, 7. 10. 1937; Signatur: 20
316 Na 1; Motte an Horkheimer, 24. 12. 1936; Signatur: 271; 9. 4. 1937; Signatur: 266
317 Na 1; v. Hirsch an Horkheimer, 26. 4. 1936; Signatur: 356–358
318 Na 1; Weil an Horkheimer, 24. 8. 1937; Signatur: 253
319 Na 1; Jakobowicz an Horkheimer, 8. 8. 1936; Signatur: 224–226
320 »… das Leben der Lucille Weil«, in: Aufbau, Nr. 11; 30. 5. 2002, S. 12
321 siehe Na 1; Felix Weil an Horkheimer, 28. 6. 1937; Signatur: 261–262
322 Na 1; Horkheimer an Felix Weil, 17. 6. 1937; Signatur: 263–265
323 Korsch 2001: 876
324 Na 1; Pollock an Wittfogel, 31. 3. 1936; Signatur: 133
325 siehe Dubiel und Löwenthal 1980: 67f.
326 Na 1; Business Corporations controlled by the Hermann Weil Memorial Foundation; Signatur: 248; siehe auch www.ferdinand-kramer.org/vita.html
327 Na 1; Horkheimer an Nadel, 7. 10. 1937; Signatur: 20
328 Na 1; Signatur: 174
329 Na 1; Signatur: 172
330 siehe SIRES-Jahresbericht 1937, vorgelegt am 9. April 1938. »Il existe d'ailleurs comme vous le savez une fondation conditionnée que tient lieu de réserve et pourrait nous servir un jour de supplément à la fortune proprement dite.« Siehe Na 1; Signatur: 171
331 130.000 Dollar entsprechen knapp 2,3 Millionen Dollar nach heutigem Wert
332 siehe LaRoe 1971: 129f.; siehe auch Na 1; Stefan Jakobowicz an Horkheimer, 25. 9. 1939, Signatur: 203
333 siehe LaRoe 1971: 131
334 LaRoe 1971: 131f.
335 siehe »Das Satyrspiel« Franz Werfel, in: Der Spiegel, 48/1958
336 LaRoe 1971: 132
337 siehe Jay 1981: 175
338 siehe Korrespondenz Felix Weil und Eduard Fuchs zit. in Weitz 2014: 350; siehe Grosz an Weil, 21. 7. 1933, in Grosz 1979: 179
339 siehe: www.dokin.nl
340 siehe Mulder 2015
341 Mulder 2015: 99
342 siehe Jay 1991: 144f.
343 Na 1; Brief Weil an Horkheimer, 2. 8. 1940; Signatur: 165
344 siehe Jay 1991: 144f.
345 Korsch 2001: 876
346 Sternheim an Pollock; zitiert nach Mulder 1991: 162 (aus dem nicht veröffentlichten deutschen Manuskript)
347 Sternheim an Horkheimer, 28. 10. 1940; zit. in Mulder 1971: 165; hier zitiert nach dem deutschen unveröffentlichten Manuskript. Im Original: »the most terrible blow I ever received.«
348 Na 1; Horkheimer an US-Immigration Department am 7. 1. 1941; Signatur: 154

349 Na 1; Horkheimer an Felix Weil, 24. 7. 1939; Signatur: 192
350 Weil: unveröffentlichte Aufzeichnungen: 44 (Teil 2). Stadtarchiv Frankfurt
351 Na 1; Horkheimer an Weil, 2. 12. 1939; Signatur: 178; im Original: »As you know, we have just started a series of studies on preparedness economy for which your advice would be of greatest value. We very much need an expert in business and finance for these studies, and it would be impossible for you really to help us if you were to stay here for only a few weeks. You would have to go into the work thoroughly without having anything else on your mind.«
352 Na 1; Horkheimer an Käte von Hirsch, 28. 6. 1937; Signatur: 341; siehe auch Horkheimer an Nadel, 7. 10. 1937; Signatur: 20; Horkheimer an Weil, 24. 7. 1939; Signatur: 192
353 151 West 72nd Street; siehe Na 1; Apartment Guide; Signatur: 168
354 Na 1; Telegramm von Käte Hirsch, 30. 6. 1940; Signatur: 306
355 2. 2. 1996; Todesanzeige Katarina von Hirsch in New York Times
356 Na 1; Karte Lix, 6. 8. 1940; Signatur: 164
357 Weil an Horkheimer; zit. nach Horkheimer 1996: 278. Über die Auswirkungen dieser Amour fou auf die Theoriegeschichte der Frankfurter Schule liefert Clemens Albrecht in seinem Essay *Lucille, oder: der Teufel und die ›Dialektik der Aufklärung‹* eine äußerst kurzweilige Interpretation (Albrecht 2014)
358 Na 1; Pollock an Horkheimer, 8. 6. 1941; Signatur: 332
359 Horkheimer an Weil, 10. 3. 1942; zit. in Horkheimer 1996
360 Horkheimer an Weil, 17. 4. 1942; zit. nach Horkheimer 1996: 282
361 Horkheimer an Weil, 17. 4. 1942; zit. nach Horkheimer 1996: 282f.
362 Na 1; Horkheimer an Inmigration und Naturalization Service, 7. 1. 1941; Signatur: 154
363 Na 1; Horkheimer an Weil, 15. 1. 1941; Signatur: 153; im Original: »Congratulations. You are no longer a ›guest member‹ but regular. You will start at once together with Fred and Neumann on their studies in bureaucracy and planned economy.«
364 Na 1; Horkheimer an Motte Jacoby, 15. 12. 1938; Signatur: 230
365 *Memorandum über Teile des Westküsten-Arbeitsprogramms, die von den Philosophen nicht durchgeführt werden können*, zitiert in Wiggershaus 2015: 377
366 Horkheimer an Weil, 10. 3. 1942; zit. nach Horkheimer 1996: 275
367 Horkheimer an Weil, 17. 4. 1942; zit. nach Horkheimer 1996: 282
368 Horkheimer an Pollock, 21. 4. 1942; zit. nach Horkheimer 1996: 282
369 Weil: unveröffentlichte Aufzeichnungen: 29 (Teil 2). Stadtarchiv Frankfurt
370 Weil an Horkheimer, 13. 3. 1942; zit. nach Horkheimer 1996: 279
371 Horkheimer an Weil, 20. 3. 1942; zit. nach Horkheimer 1996: 280

372 Na 1; handschriftlicher Zettel von Pollock an Horkheimer, 15.6.1941; Signatur: 323

373 siehe F. W. Bericht »Fondation Conditionee« in Na 1; Signatur: 248

374 Na 2; »Notes on Incidents regarding the Weil Case …« Signatur: XXIII 30 231

375 Herhaus 1970: 44

376 Horkheimer an Weil, 17.4.1942; zit. nach Horkheimer 1996: 282

377 Na 2; ›Supplementary Notes on Incidents …‹; Signatur: XXIII 30 233

378 siehe Wiggershaus 2015: 436

379 Ins Deutsche übersetzt aus der spanischen Ausgabe: Weil 2010: 83f.

380 Für die ausführliche Biografie Normanos siehe Lembke 2012

381 siehe Lembke 2012: 159ff.

382 siehe Lembke 2012; hier insbesondere das Kapitel »Der Beitrag des Latin American Economic Institute«: 272ff.

383 siehe Lembke 2012; hier insbesondere das Kapitel »Das Russian Economic Institute im Hause der Frankfurt School«: 296ff.

384 siehe Lembke 2012: 300

385 Lembke 2012: 309

386 Weil in »What goes on in Argentina?«, zit. nach Traine 1998: 100f.

387 siehe Grosz 1992: 201; siehe auch Traine 1998: 100;

388 Traine 1992: 100

389 Weil: unveröffentlichte Aufzeichnungen: 7 (203). Stadtarchiv Frankfurt

390 Na 1; Horkheimer an Adorno, 6.4.1945; Signatur: 89–90

391 Na 1; Horkheimer an Adorno, 6.4.1945; Signatur: 90

392 Horkheimer an Weil, 10.3.1942; zit. nach Horkheimer 1996: 273

393 Horkheimer an Weil, 22.12.1945; zit. nach Horkheimer 1996: 691f.

394 siehe www.ferdinand-kramer.org/vita.html

395 Na 1; »Fondation Conditionnee«; Signatur: 248

396 Horkheimer an Weil, 22.12.1945; zit. nach Horkheimer 1996: 692

397 siehe die von Pollock geschriebenen Memoranden zu Auseinandersetzungen mit Helen Knoping; Na 2; XXIII 30 218–236

398 siehe Herhaus 1970: 44

399 Na 1; Signatur: 166; 167

400 Na 1; Schreiben Weils ans Kuratorium, 21.11.1946; Signatur: 29–30; Schreiben des Kuratoriums an Weil, 15.4.1947; Signatur: 248

401 Na 1; Signatur: 748

402 Dass Franz Röckle, der Architekt des ersten Instituts, der auch die Pläne für die Frankfurter Westend-Synagoge geliefert hatte, im April 1933 in seiner Liechtensteiner Heimat an einem Pogrom beteiligt war, bei dem ein deutsch-jüdisches Berliner Künstlerpaar in den Tod gehetzt wurde, kam erst Jahrzehnte später ans Licht.

403 Jay 1981: 332

404 Siehe zum Beispiel AdK, Hanns-Eisler-Archiv; Signatur: 4187; hier Korrespondenz mit Lou Eisler; siehe auch Grosz 1979: 413; Brief an F. W., 9.1948; siehe auch Exilforschung der Uni Hamburg: Paul Walter Jacob-Archiv; Brief P. W. J. an F. W. vom 29.1.1941

405 So bat er zum Beispiel Carl Zuckmayer 1954 bei der Vermittlung eines Bühnenstücks um Hilfe (Literaturarchiv Marbach: Brief F. W. an Zuckmayer v. 2.2.1954) und fragte bei Heinrich Mann um einen Beitrag für eine Sondernummer des Argentinischen Tageblatts an (siehe AdK, Heinrich-Mann-Archiv; Signatur: 3177; Brief F. W. an H. M., 29.8.1941).
406 Mann 1986: 204, 635f.
407 Anne Dacharry hat sich bemüht, das von Brecht und dem als Co-Autor fungierenden Feuchtwanger geschriebene Stück der »Geschichte der Simone Machard« bei Columbia Pictures unterzubringen. Siehe Brief von Lion Feuchtwanger an Bert Brecht: Pacific Palisades, 27.3.1943 in: Haarmann und Hesse 2014; siehe auch Mulder 2015: 188
408 siehe »Lebenslauf Felix Weil« für Auszeichnung mit Ehrenplakette der Stadt Frankfurt 1963; Stadtarchiv Frankfurt; Signatur: 52/1503; siehe auch: Felix Weil: unveröffentlichte Aufzeichnungen: 249f. Stadtarchiv Frankfurt
409 Na 1; Note on the Institute of Social Research; Signatur: 748
410 Na 1; Horkheimer an Weil, 23.4.1952; Signatur: 562. Original: »Now, that you have chosen to play a role in publicizing the Frankfurt Institute's activities without even consulting me, I feel I should remind you that, while we are glad you cherish the title of member of the American Institute, we have never considered it more than a token of recognition for your financial support and loyalty. Your publications on Latin America, your book reviews in the Institute's periodicals and your untiring assistance in proof reading ›The Authoritarian Personality‹ do not yet justify your statement that ›the Institute's publications (…) always are the result of the joint work of the group‹, for the implication in these articles is clearly that ›the group‹ consists in the main of Horkheimer, Adorno, Pollock and – Weil.

From our many years of association you know that I am painfully conscious of the responsibilities which go with writing and speaking. Words are, to me, not simply convenient expedients but expressions of truth. In the few minutes left to me before my departure, I felt I should let you know that the spirit and the language of these articles are far removed from what I consider the true story of the scientific life and practical organization of the Institute for which I carry the responsibility. I wished you had not assumed you could be its spokesman.«
411 Weil: unveröffentlichte Aufzeichnungen: 166. Stadtarchiv Frankfurt
412 AdK, Theodor Adorno-Archiv; Brief Weil an Adorno, 22.2.1959
413 Jay 2015: 142
414 zit. n. Jay 2015: 142f. Original: »Here is why I consider this title fundamentally wrong and damaging: especially because of the reinforcement of misunderstanding you give by your insistence on saying, or broadly hinting at, the influence the so-called joint ethnic origins of our group is supposed to have

had on our way of thinking, the ›Exiles‹ title will lend retroactively to justify all the attacks our enemies launched against the Institute and the Frankfurt School, to wit, that we as rootless outsiders had no business or justification to instill *undeutsche Gedanken* = subversive feelings into German students«.

415 Na 1; Weil an Fetscher, 12.11.1969; Signatur: 257

416 Na 2; Felix Weil an seinen Neffen Fisch, 17.8.1965; Signatur: XXIII 31 59

417 AdK, Theodor-Adorno-Archiv; Brief Adorno an Weil, 4.2.1963

418 Na 1; Weil an Fetscher, 14.1.1971; Signatur: V 64, 87 A1-A119 87 A. 89

419 Weil an L. von Friedeburg, 8.2.1971; Dank an Hermann Kocyba für den Hinweis auf diesen Brief

420 Herhaus 1970: 43f.

421 Weil: unveröffentlichte Aufzeichnungen: 166. Stadtarchiv Frankfurt

422 Na 1; Pollock an Weil, 14.1.1963; Signatur: 522

423 Na 2; Pollock an Weil, 2.12.1965; Signatur: XXIII 31 Blatt 14: »It would not do any good for you nor the institute«

424 Weil an L. von Friedeburg, 8.2.1971

425 siehe Yagi 2011: 315

426 Yagi 2011: 318

427 Deutsche Nationalbibliothek, DEA 1933–1945; Frankfurt a. M. Nachlass Alice und Joseph Maier: EB 96/250; Briefe Weils an Alice Maier vom 29.7.1973 und 31.8.1973

428 Na 1; Felix Weil an Fetscher, 14.1.1971; Signatur: 257; hier teilte er Fetscher mit, über was alles er schreiben will. Siehe auch AdK, Wieland-Herzfelde-Archiv: Brief F. W. an Herzfelde, 17.5.1975. In dem Brief teilte er Herzfelde mit, dass er noch an den Kapiteln über spezielle Freundschaften und über »linke« Kapitalanlagen (Malik, Potemkin, Piscatorbühne) schreiben müsse. Auch darüber, was er in Argentinien gegen die herrschende Klasse der Latifundienbesitzer unternahm, sowie über seine Tätigkeit am New Yorker Institut wollte er noch schreiben.

429 Deutsche Nationalbibliothek, DEA 1933–1945; Frankfurt a. M. Nachlass Alice und Joseph Maier: EB 96/250; zit. aus dem im Aufbau am 10.10.1975 veröffentlichten Nachruf

430 AdK, Wieland-Herzfelde-Archiv; Frank Weil an Herzfelde, 16.2.1976

431 Yagi 2011: 321.

432 AdK, Wieland-Herzfelde-Archiv; Frank Weil an Herzfelde, 16.2.1976

433 Das weitere Schicksal der Tasche entzieht sich der Kenntnis der Verfasserin dieses Buches

434 AdK, Wieland-Herzfelde-Archiv; Weil an Herzfelde, 13.10.1973

435 Na 1; Fetscher an Horkheimer, 25.12.1969; Signatur: 256, Altsig. V 64, 1–87

436 AdK, Wieland-Herzfelde-Archiv; Herzfelde an Weil, 26.7.1974

437 AdK, Wieland-Herzfelde-Archiv; Weil an Herzfelde, 28.6.1974

438 Weil an Horkheimer, 13.3.1942; zit. nach Horkheimer 1996: 279

439 Horkheimer an Weil, 20.3.1942; zit. nach Horkheimer 1996: 280

440 Süßkind war am 3. Oktober 1937 als ›Trotzkist und Versöhnler‹ in Moskau hingerichtet worden; Schmückle wurde am 14. März 1938 erschossen.
441 Literaturarchiv Marbach: Briefe F. W. an Carl Zuckmayer v. 9. 12. 1953 und 29. 1. 1954
442 Felix Weil. unveröffentlichte Aufzeichnungen: 179. Stadtarchiv Frankfurt
443 siehe Vorwort in Weil: unveröffentlichte Aufzeichnungen. Stadtarchiv Frankfurt
444 Na 1; Rundbrief an Freunde von Anne Dacharry, 10. 12. 1973; Signatur: 257

Nachlässe und Archive

Akademie der Künste (AdK), Berlin
Wieland-Herzfelde-Archiv
George-Grosz-Archiv
Theodor-Adorno-Archiv
Hanns-Eisler-Archiv
Heinrich-Mann-Archiv

Berliner Verein zur Förderung der MEGA-Edition e. V.
Korrespondenz von Felix Weil

Bundesarchiv (BA) Berlin
Nachlass (Na) Eduard Fuchs

Deutsches Literaturarchiv Marbach
Carl-Zuckmayer-Nachlass

Deutsche Nationalbibliothek
Deutsches Exilarchiv (DEA) 1933–1945, Frankfurt a. M.
Nachlass Joseph und Alice Maier: EB 96/250

International Institute of Social History, Amsterdam
Fietje-Kwaak-Archiv

Stadtarchiv Frankfurt. Chroniken. S 5 // 421 Felix Weil
Felix-Weil-Manuskript

Universitätsbibliothek J. C. Senckenberg
Goethe-Universität, Frankfurt a. M.
Nachlass Max Horkheimer (Na 1)
Nachlass Friedrich Pollock (Na 2)

Exilforschung der Universität Hamburg
Walter-A.-Berendsohn- Forschungsstelle für deutsche Exilliteratur
Paul-Walter-Jakob-Archiv

Bibliografie

Abromeit, John: *Max Horkheimer and the Foundations of the Frankfurt School.* Cambridge, 2011.

»›Adorno war ganz schön häßlich‹ Von Stuttgart nach New York – das Leben der Lucille Weil«, in: *Aufbau*, Nr. 11; 30. Mai 2002. S. 12

Albrecht, Clemens: »Lucille, oder: der Teufel und die ›Dialektik der Aufklärung‹«, im *SozBlog. Blog der Deutschen Gesellschaft für Soziologie (DGS)*; veröffentlicht am 14. 4. 2014.

Andahazi, Federico: *Historia sexual de los Argentinos. Pecadores y Pecadoras*, Buenos Aires 2010.

Andrew, Rubin N.: *Archives of authority – empire, culture and the cold war.* Princeton, 2012.

Appenzeller, Hans: *Dr. h. c. Hermann Weil. Leben und Wirken. 1868–1927.* Waibstadt, 2012.

Argentina-Alemania. *Un recorrido a lo largo de 150 años.* Embajada de la Republica Federal de Alemania, 2007.

Bauer, Alfredo: *La Asociación Vorwärts y la Lucha Democrática en la Argentina.* Buenos Aires, 2008.

Bauer, Alfredo: »Ein Stück demokratische Tradition«, in: *ILA*. 36, 1. Dezember 2012.

Beiträge zur Marx-Engels-Forschung. Neue Folge. Sonderband 2. *Erfolgreiche Kooperation: Das Frankfurter Institut für Sozialforschung und das Moskauer Marx-Engels-Institut (1924–1928).* Hrsg. von Rolf Hecker. Hamburg, 2000.

Biagini, Hugo Edgardo u. Arturo Roig: *El pensamiento alternativo en la Argentina del siglo XX.* Buenos Aires, 2006.

Blätter der Piscator-Bühne – *Tai Yang erwacht*, 22 Seiten, 1931.

Börsenverein des Deutschen Buchhandels: *Geschichte des deutschen Buchhandels im 19. und 20. Jahrhundert.* Band 2: *Die Weimarer Republik 1918–1933.* Berlin/ Boston, 2012.

Brecht, Bertolt: *Arbeitsjournal.* Frankfurt a. M., 1993.

Brendel, Iris: *Ereignisse aus meinem Leben*. Wien im Juni 1999. (Das Manuskript wurde durch Doris Brendel bereitgestellt.)

Brunner, Detlev: »Das Sozialwissenschaftliche Institut in Berlin. Ein Beitrag zur Geschichte der ›Sammlung Universität Frankfurt‹«, in *Internationale wissenschaftliche Korrespondenz zur Geschichte der deutschen Arbeiterbewegung* 28/1 (1992). S. 62–76.

Buckmiller, Michael: »Die ›Marxistische Arbeitswoche‹ 1923 und die Gründung des ›Instituts für Sozialforschung‹«, in: Willem van Reijen und Gunzelin Schmid Noerr. 1988. S. 141–179.

Busch, Emil-Walter: *Geschichte der Frankfurter Schule. Kritische Theorie und Politik*. München, 2010.

Claussen, Detlev: *Theodor Adorno. Ein letztes Genie*. Frankfurt a. M., 2005.

Cramer, Gisela: *Argentinien im Schatten des Zweiten Weltkriegs. Probleme der Wirtschaftspolitik und der Übergang zur Ära Perón*. Stuttgart, 1999.

Danzer, Doris: *Zwischen Vertrauen und Verrat. Deutschsprachige kommunistische Intellektuelle und ihre sozialen Beziehungen (1918–1960)*. Göttingen, 2012.

»Das Satyrspiel – Franz Werfel«, in: *Der Spiegel*, 48/1958.

Döring, Diether: »Akademie der Arbeit in der Universität Frankfurt a. M. Ein vergessenes Stück Universitätsgeschichte«, in: *Forschung Frankfurt* 2/2014. Erinnerungskulturen. S. 148–152.

Dubiel, Helmut und Leo Löwenthal: *Mitmachen wollte ich nie*. Ein autobiographisches Gespräch mit Helmut Dubiel. Frankfurt a. M., 1980.

Eisenbach, Helmuth Robert: »Millionär, Agitator und Doktorand. Die Tübinger Studienzeit des Felix Weil (1919)«, in Volker Schäfer (Hrsg.): *Bausteine zur Tübinger Universitätsgeschichte*. Folge 3 (1978). S. 179–216.

Eisenbürger, Gerd: »Das andere Deutschland. Antifaschistischer Kampf in Lateinamerika«, in: *ILA* 150, November 1991.

Faludi, Christian (Hrsg.): *Die Juni-Aktion 1938. Eine Dokumentation zur Radikalisierung der Judenverfolgung*. Frankfurt a. M., 2013.

Gross, Babette: *Willi Münzenberg. Eine politische Biografie*. Leipzig, 1991.

Grosz, George: *Ein großes Ja und ein kleines Nein*. Reinbek, 1974.

Grosz, George: *Briefe 1913–1959*. Reinbek, 1979.

Grosz, George: *Teurer Makkaroni! Briefe an Mark Neven DuMont*. Berlin, 1992.

Goergen, Jeanpaul (Hg.), »Bildschneider und Tatsachenfilmer. Filme von Albrecht Viktor Blum«, in: *Filmblatt 16*, 6. Jahrgang 2001.

Gumnior, Helmut und Rudolf Ringguth: *Max Horkheimer*. Reinbek, 1973.

Haarmann, Hermann u. Christoph Hesse: *Briefe an Bertolt Brecht im Exil (1933–1949)*. Berlin, 2014.

Herhaus, Ernst: *Notizen während der Abschaffung des Denkens*. Frankfurt a. M., 1970.

Heubaum, Regine: *Das Volkskommissariat für Außenhandel und seine Nachfolgeorganisationen 1920–1930. Der Außenhandel als zentrale Frage der sowjetischen Wirtschaftspolitik*. Berlin, 2001.

Horkheimer, Max: *Gesammelte Schriften*. Band 17: *Briefwechsel 1941–1948*. Herausgegeben von Alfred Schmidt und Gunzelin Schmid Noerr. Frankfurt a. M., 1996.

Horkheimer, Max und Adorno, Th. W.: *Dialektik der Aufklärung. Philosophische Fragmente*. Frankfurt a. M., 1969 (Erstausgabe Amsterdam 1947).

Huonker, Thomas: *Revolution, Moral & Kunst. Eduard Fuchs: Leben und Werk*. Zürich, 1985.

Jacoby Nelson, Frank: »Curriculum«, in: *Frank Jacoby Nelson Collection*, Leo Baeck Institute, New York.

Jahrbuch 1913 der Schulanstalten der Frau Dr. Phil. Eugenie Schwarzwald in Wien (Stadt). Wien 1913 im Selbstverlag, Kohlmarkt 6.

Jahrbuch des deutschen Werkbundes 1913: Die Kunst in Industrie und Handel. Jena, 1913.

Jay, Martin: *Dialektische Phantasie. Die Geschichte der Frankfurter Schule und des Instituts für Sozialforschung 1923–1950*. Frankfurt a. M., 1981.

Jay, Martin: »›Die Hoffnung, irdisches Grauen möge nicht das letzte Wort haben.‹ Max Horkheimer und die *Dialektische Phantasie*«, in: *WestEnd. Neue Zeitschrift für Sozialforschung*, 01–2015. S. 133ff.

Jeifets, Lazar und V. Jeifets: »Die Komintern und Argentinien in den Jahren 1919–1922. Die Kommunistische Partei Argentiniens gegen die ›argentinischen Lenins‹«, in: *The International Newsletter of Communist Studies* Online XV, Nr. 22. 2009.

Jeifets, Lazar und V. Jeifets: *América Latina en la Internacional Comunista, 1919–1943. Diccionario Biográfico*. Santiago de Chile, 2015.

Jöhlinger, Otto: *Die Praxis des Getreidegeschäfts. Ein Hand- und Lehrbuch für den Getreidehandel*. Berlin, 1917.

Jung, Cläre: *Paradiesvögel. Erinnerungen*. Hamburg, 1987.

Kluke, Paul: *Die Stiftungsuniversität Frankfurt am Main. 1914–1932*. Frankfurt a. M., 1972.

Knips, Ignaz: »Kurzbesprechung und Kritik. Bemerkungen zum Besprechungsteil der Zeitschrift für Sozialforschung (1932–1941)«, in *Widerspruch. Nr. 13. Philosophie im deutschen Faschismus*. 1987. S. 66–69.

Koltan, Michael: »Marxistische Dialektik im 20. Jahrhundert. Die Gründung eines Instituts für Sozialforschung«, in *Bahamas*, Nr. 24. 1997.

Korn, Karl: *Lange Lehrzeit. Ein deutsches Leben*. Frankfurt a. M., 1975.

Korsch, Hedda: »Memories of Karl Korsch«. *New Left Review*, Nr. 76. 1972. S. 35–45.

Korsch, Karl: »Marxismus und Philosophie«, in *Archiv für die Geschichte des Sozialismus und der Arbeiterbewegung*. 1923.

Korsch, Karl: *Marxismus und Philosophie*. Malik-Verlag. Berlin, 1923.

Korsch, Karl: *Gesamtausgabe Briefe 1908–1939*. Offizin. Amsterdam/Hannover, 2001.

Kramer, Ferdinand: »Vita«, auf: *www.ferdinand-kramer.org*.

LaRoe, Else: *Mit Skalpell und Nadel*. München, 1971.

Lembke, Hans H.: *Bankier, Fälscher, Historiker. Der Weg des Isaac Lewin durch die Geschichte seiner Zeit*. Freiburg, 2012.

Lissagaray, Prosper Olivier: *Der Pariser Kommune-Aufstand*. Mit einem Vorwort von Karl Hans Wolf und einem Anhang: Briefe von Karl an Jenny Marx über die Kommune. Soziologische Verlagsanstalt. Berlin, 1931.

Mann, Thomas: *Tagebücher. 1944–1946*. Hrsg. von Inge Jens. Frankfurt a. M., 1986.

Massing, Paul W.: *Vorgeschichte des politischen Antisemitismus*, Frankfurt a. M., 1986.

Mayer, Gustav: *Erinnerungen. Vom Journalisten zum Historiker der deutschen Arbeiterbewegung*. Hildesheim, 1993.

Mehring, Franz: *Zur Literaturgeschichte. Von Calderón bis Heine*. Mit einem Vorwort und herausgegeben von Eduard Fuchs. Einleitung von August Thalheimer. Soziologische Verlagsanstalt. Berlin, 1929.

Mehring, Franz: *Zur Literaturgeschichte. Von Hebbel bis Gorki*. Soziologische Verlagsanstalt. Berlin, 1929.

Mehring, Franz: *Zur preußischen Geschichte von Tilsit bis zur Reichsgründung*. Mit einer Einleitung von Ludwig Pollnau. Hrsg. v. Eduard Fuchs. Soziologische Verlagsanstalt. Berlin, 1930.

Mehring, Franz: *Zur preußischen Geschichte von Mittelalter bis Jena*. Mit einer Einleitung von Ludwig Pollnau (Pseudonym von Paul Frölich). Hrsg. v. Eduard Fuchs. Soziologische Verlagsanstalt. Berlin, 1930.

Mehring, Franz: *Zur deutschen Geschichte*. Mit einer Einleitung von Ludwig Pollnau. Hrsg. v. Eduard Fuchs. Soziologische Verlagsanstalt. Berlin, 1931.

Mehring, Franz: *Zur Geschichte der Philosophie*. Einleitung und Anhang von August Thalheimer. Hrsg. v. Eduard Fuchs. Soziologische Verlagsanstalt. Berlin, 1931.

Mehring, Franz: *Karl Marx – Geschichte seines Lebens*. Soziologische Verlagsanstalt. Hrsg. v. Eduard Fuchs. Leipzig, 1933.

Mehring, Walter: *Der Kaufmann von Berlin*. Herausgegeben und kommentiert von Georg-Michael Schulz. Tübingen, 2009.

Meyer-Leviné, Rosa: *Im inneren Kreis. Erinnerungen einer Kommunistin in Deutschland 1920–1933*. Köln, 1977.

Migdal, Ulrike: *Die Frühgeschichte des Frankfurter Instituts für Sozialforschung.* Frankfurt a. M. / New York, 1981.
Mulder, Bertus: *Andries Sternheim. Een Nederlands vakbondsman in de Frankfurter Schule.* Zeist, 1991.
Mulder, Bertus: *De nazi's te slim af zijn. Sophie Louisa Kwaak en het kapitaal van de Frankfurter Schule.* Bornmeer, 2015.
Normano, J. F.: *The Struggle for South America. Economy and Ideology.* London, 1931.
Pigna, Felipe: *Los mitos de la historia argentina. Bd. 3.* Buenos Aires, 2006.
Pracht, Elfie: *Frankfurter jüdische Erinnerungen. Ein Lesebuch zur Sozialgeschichte. 1864–1951.* Sigmaringen, 1997.
Prometheus Film-Verleih und Vertrieb GmbH: *Holländische Reise. Ein Filmbericht.* Produzent: Willi Münzenberg. 1929/1930.
Prometheus Film-Verleih und Vertrieb GmbH: *Rotterdam: Der Pulsschlag des Welthandels.* Produzent: Willi Münzenberg. 1929/1930.
Prometheus Film-Verleih und Vertrieb GmbH: *Stadt und Hafen Rotterdam.* Produzent: Willi Münzenberg. 1929/1930.
Prometheus Film-Verleih und Vertrieb GmbH: *Rotterdam: Wasserstraßen und Brücken.* Produzent: Willi Münzenberg. 1929/1930.
Prometheus Film-Verleih und Vertrieb GmbH: *Rotterdam: Wunder der Technik.* Produzent: Willi Münzenberg. 1929/1930.
Raimondi, Sergio: *Für ein kommentiertes Wörterbuch.* Gedichte spanisch/deutsch. Berlin 2012
Rapoport, Mario: *Bolchevique De Salón. Vida de Félix J. Weil, el fundador argentino de la Escuela de Frankfurt.* Buenos Aires, 2014.
»Refugee Homes in NL, Den Haag, Huize ten Vijver«, auf: *www.dokin.nl.*
Rein, Gerhard: *Dienstagsgespräche mit Zeitgenossen.* Stuttgart, 1976.
Richter-Ibáñez, Christina: *Mauricio Kagels Buenos Aires (1946–1957).* Bielefeld, 2014.
Roy, Manabendra Nath: *Revolution und Konterrevolution in China.* Soziologische Verlagsanstalt. Berlin, 1930.
Schivelbusch, Wolfgang: *Intellektuellendämmerung.* Frankfurt a. M., 1985.
Schmidt, Ernst Wilhelm: *Die agrarische Exportwirtschaft Argentiniens; ihre Entwicklung und Bedeutung.* Kiel, 1920.
Schneede, Uwe M. (Hrsg.): *Grosz, George: Leben und Werk.* Stuttgart, 1975.
Schoepp, Sebastian: »Das Argentinische Tageblatt. 1933–1945. Eine ›bürgerliche Kampfzeitung‹ als Forum der Emigration«, in: *Vierteljahrshefte* für Zeitgeschichte. Jahrgang 43, Heft 1, 1995. S. 75–113.
Sinclair, Upton, W. Herzfelde, H. Zur Mühlen: *Werter Genosse, die Maliks haben beschlossen ...* Bonn, 2001.

Sternberg, Fritz: *Der Imperialismus und seine Kritiker.* Soziologische Verlagsanstalt. Berlin, 1929.

Tode, Thomas: »Ein Film kann einen anderen verdecken: Zu den verschiedenen Fassungen des ›Panzerkreuzer Potemkin‹ und Meisels wiedergefundener Musikvertonung«, in *Stummfilm II.* Jahrgang 18. Heft 1/2003.

Traine, Martin: *Die Sehnsucht nach dem ganz Anderen. Die Frankfurter Schule und Lateinamerika.* Köln, 1998 (Erstausgabe 1994).

Van Reijen, Willem und Gunzelin Schmid Noerr (Hrsg.): *Grand Hotel Abgrund. Eine Photobiographie der Frankfurter Schule.* Hamburg, 1988.

Waldmann, Peter: *Argentinien. Schwellenland auf Dauer.* Hamburg, 2010.

Weil, Felix: »Wesen und Wege der Sozialisierung«, in: *Arbeiter-Rat. Wochenschrift für praktischen Sozialismus.* Nr. 1. 1919.

Weil, Felix: *Sozialisierung: Versuch einer begrifflichen Grundlegung. Praktischer Sozialismus Nr. 7.* Berlin, 1921.

Weil, Felix: *Die Arbeiterbewegung in Argentinien.* Leipzig 1923. (Neu aufgelegt in: *Archiv für die Geschichte des Sozialismus und der Arbeiterbewegung*; Bd. XI, Leipzig, 1925).

Weil, Felix: »Gildensozialistische Rechnungslegung: Kritische Bemerkungen zu Karl Polanyi: Sozialistische Rechnungslegung«, in: *Archiv für Sozialwirtschaft und Sozialpolitik*, Bd. 52 (1924). S. 196–217.

Weil, Felix: »Rosa Luxemburg über die russische Revolution. Einige unveröffentlichte Manuskripte. Eingeleitet von Felix Weil«, in: *Archiv für die Geschichte des Sozialismus und der Arbeiterbewegung*; Bd. XIII; Leipzig, 1928.

Weil, Felix: *Concepto y Alcance del Impuesto a los Réditos.* Buenos Aires, 1933.

Weil, Felix: Vier Buchbesprechungen, in: *Zeitschrift für Sozialforschung*, Bd. 5 (1936). S. 315–318.

Weil, Felix: »Neuere Literatur zum ›New Deal‹«, in: *Zeitschrift für Sozialforschung*, Bd. 5 (1936). S. 404–410.

Weil, Felix: »Neuere Literatur zur Deutschen Wehrwirtschaft«, in: *Zeitschrift für Sozialforschung*, Bd. 7 (1938). S. 200–218.

Weil Felix: Fünf Buchbesprechungen, in: *Zeitschrift für Sozialforschung*, Bd. 8 (1939). S. 306–316.

Weil, Felix: Drei Buchbesprechungen, in: *Zeitschrift für Sozialforschung*, Bd. 8 (1939). S. 492–494.

Weil, Felix: »La economía de guerra alemana«, in: *Cursos y Conferencias*: Nr. XVII. 1940.

Weil, Felix: Sechs Buchbesprechungen, in: *Zeitschrift für Sozialforschung*, Bd. 8 (1941). S. 326–336.

Weil, Felix: *The Argentine Riddle*. New York, 1944.

Weil, Felix: »Argentina's ›mad‹ foreign policy«, in *New Leader*. 21.10.1944.

Weil, Felix: »Problems of Argentine Fascism. Fascism sui generis«, in *New Leader*, 16.6.1945.

Weil, Felix: »What goes on in Argentina?«, in *The Antioch Review*, 5/4 1945/46. S. 532–544.

Weil, Felix: »Can Péron be bought?«, in *Inter-American Economic Affairs*, 4, 1950.

Weil Felix: *How to conduct your case before a California assessment appeals board. Tax Facts Publications*. Santa Monica, 1967.

Weil, Felix: »Sozialisierung«, in *Faschismusanalyse, Autorenkollektiv, Sozialrevolutionäre Schriften*. Underground Press. Berlin, 1969.

Weil, Felix: *El enigma argentino*. Buenos Aires, 2010.

Weitz, Hans-Joachim: *Drei jüdische Dramen*. Mit Dokumenten zur Rezeption. Göttingen, 1995.

Weitz, Ulrich: *Der Mann im Schatten. Eduard Fuchs. Sitten-Fuchs. Sozialist. Konspirateur. Sammler. Mäzen*. Berlin, 2014.

Wiggershaus, Rolf: *Die Frankfurter Schule*. München/Wien, 1986.

Wiggershaus, Rolf: *Die Frankfurter Schule. Geschichte / Theoretische Entwicklung / Politische Bedeutung*. E-Book. 2015.

Worrell, Mark P.: »The Other Frankfurt School«, in: *Fast Capitalism*. Issue 2.1.2006. http://www.fastcapitalism.com

Yagi, Kiichiro: »Was *Sozialforschung* an Aesopian term? Marxism as a link between Japan and the West«, in: *The Dissemination of Economic Terms*. Hrsg. von Heinz D. Kurz, Tamotsu Nishizawa und Keith Tribe. Elgar. Cheltenham, 2011. S. 315–336.

Dank

Für die Gastfreundschaft, mit der mich Bertus Mulder und seine Frau Immy Tappers in ihrem Haus in der Nähe von Groningen empfingen, wo ich im November 2015 in aller Ruhe die ROBEMA- und SIRES-Unterlagen aus dem Fietje-Kwaak-Archiv durchsehen konnte, bevor sie dem *International Institute of Social History* in Amsterdam übergeben wurden, möchte ich herzlich danken.

Mein Dank gilt auch Rolf Hecker (MEGA-Edition, Berlin) und Martin Traine (Universität Köln). Rolf Hecker ermöglichte mir die – über die in der Reihe der Beiträge zur Marx-Engels-Forschung veröffentlichten Briefe hinausgehende – Einsicht in die Korrespondenz zwischen der Gesellschaft für Sozialforschung und dem Moskauer Marx-Engels-Institut. Martin Traine überließ mir zur Einsicht ein Konvolut loser Seiten, die den Durchschlägen des Manuskripts entstammen, die Helmuth R. Eisenbach von Frank Weil in Washington erhalten hatte. Martin Traine konnte bei Helmuth R. Eisenbach Anfang der neunziger Jahre erfreulicherweise Kopien jener Seiten anfertigen, die ihm für seine Arbeit über die Frankfurter Schule und Lateinamerika (Die Sehnsucht nach dem ganz Anderen) informativ erschienen.

Die biografischen Daten zu Anita Weil verdanke ich den im lakonischen Ton geschriebenen Erinnerungen Iris Brendels, aus denen zu zitieren mir großzügig ihre Tochter Doris Brendel gestattet hat.

Für interessante Hinweise bedanke ich mich bei Hermann Kocyba (Frankfurter Institut für Sozialforschung), Theodor Bergmann (Stuttgart), Mario Rapoport (Buenos Aires), Carlos Abraham Weil (Buenos Aires), Roberto Alemann (Buenos Aires) und Wolfgang Schivelbusch (Berlin).

Nicht unerwähnt lassen möchte ich die entgegenkommende Form der Unterstützung in den Archiven. Das gilt für das Archiv der Frankfurter Universitätsbibliothek ebenso wie für das Archiv der Akademie der Künste, das Bundesarchiv, die Nationalbibliothek, das Deutsche Literaturarchiv Marbach und natürlich das Frankfurter Stadtarchiv.

Jeanette Erazo Heufelder

wurde 1964 als Tochter einer Deutschen und eines Ecuadorianers in Bayern geboren. In Dokumentarfilmen, Biografien und literarischen Reportagen beschäftigt sich die studierte Ethnologin vor allem mit Lateinamerika. Zuletzt erschien die Biografie der deutsch-jüdischen Emigrantin Ellen Marx, »Von Berlin nach Buenos Aires« (Metropol, 2014).

Konzeption | Gestaltung: Antje Haack | lichten.com
Satz | Herstellung: Büro für Gedrucktes, Beate Mössner
Abbildungen: Einbandvorderseite (George Grosz: *Porträt Dr. Felix Weil*, 1926) von akg-images; Einbandrückseite (Luftschiff Graf Zeppelin über Buenos Aires, 30. Juni 1934) von BAUER; Frontispiz (Edificio Safico, Avenida Corrientes, Buenos Aires) von picture alliance/dpa; S. 8 von Archivzentrum-Universitätsbibliothek J. C. Senckenberg, Goethe-Universität, Frankfurt a. M.
Reproduktion: Frische Grafik, Hamburg
Druck und Bindung: CPI – Clausen & Bosse, Leck
Printed in Germany
ISBN 978-3-946334-16-3